TRANZLATY

La lingua è per tutti

ژبه د هر چا لپاره ده

Il richiamo della foresta

د وحشي غږ

Jack London

جیک لندن

Italiano / پښتو

Published by Tranzlaty
ISBN: 978-1-80572-900-6
Original text by Jack London
The Call of the Wild
First published in 1903
www.tranzlaty.com

Nel primitivo
په ابتدايي حالت کې

Buck non leggeva i giornali.

باک ورځپاڼې نه لوستلې.

Se avesse letto i giornali avrebbe saputo che i guai si stavano avvicinando.

که هغه ورځپاڼې لوستلې وای نو هغه به پوهېدلی وای چې ستونزه په راپورته کېدو ده.

Non erano guai solo per lui, ma per tutti i cani da caccia.

دا يوازې د هغه لپاره نه، بلکې د هر سمندري سپي لپاره ستونزه وه.

Ogni cane con muscoli forti e pelo lungo e caldo sarebbe stato nei guai.

هر سپی چې عضلات يې قوي وو او ګرم او اوږده ويښتان يې درلودل، له ستونزو سره مخ وو.

Da Puget Bay a San Diego nessun cane poteva sfuggire a ciò che stava per accadere.

له پوګټ خليج څخه تر سان ډياګو پورې هيڅ سپی نشو کولی له هغه څه څخه وتښتي چې راتلل.

Gli uomini, brancolando nell'oscurità artica, avevano trovato un metallo giallo.

سړيو، چې د شمالي قطب په تياره کې يې لاس وهلو، يو ژېړ فلز وموند.

Le compagnie di navigazione a vapore e di trasporto erano alla ricerca della scoperta.

دبخارۍ او ترانسپورت شرکتونه د دې کشف په لټه کې وو.

Migliaia di uomini si riversarono nel Nord.

په زرګونو سړي د شمالي سيمې په لور منډه وهله.

Questi uomini volevano dei cani, e i cani che volevano erano cani pesanti.

دغو سړيو سپي غوښتل، او هغه سپي چې دوی يې غوښتل درانه سپي وو.

Cani dotati di muscoli forti per lavorare duro.

دغه سپي چې قوي عضلات لري چې کار پرې وکړي.

Cani con il pelo folto che li protegge dal gelo.

سپي چې د يخنۍ څخه د ساتنې لپاره د ويښتو پوښونه لري.

Buck viveva in una grande casa nella soleggiata Santa Clara Valley.

باک د لمر بنکل شوي سانتا کلارا دري په یوه لوی کور کې ژوند کاوه.
La casa del giudice Miller era chiamata così.
دقاضي میلر ځای، د هغه کور بلل شوی و.
La sua casa era nascosta tra gli alberi, lontana dalla strada.
دهغه کور د سړک څخه شاته و، نیم یې د ونو په مینځ کې پټ و.
Si poteva intravedere l'ampia veranda che circondava la casa.
یو څوک کولی شي د کور شاوخوا د پراخ برنډې لید ترلاسه کړي.
Si accedeva alla casa tramite vialetti ghiaiosi.
کور ته د جغل لرونکو لارو له لارې نږدې کېدل.
I sentieri si snodavano attraverso ampi prati.
لارې د پراخو چمنونو له لارې تېرېدې.
In alto si intrecciavano i rami degli alti pioppi.
دلوړو چنارونو څانګې په سر کې سره یو ځای شوې وې.
Nella parte posteriore della casa le cose erano ancora più spaziose.
دکور په شا کې شیان نور هم پراخ وو.
C'erano grandi scuderie, dove una dozzina di stallieri chiacchieravano
هلته لوی اصطبلونه وو، چیرې چې دولس زوومان خبرې کولې
C'erano file di cottage per i servi ricoperti di vite
دانګورو پوښل شویو نوکرانو د کورونو قطارونه وو
E c'era una serie infinita e ordinata di latrine
او د بهر کورونو بې پایه او منظم لړۍ وه
Lunghi pergolati d'uva, pascoli verdi, frutteti e campi di bacche.
دانګورو اوږده ونې، شنه څرځایونه، باغونه، او د بیري توتي.
Poi c'era l'impianto di pompaggio per il pozzo artesiano.
بیا د آرتیسین څاه لپاره د پمپ کولو فابریکه وه.
E c'era la grande cisterna di cemento piena d'acqua.
او هلته د سمنټو لوی ټانک وو چې له اوبو ډک و.
Qui i ragazzi del giudice Miller hanno fatto il loro tuffo mattutino.
دلته د قاضي میلر هلکانو سهارنی غوټه واخیسته.
E lì si rinfrescavano anche nel caldo pomeriggio.
او دوی هلته په ګرمه ماسپښین کې هم سړه شول.
E su questo grande dominio, Buck era colui che lo governava tutto.

او په دې لويه سيمه کې، بک هغه څوک و چې په دې ټولو يې واکمني کوله.

Buck nacque su questa terra e visse qui tutti i suoi quattro anni.

باک په دې ځمکه کې زيږيدلی و او خپل ټول څلور کاله يې دلته ژوند کړی و.

C'erano effettivamente altri cani, ma non avevano molta importanza.

په حقيقت کې نور سپي هم وو، خو هغوی په ريښتيا سره مهم نه وو.

In un posto vasto come questo ci si aspettava la presenza di altri cani.

ددې په څېر پراخ ځای کې د نورو سپو تمه کېده.

Questi cani andavano e venivano oppure vivevano nei canili affollati.

دا سپي راغلل او لاړل، يا يې په ګڼه ګونه لرونکو کينالونو کې ژوند کاوه.

Alcuni cani vivevano nascosti in casa, come Toots e Ysabel.

ځيني سپي په کور کې پټ اوسېدل، لکه ټوټس او يسابيل.

Toots era un carlino giapponese, Ysabel una cagnolina messicana senza pelo.

ټوټس يو جاپاني سپی وو، يسابيل يو مکسيکويي بې وېښتان سپی وو.

Queste strane creature raramente uscivano di casa.

دا عجيب مخلوقات په ندرت سره له کوره بهر قدم ايښود.

Non toccarono terra né annusarono l'aria esterna.

دوی نه ځمکې ته لاس ورغی او نه يې بهر خلاصه هوا بوی کړه.

C'erano anche i fox terrier, almeno una ventina.

دګيدړ ټيريرونه هم وو، چې لږترلږه شل يې شمير وو.

Questi terrier abbaiavano ferocemente a Toots e Ysabel in casa.

دغو ټيريرانو په کور دننه په ټوټس او يسابيل باندې په سختۍ سره غپا وهله.

Toots e Ysabel rimasero dietro le finestre, al sicuro da ogni pericolo.

ټوټس او يسابيل د کړکيو شاته پاتې شول، له زيان څخه خوندي وو.

Erano sorvegliati da domestiche armate di scope e stracci.

دکور د نوکرانو لخوا د جارو او مسح سره ساتل کيده.

Ma Buck non era un cane da casa e nemmeno da canile.

خو بک د کور سپی نه و، او نه هم د کينيل سپی و.

L'intera proprietà apparteneva a Buck come suo legittimo regno.

ټوله ملکیت د بک د هغه د قانوني سیمي په توګه و.

Buck nuotava nella vasca o andava a caccia con i figli del giudice.

بک په ټانک کي لامبو وهله یا د قاضي د زامنو سره ښکار ته لاړ.

Camminava con Mollie e Alice nelle prime ore del mattino o tardi.

هغه به د سهار یا ناوخته له مولي او الیس سره ګرځېده.

Nelle notti fredde si sdraiava davanti al fuoco della biblioteca insieme al giudice.

په سړو شپو کي به هغه د قاضي سره د کتابتون د اور په وړاندې پروت و.

Buck accompagnava i nipoti del giudice sulla sua robusta schiena.

باک د قاضي لمسیانو ته په خپل قوي شا باندې سواری ورکړه.

Si rotolava nell'erba insieme ai ragazzi, sorvegliandoli da vicino.

هغه د هلکانو سره په واښو کي ګرځېده، او په کلکه يې ساتنه کوله.

Si avventurarono fino alla fontana e addirittura oltre i campi di bacche.

دوی د فوارې په لور لاړل او حتی د بیري کروندو څخه تیر شول.

Tra i fox terrier, Buck camminava sempre con orgoglio regale.

دګیدړو تیریرانو په منځ کي، بک تل په شاهي ویاړ سره ګرځېده.

Ignorò Toots e Ysabel, trattandoli come se fossero aria.

هغه توټس او یسابیل له پامه غورځول، او له هغوی سره يې داسي چلند کاوه لکه دوی هوا وي.

Buck governava tutte le creature viventi sulla terra del giudice Miller.

باک د قاضي میلر په ځمکه کي پر ټولو ژوندیو موجوداتو واکمني کوله.

Dominava gli animali, gli insetti, gli uccelli e perfino gli esseri umani.

هغه په څارویو، حشراتو، مرغیو او حتی انسانانو واکمني کوله.

Il padre di Buck, Elmo, era un enorme e fedele San Bernardo.

دباک پلار ایلمو یو لوی او وفادار سینټ برنارډ و.

Elmo non si allontanò mai dal Giudice e lo servì fedelmente.
ایلمو هیڅکله د قاضي له څنګ نه ووت، او په وفاداری سره یې د هغه خدمت وکړ.
Buck sembrava pronto a seguire il nobile esempio del padre.
داسې ښکاریده چې باک د خپل پلار د عالي مثال تعقیبولو ته چمتو و.
Buck non era altrettanto grande: pesava sessanta chili.
هګی دومره لویه نه وه، وزن یې یو سل او څلوېښت پونډه وو.
Sua madre, Shep, era una splendida cagnolina da pastore scozzese.
دهغه مور، شیپ، یو ښه سکاټلینډي شپانه سپی وو.
Ma nonostante il suo peso, Buck camminava con una presenza regale.
خو حتی په دې وزن سره، بک د شاهي حضور سره روان شو.
Ciò derivava dal buon cibo e dal rispetto che riceveva sempre.
دا د ښه خوړو او هغه درناوي څخه راغلی چې هغه تل ترلاسه کاوه.
Per quattro anni Buck aveva vissuto come un nobile viziato.
څلور کاله، باک د یو خراب شوي اشراف په څیر ژوند کاوه.
Era orgoglioso di sé stesso e perfino un po' egocentrico.
هغه په ځان ویاړ درلود، او حتی یو څه مغرور هم و.
Quel tipo di orgoglio era comune tra i signori delle campagne remote.
دا ډول غرور په لرې پرتو کلیو بادارانو کې عام و.
Ma Buck si salvò dal diventare un cane domestico viziato.
خو بک ځان د لاډ پالل شوي کور سپي کیدو څخه وژغوره.
Rimase snello e forte grazie alla caccia e all'esercizio fisico.
هغه د ښکار او تمرین له لارې کمزوری او پیاوړی پاتې شو.
Amava profondamente l'acqua, come chi si bagna nei laghi freddi.
هغه له اوبو سره ژوره مینه درلوده، لکه هغه خلک چې په سړو جهیلونو کې حمام کوي.
Questo amore per l'acqua mantenne Buck forte e molto sano.
داوبو سره دې مینې بک پیاوړی او ډېر روغ وساته.
Questo era il cane che Buck era diventato nell'autunno del 1897.
دا هغه سپی وو چې بک د ۱۸۹۷ کال په مني کې بدل شوی وو.

Quando lo sciopero del Klondike spinse gli uomini verso il gelido Nord.

کله چې د کلونډیک برید سړي کنګل شوي شمال ته کش کړل.

Da ogni parte del mondo la gente accorse in massa verso la fredda terra.

خلک له ټولې نړۍ څخه سړې ځمکې ته ورغلل.

Buck, tuttavia, non leggeva i giornali e non capiva le notizie.

خو، باک نه ورځپاڼې لوستلې او نه يې خبرونه درک کول.

Non sapeva che Manuel fosse una persona cattiva con cui stare.

هغه نه پوهيده چې مانويل يو بد سړی دی چې شاوخوا وي.

Manuel, che aiutava in giardino, aveva un grosso problema.

مانويل، چې په باغ کې يې مرسته کوله، يوه ژوره ستونزه درلوده.

Manuel era dipendente dal gioco d'azzardo alla lotteria cinese.

مانويل په چينايي لاټرۍ کې د قمار کولو روږدي و.

Credeva fermamente anche in un sistema fisso per vincere.

هغه د ګټلو لپاره په يو ثابت سيستم هم قوي باور درلود.

Questa convinzione rese il suo fallimento certo e inevitabile.

دې باور د هغه ناکامي يقيني او نه ختميدونکې کړه.

Per giocare con un sistema erano necessari soldi, soldi che a Manuel mancavano.

دسيستم لوبول پيسې غواړي، کوم چې مانويل يې نه درلود.

Il suo stipendio bastava a malapena a sostenere la moglie e i numerosi figli.

دهغه معاش په سختۍ سره د هغه ميرمنې او ډيرو ماشومانو ملاتړ کاوه.

La notte in cui Manuel tradì Buck, tutto era normale.

په هغه شپه چې مانويل له باک سره خيانت وکړ، شيان عادي وو.

Il giudice si trovava a una riunione dell'Associazione dei coltivatori di uva passa.

قاضي د کشمش کروندګرو ټولنې په غونډه کې وو.

A quel tempo i figli del giudice erano impegnati a fondare un club sportivo.

دقاضي زامن هغه وخت د اتليټيک کلب په جوړولو بوخت وو.

Nessuno vide Manuel e Buck uscire dal frutteto.

هيچا مانويل او بک د باغ له لارې د وتلو په حال کې ونه ليدل.

Buck pensava che questa fosse solo una semplice passeggiata notturna.

باک فکر کاوه چې دا یوازې د شپې یو ساده ګرځېدل دي-

Incontrarono un solo uomo alla stazione della bandiera, a College Park.

دوی یوازې یو سړی سره د کالج پارک په فلیک ستیشن کې ولیدل-

Quell'uomo parlò con Manuel e si scambiarono i soldi.

هغه سړي له مانویل سره خبرې وکړې، او دوی پیسې تبادله کړې-

"Imballa la merce prima di consegnarla", suggerì.

ه"غه وړاندیز وکړ ": د توکو له سپارلو دمخه یې وتړئ-

La voce dell'uomo era roca e impaziente mentre parlava.

دسړي غږ سخت او بې صبره و کله چې هغه خبرې کولې-

Manuel legò con cura una corda spessa attorno al collo di Buck.

مانویل په ډېر احتیاط سره د باک په غاړه کې یو غټ رسی وتړلو-

"Se giri la corda, lo strangolerai di brutto"

""رسی تاو کړه، او ته به یې ډېر خفه کړې

Lo straniero emise un grugnito, dimostrando di aver capito bene.

اجنبی سړی یو غضبناک غږ وکړ، او و یې ښودله چې هغه ښه پوهیږي-

Quel giorno Buck accettò la corda con calma e silenziosa dignità.

باک په هغه ورځ په ارام او ارام وقار سره رسی ومنله-

Era un atto insolito, ma Buck si fidava degli uomini che conosceva.

دا یو غیر معمولي عمل و، خو بک په هغو سړیو باور درلود چې هغه یې پیژندل-

Credeva che la loro saggezza andasse ben oltre il suo pensiero.

هغه باور درلود چې د دوی حکمت د هغه له خپل فکر څخه ډېر لرې و-

Ma poi la corda venne consegnata nelle mani dello straniero.

خو بیا رسی د هغه نا اشنا کس لاس ته وسپارل شوه-

Buck emise un ringhio basso che suonava come un avvertimento e una minaccia silenziosa.

باک یو ټیټ غږ وکړ چې په خاموش ګواښ سره یې خبرداری ورکړ-

Era orgoglioso e autoritario e intendeva mostrare il suo disappunto.

ەغه ویاړلی او امر کوونکی و، او غوښتل یې چې خپله نارضایتي وښیي.
Buck credeva che il suo avvertimento sarebbe stato interpretato come un ordine.
باک باور درلود چې د هغه خبرداری به د امر په توګه درک شي.
Con suo grande stupore, la corda si strinse rapidamente attorno al suo grosso collo.
ەغه حیران شو، رسۍ یې د هغه د غټې غاړې شاوخوا په چټکۍ سره ټینګه شوه.
Gli mancò l'aria e cominciò a lottare in preda a una rabbia improvvisa.
دهغه هوا پرې شوه او هغه په ناڅاپي ډول په قهر سره جګړه پیل کړه.
Si lanciò verso l'uomo, che si lanciò rapidamente contro Buck a mezz'aria.
ەغه په سړي توپ وواهه، چې په چټکۍ سره یې په هوا کې له بک سره ولیدل.
L'uomo afferrò Buck per la gola e lo fece ruotare abilmente in aria.
سړي د باک ستونی ونیو او په مهارت سره یې په هوا کې تاو کړ.
Buck venne scaraventato a terra con violenza, atterrando sulla schiena.
باک په زور سره وغورځول شو، په شا یې سم ولوېد.
La corda ora lo strangolava crudelmente mentre lui scalciava selvaggiamente.
رسۍ اوس هغه په ظالمانه ډول ودراوه پداسې حال کې چې هغه په وحشیانه ډول لاټ وهلو.
La sua lingua cadde fuori, il suo petto si sollevò, ma non riprese fiato.
ژبه یې ولوېده، سینه یې تکان وخوړ، خو ساه یې ونه اخیسته.
Non era mai stato trattato con tanta violenza in vita sua.
په خپل ژوند کې یې هیڅکله داسې تاوتریخوالی نه و لیدلی.
Non era mai stato così profondamente invaso da una rabbia così profonda.
ەغه هم مخکې هیڅکله د دومره ژور غوسې څخه ډک نه و.
Ma il potere di Buck svanì e i suoi occhi diventarono vitrei.
خو د باک ځواک کم شو، او سترګې یې بنیښې شوې.
Svenne proprio mentre un treno veniva fermato lì vicino.
ەغه بې هوښه شو کله چې نږدې یو اورګاډی ودرول شو.

Poi i due uomini lo caricarono velocemente nel vagone bagagli.

بيا دواړو سړيو هغه په چټکۍ سره د سامان په موټر کې وغورځاوه.

La cosa successiva che Buck sentì fu dolore alla lingua gonfia.

بل شی چې باک احساس کړ هغه د هغه په پړسېدلي ژبه کې درد و.

Si muoveva su un carro traballante, solo vagamente cosciente.

هغه په یوه لړزېدونکي ګاډۍ کې حرکت کاوه، یوازې په تیاره توګه یې هوش نه درلود.

Il fischio acuto di un treno rivelò a Buck la sua posizione.

داورګاډي د سیټي تیز چیغې باک ته د هغه موقعیت وښود.

Aveva spesso cavalcato con il Giudice e conosceva quella sensazione.

هغه ډېر ځله له قاضي سره موټر چلاوه او احساس یې پوهیده.

Fu un'esperienza unica viaggiare di nuovo in un vagone bagagli.

دا بیا په سامان بار موټر کې د سفر کولو یو ځانګړی تکان و.

Buck aprì gli occhi e il suo sguardo ardeva di rabbia.

باک خپلې سترګې پرانیستې، او سترګې یې له غوسې ډکې وې.

Questa era l'ira di un re orgoglioso detronizzato.

دا د یو مغرور پاچا غوسه وه چې له خپل تخت څخه ایستل شوې وه.

Un uomo allungò la mano per afferrarlo, ma Buck colpì per primo.

یو سړی د هغه د نیولو لپاره لاس ورغی، خو بک لومړی ګوزار وکړ.

Affondò i denti nella mano dell'uomo e la strinse forte.

هغه خپل غاښونه د سړي په لاس کې ډوب کړل او ټینګ یې ونیول.

Non mi lasciò andare finché non svenne per la seconda volta.

هغه تر هغه وخته پورې نه پرېښود چې دوهم ځل یې سترګې پټې شوې.

"Sì, ha degli attacchi", borbottò l'uomo al facchino.

سړي د سامان وړونکي ته په غوسه وویل" :هو، ټېونه یې راغلي دي.

Il facchino aveva sentito la colluttazione e si era avvicinato.

دسامان وړونکي د مبارزې غږ واورېد او نږدې راغی.

"Lo porto a Frisco per conto del capo", spiegò l'uomo.

سړي تشریح کړه" :زه هغه 'د مشر لپاره فریسکو 'ته وړم.

"C'è un bravo dottore per cani che dice di poterli curare."

"هلته يو ښه سپي ډاکټر شته چې وايي هغه کولی شي د دوی درملنه وکړي."

Più tardi quella notte l'uomo raccontò la sua versione completa.

وروسته په هغه شپه سړي خپل بشپړ حساب ورکړ.

Parlava da un capannone dietro un saloon sul molo.

هغه د ډاکونو په سر د سالون شاته له يوې کوټې څخه خبرې کولې.

"Mi hanno dato solo cinquanta dollari", si lamentò con il gestore del saloon.

هغه د سالون سړي ته شکايت وکړ" :ما ته يوازې پنځوس ډالر راکړل شول."

"Non lo rifarei, nemmeno per mille dollari in contanti."

""زه به بيا دا کار ونه کړم، حتی د زرو پيسو لپاره هم نه.

La sua mano destra era strettamente avvolta in un panno insanguinato.

دهغه ښي لاس په وينه لړلي توکر کې کلک نغښتل شوی و.

La gamba dei suoi pantaloni era completamente strappata dal ginocchio al piede.

دهغه پتلون پښه له زنګون څخه تر پښو پورې پراخه څيرې شوې وه.

"Quanto è stato pagato l'altro tizio?" chiese il gestore del saloon.

د"سالون سړي وپوښتل" :بل پياله ته څومره پيسې ورکړل شوې؟

«Cento», rispose l'uomo, «non ne accetterebbe uno in meno».

س"ړي ځواب ورکړ، "سل، هغه به يو سينټ هم کم نه اخلي.

"Questo fa centocinquanta", disse il gestore del saloon.

د"سالون سړي وويل" :دا يو سل او پنځوس ته رسيږي.

"E lui li merita tutti, altrimenti non sono meglio di uno stupido."

"او هغه د دې ټولو ارزښت لري، که نه نو زه د يو بې کاره کس څخه غوره نه يم."

L'uomo aprì gli involucri per esaminarsi la mano.

سړي د لاس د معاينې لپاره لفافې خلاصې کړې.

La mano era gravemente graffiata e ricoperta di croste di sangue secco.

لاس يې ډېر سخت ځوړند او په وچو وينو لړلی و.

"Se non mi viene l'idrofobia..." cominciò a dire.

"که زه د اوبو فوبيا نه پوهيږم --- "هغه ويل پيل کړل.

"Sarà perché sei nato per impiccarti", giunse una risata.
"دا به ځکه وي چې ته د ځړولو لپاره زیږیدلی یې، "خندا راغله.
"Aiutami prima di partire", gli chiesero.
له هغه څخه وپوښتل شول" :راشه مخکې له دې چې لاړ شې زما سره مرسته وکړه."
Buck era stordito dal dolore alla lingua e alla gola.
باک د ژبې او ستوني د درد له امله په بې هوښه حالت کې و.
Era mezzo strangolato e riusciva a malapena a stare in piedi.
هغه نیم زندی شوی و، او په سختۍ سره یې مستقیم ودرېدای شو.
Ciononostante, Buck cercò di affrontare gli uomini che lo avevano ferito così duramente.
بیا هم، باک هڅه وکړه چې د هغو کسانو سره مخ شي چې هغه یې دومره ځورولی و.
Ma lo gettarono a terra e lo strangolarono ancora una volta.
خو هغوی هغه وغورځاوه او یو ځل بیا یې ساه بنده کړه.
Solo allora riuscirono a segargli il pesante collare di ottone.
یوازې بیا دوی وکولی شول چې د هغه درنه پیتل کالر ووینې.
Tolsero la corda e lo spinsero in una cassa.
هغوی رسۍ لرې کړه او هغه یې په یوه صندوق کې واچاوه.
La cassa era piccola e aveva la forma di una gabbia di ferro grezza.
صندوق کوچنی و او د یوې غټې اوسپنې پنجرې په څیر شکل یې درلود.
Buck rimase lì per tutta la notte, pieno di rabbia e di orgoglio ferito.
باک ټوله شپه هلته پروت و، له غوسې او ټپي غرور څخه ډک و.
Non riusciva nemmeno a capire cosa gli stesse succedendo.
هغه نشو کولی پوه شي چې څه ورسره پیښیږي.
Perché quegli strani uomini lo tenevano in quella piccola cassa?
ولې دې عجیبو خلکو هغه په دې کوچنی بکس کې ساتلی و؟
Cosa volevano da lui e perché questa crudele prigionia?
دوی له هغه څخه څه غوښتل، او ولې دا ظالمانه اسیر؟
Sentì una pressione oscura e la sensazione che il disastro si avvicinasse.
هغه یو تیاره فشار احساس کړ؛ د ناورین احساس نږدې کیده.
Era una paura vaga, ma si impadronì pesantemente del suo spirito.

دا یوه ناځرګنده ویره وه، خو په روح یې سخته اغیزه وکړه.
Diverse volte sobbalzò quando la porta del capanno sbatteva.
څو ځله هغه پورته شو کله چې د کوټې دروازه ټک ټک شوه.
Si aspettava che il giudice o i ragazzi apparissero e lo salvassero.
هغه تمه درلوده چې قاضي یا هلکان به راشي او هغه به وژغوري.
Ma ogni volta solo la faccia grassa del gestore del saloon faceva capolino all'interno.
خو هر ځل به یوازې د سالون ساتونکي غوړ مخ دننه کتل.
Il volto dell'uomo era illuminato dalla debole luce di una candela di sego.
دسړي مخ د یوې تورې شمعې د تیاره رڼا څخه روښانه شو.
Ogni volta, il latrato gioioso di Buck si trasformava in un ringhio basso e arrabbiato.
هر ځل، د باک د خوښۍ غږ په ټیټ او غوسه ناک غږ بدل شو.

Il gestore del saloon lo ha lasciato solo per la notte nella cassa
دسالون ساتونکي هغه د شپې لپاره په کریټ کې یوازې پریښود.
Ma quando si svegliò la mattina seguente, altri uomini stavano arrivando.
خو کله چې سهار راویښ شو، نور سړي هم راتلل.
Arrivarono quattro uomini e, con cautela, sollevarono la cassa senza dire una parola.
څلور سړي راغلل او پرته له څه ویلو یې په احتیاط سره بکس پورته کړ.
Buck capì subito in quale situazione si trovava.
باک سمدلاسه پوه شو چې هغه په کوم حالت کې وموند.
Erano ulteriori tormentatori che doveva combattere e temere.
دوی نور ځورونکي وو چې هغه یې باید مبارزه او ویره ولري.
Questi uomini apparivano malvagi, trasandati e molto mal curati.
دا سړي ډېر بد اخلاقه، چټل او ډېر بد سینګار شوي ښکارېدل.
Buck ringhiò e si lanciò contro di loro con furia attraverso le sbarre.
باک چیغه کړه او د بارونو له لارې یې په کلکه وویشتله.

Si limitarono a ridere e a colpirlo con lunghi bastoni di legno.

ه‌غوی یوازې وخندل او د لرګیو په اوږدو لرګیو یې هغه وواهه.

Buck morse i bastoncini, poi capì che era quello che gli piaceva.

بک په لرګیو چیچلی وکړ، بیا پوه شو چې دا هغه څه وو چې دوی یې خوښوي.

Così si sdraiò in silenzio, imbronciato e acceso da una rabbia silenziosa.

نو هغه په خاموشۍ سره پروت و، خپه او د خاموش غوسې څخه سوځېدلی و.

Caricarono la cassa su un carro e se ne andarono con lui.

دوی صندوق په یوه ګاډۍ کې پورته کړ او له هغه سره یې وتښتول.

La cassa, con Buck chiuso dentro, cambiò spesso proprietario.

ه‌غه کریټ، چې بک یې دننه تړلی و، ډېر ځله به یې لاسونه بدلېدل.

Gli impiegati dell'ufficio espresso presero in mano la situazione e si occuparono di lui per un breve periodo.

دایکسپریس دفتر مامورینو دنده په غاړه واخیسته او په لنډ ډول یې ورسره چلند وکړ.

Poi un altro carro trasportò Buck attraverso la rumorosa città.

بیا یو بل واګون بک د شورماشور ښار ته ورساوه.

Un camion lo portò con sé scatole e pacchi su un traghetto.

یوې لارۍ هغه د بکسونو او پارسلونو سره په یوه بېړۍ کښتۍ کې یوړ.

Dopo l'attraversamento, il camion lo scaricò presso un deposito ferroviario.

دتیریدو وروسته، لارۍ هغه د اورګاډي په یوه ډیپو کې کښته کړ.

Alla fine Buck venne fatto salire a bordo di un vagone espresso in attesa.

بالاخره، بک د انتظار په یوه ایکسپریس موټر کې کېښودل شو.

Per due giorni e due notti i treni trascinarono via il vagone espresso.

ددوو ورځو او دوو شپو لپاره، اورګاډي ایکسپریس موټر لرې کړ.

Buck non mangiò né bevve durante tutto il doloroso viaggio.

باک په ټول دردناک سفر کې نه څه وخوړل او نه یې څښل.

Quando i messaggeri cercarono di avvicinarlo, lui ringhiò.

کله چي ایکسپریس پیغام رسوونکو هڅه وکړه چي هغه ته نږدې شي، هغه وخندل.
Risposero prendendolo in giro e prendendolo in giro crudelmente.
هغوی په ملنډو وهلو او په ظالمانه ډول یې ځورولو سره ځواب ورکړ.
Buck si gettò contro le sbarre, schiumando e tremando
باک ځان په بارونو کې وغورځاوه، فوم یې کاوه او لړزېده
risero sonoramente e lo presero in giro come i bulli della scuola.
هغوی په لوړ غږ وخندل، او د ښوونځي د ځورونکو په څیر یې ورته ملنډې ووهلې.
Abbaiavano come cani finti e agitavano le braccia.
دوی د جعلي سپو په څیر غپېدل او لاسونه یې ښورول.
Arrivarono persino a cantare come galli, solo per farlo arrabbiare ancora di più.
دوی حتی د چرګانو په څیر بانګونه کول ترڅو هغه نور هم خپه کړي.
Era un comportamento sciocco e Buck sapeva che era ridicolo.
دا احمقانه چلند و، او بک پوهیده چي دا مسخره وه.
Ma questo non fece altro che accrescere il suo senso di indignazione e vergogna.
خو دې کار د هغه د غوسې او شرم احساس یوازې ژور کړ.
Durante il viaggio la fame non lo disturbò molto.
دسفر په جریان کې هغه د لوږې څخه ډېر ځوریدلی نه و.
Ma la sete portava con sé dolori acuti e sofferenze insopportabili.
خو تندې سخت درد او د نه زغملو وړ کړاو راوړ.
La sua gola secca e infiammata e la lingua bruciavano per il calore.
دهغه وچ، پړسوب شوی ستونی او ژبه د تودوخې له امله سوځېدلې وه.
Questo dolore alimentava la febbre che cresceva nel suo corpo orgoglioso.
دې درد د هغه په ویاړلي بدن کې د تبې راپورته کېدل تغذیه کړل.
Durante questa prova Buck fu grato per una sola cosa.
باک د دې محاکمې په جریان کې د یوې شی لپاره مننه وکړه.
Gli avevano tolto la corda dal grosso collo.
رسی یې د هغه د غټې غاړې څخه لیرې شوې وه.

La corda aveva dato a quegli uomini un vantaggio ingiusto e crudele.

رسی دغو سړیو ته غیر عادلانه او ظالمانه ګټه ورکړې وه.

Ora la corda non c'era più e Buck giurò che non sarebbe mai più tornata.

اوس رسی ورکه شوه، او بک قسم وخوړ چې هیڅکله به بیرته نه راځي.

Decise che nessuna corda gli sarebbe mai più passata intorno al collo.

هغه هوډ وکړ چې بیا به هیڅکله د هغه په غاړه کې رسی نه ګرځیږي.

Per due lunghi giorni e due lunghe notti soffrì senza cibo.

ددوو اوږدو ورځو او شپو لپاره، هغه پرته له خوړو څخه رنځ وړه.

E in quelle ore, accumulò dentro di sé una rabbia enorme.

او په دې ساعتونو کې، هغه دننه یو لوی غوسه جوړه کړه.

I suoi occhi diventarono iniettati di sangue e selvaggi per la rabbia costante.

دهغه سترګې د دوامداره غوسي له امله په وینو لړلي او وحشي شوې.

Non era più Buck, ma un demone con le fauci che schioccavano.

هغه نور باک نه و، بلکې یو شیطان و چې ژامې یې ماتې وې.

Nemmeno il Giudice avrebbe potuto riconoscere questa folle creatura.

حتی قاضي به دا لیونی مخلوق نه پیژندلی.

I messaggeri espressi tirarono un sospiro di sollievo quando giunsero a Seattle

دایکسپریس پیغام رسوونکو سیټل ته د رسیدو پر مهال د ارام ساه واخیسته

Quattro uomini sollevarono la cassa e la portarono in un cortile sul retro.

څلورو کسانو صندوق پورته کړ او شاته انګړ ته یې یوړ.

Il cortile era piccolo, circondato da mura alte e solide.

انګړ کوچنی و، د لوړو او کلکو دیوالونو په شاوخوا کې و.

Un uomo corpulento uscì dalla stanza con una scollatura larga e una camicia rossa.

یو غټ سړی په سور سویټر کمیس کې راووت.

Firmò il registro delle consegne con una calligrafia spessa e decisa.

هغه د تحویلی کتاب په غټ او زړور لاس لاسلیک کړ.

Buck intuì subito che quell'uomo era il suo prossimo aguzzino.

باک سمدلاسه احساس وکړ چې دا سړی د هغه راتلونکی ځورونکی دی.

Si lanciò violentemente contro le sbarre, con gli occhi rossi di rabbia.

هغه په زوره په بارونو وواهه، سترګې یې له غوسې سره سورې وې.

L'uomo si limitò a sorridere amaramente e andò a prendere un'ascia.

سړي یوازې په تیاره موسکا وکړه او د کوټې د راوړلو لپاره لاړ.

Teneva anche una mazza nella sua grossa e forte mano destra.

هغه په خپل غټ او قوي ښي لاس کې یو کلچه هم راوړه.

"Lo porterai fuori adesso?" chiese l'autista preoccupato.

م"وټر چلوونکي په اندېښنه کې وپوښتل" :ته اوس هغه بهر بوځې؟

"Certo", disse l'uomo, infilando l'ascia nella cassa come se fosse una leva.

"هو، "سړي وویل، د کوټې کوځه یې د لیور په توګه په کریټ کې بنده کړه.

I quattro uomini si dileguarono all'istante, saltando sul muro del cortile.

څلور سړي سمدلاسه خواره واره شول، د انګړ دیوال ته یې ټوپ وواهه.

Dai loro punti sicuri in alto, aspettavano di ammirare lo spettacolo.

دوی د پورته خوندي ځایونو څخه د دې تماشا لیدلو لپاره انتظار کاوه.

Buck si lanciò contro il legno scheggiato, mordendolo e scuotendolo violentemente.

باک په ټوټه ټوټه لرګي ټوپ وواهه، په زوره یې چیچلو او لړزېدو.

Ogni volta che l'ascia colpiva la gabbia, Buck era lì pronto ad attaccarla.

هر کله چې کوځه په پنجره ولګېده(، باک هلته وو چې پرې برید وکړي.

Ringhiò e schioccò le dita in preda a una rabbia selvaggia, desideroso di essere liberato.

هغه په وحشي غوسه چیغه کړه او چیغه یې کړه، د خلاصون لپاره لیواله و.

L'uomo all'esterno era calmo e fermo, concentrato sul suo compito.

بهر سړی ارام او ثابت و، په خپل کار کې هوډمن و.

"Bene allora, diavolo dagli occhi rossi", disse quando il buco fu grande.
"همدا اوس، ته سرې سترګې شیطانه، "هغه وویل کله چې سوری لوی و.
Lasciò cadere l'ascia e prese la mazza nella mano destra.
هغه کوڅه وغورځوله او ډنډه يې په ښي لاس کې ونیوله.
Buck sembrava davvero un diavolo: aveva gli occhi iniettati di sangue e fiammeggianti.
باک په رښتيا هم د شيطان په څېر ښکارېده؛ سترګې يې وينې بهېدلې او سوځېدلې وې.
Il suo pelo si rizzò, la schiuma gli salì alla bocca e gli occhi brillarono.
دهغه کوټ يې ښځېدلی و، په خوله کې يې ځګ راوتلی و، سترګې يې ځلېدلې.
Lui tese i muscoli e si lanciò dritto verso il maglione rosso.
هغه خپل عضلات راټول کړل او مستقيم په سور سویټر باندې منډه کړه.
Centoquaranta libbre di furia si riversarono sull'uomo calmo.
يو سل او څلوېښت پونډه غصه په ارام سړي باندې وخوځېده.
Un attimo prima che le sue fauci si chiudessero, un colpo terribile lo colpì.
مخکې له دې چې د هغه ژامې وتړل شي، يو وحشتناک ګوزار پرې وشو.
I suoi denti si schioccarono insieme solo sull'aria
غاښونه يې يوازې په هوا کې سره وخوځېدل
una scossa di dolore gli risuonò nel corpo
ددرد يوه څپه يې په بدن کې خپره شوه
Si capovolse a mezz'aria e cadde sulla schiena e su un fianco.
هغه په هوا کې وغورځېد او په شا او اړخ يې وغورځېد.
Non aveva mai sentito prima un colpo di mazza e non riusciva a sostenerlo.
هغه مخکې هيڅکله د کلب ضربه نه وه احساس کړې او نه يې درک کولی شو.
Con un ringhio acuto, in parte abbaio, in parte urlo, saltò di nuovo.
هغه د يوې چيغې، يوې برخې د ږيرې او يوې برخې د چيغې سره بيا توپ وواهه.
Un altro colpo violento lo colpì e lo scaraventò a terra.
يو بل ظالمانه ګوزار پرې وشو او هغه يې په ځمکه وغورځاوه.

Questa volta Buck capì: era la pesante clava dell'uomo.
دا ځل باک پوه شو - دا د سړي درنه لښته وه.
Ma la rabbia lo accecò e non pensò minimamente di ritirarsi.
خو غوسې هغه ړوند کړ، او هغه د شاته تګ هیڅ فکر نه درلود.
Dodici volte si lanciò e dodici volte cadde.
دولس ځله یې ځان وغورځاوه، او دولس ځله یې ولوېد.
La mazza di legno lo colpiva ogni volta con una forza spietata e schiacciante.
دلرګيو ډنډ به هر ځل هغه په بې رحمه او ماتوونکي ځواک سره ماتاوه.
Dopo un colpo violento, si rialzò barcollando, stordito e lento.
دیوې سختې ضربې وروسته، هغه په خپلو پښو ودرېد، حیران او ورو شو.
Il sangue gli colava dalla bocca, dal naso e perfino dalle orecchie.
دهغه له خولې، پوزې او حتی غوږونو څخه وینه بهېده.
Il suo mantello, un tempo bellissimo, era imbrattato di schiuma insanguinata.
دهغه یو وخت ښکلی کوټ په وینو لړلی فوم پوښل شوی و.
Poi l'uomo si fece avanti e gli sferrò un violento colpo al naso.
بیا سړی پورته شو او په پوزه یې یو ناوړه ګوزار وکړ.
L'agonia fu più acuta di qualsiasi cosa Buck avesse mai provato.
درد تر هغه څه ډېر تیز و چې بک یې هیڅکله احساس نه و کړی.
Con un ruggito più da bestia che da cane, balzò di nuovo all'attacco.
هغه د سپي په پرتله د حیوان په لوړ غږ سره بیا کودتا وکړه چې برید وکړي.
Ma l'uomo gli afferrò la mascella inferiore e la torse all'indietro.
خو سړي خپله ښکته ژامه ونیوله او شاته یې تاو کړه.
Buck si girò a testa in giù e cadde di nuovo violentemente al suolo.
باک خپل سر د پښو په سر وخوځاوه، بیا په زوره وغورځېد.
Un'ultima volta, Buck si lanciò verso di lui, ormai a malapena in grado di reggersi in piedi.

ی‌و وروستی ځل، بک په هغه برید وکړ، اوس په سختۍ سره د ودریدو توان لري۔
L'uomo colpì con sapiente tempismo, sferrando il colpo finale.
سړي په ماهر وخت سره ګوزار وکړ، او وروستی ګوزار یې ورکړ۔
Buck crollò a terra, privo di sensi e immobile.
باک په یوه ګنه ګونه کې راپرپوت، بې هوښه او بې حرکته۔
"Non è uno stupido ad addestrare i cani, ecco cosa dico io", urlò un uomo.
ی‌و سړي چیغه کړه" :هغه د سپو په ماتولو کې سست نه دی، دا هغه څه دي چې زه یې وایم۔"
"Druther può spezzare la volontà di un segugio in qualsiasi giorno della settimana."
""" ډروتر کولی شي د اونۍ په هره ورځ د سپي اراده مات کړي۔
"E due volte di domenica!" aggiunse l'autista.
م"وتر چلوونکي زیاته کړه" :او دوه ځله د یکشنبې په ورځ۔
Salì sul carro e tirò le redini per partire.
هغه په ګاډۍ کې وخوت او د وتلو لپاره یې بامونه مات کړل۔
Buck riprese lentamente il controllo della sua coscienza
باک ورو ورو د خپل شعور کنټرول ترلاسه کړ
ma il suo corpo era ancora troppo debole e rotto per muoversi.
خو بدن یې لا هم ډېر کمزوری او مات و چې حرکت یې نشوای کولای۔
Rimase lì dove era caduto, osservando l'uomo con il maglione rosso.
هغه په هغه ځای کې پروت و چې غورځېدلی و، او د سور رنګه سړي په لټه کې و۔
"Risponde al nome di Buck", disse l'uomo, leggendo ad alta voce.
س"ړي په لوړ غږ وویل، "هغه د باک نوم ته ځواب ورکوي۔
Citò la nota inviata con la cassa di Buck e i dettagli.
هغه د هغه یادښت څخه نقل وکړ چې د باک د بکس او جزئیاتو سره لیږل شوی و۔
"Bene, Buck, ragazzo mio", continuò l'uomo con tono amichevole,
"ښه، بک، زما هلک، "سړي په دوستانه غږ سره دوام ورکړ

"Abbiamo avuto il nostro piccolo litigio, e ora tra noi è finita."
""موږ خپله کوچنۍ جګړه درلوده، او اوس زموږ ترمنځ پای ته ورسېده.
"Tu hai imparato qual è il tuo posto, e io ho imparato qual è il mio", ha aggiunto.
هغه زياته کړه": تاسو خپل ځای زده کړی دی، او ما خپل ځای زده کړی دی."
"Sii buono e tutto andrà bene e la vita sarà piacevole."
""ښه اوسه، او هرڅه به ښه شي، او ژوند به خوندور وي.
"Ma se sei cattivo, ti spaccherò a morte, capito?"
""خو بد شه، او زه به ستا ډکول مات کړم، پوهېږې؟
Mentre parlava, allungò la mano e accarezzò la testa dolorante di Buck.
کله چې هغه خبرې کولې، هغه لاس پورته کړ او د باک دردمن سر يې وخوځاوه.
I capelli di Buck si rizzarono al tocco dell'uomo, ma lui non oppose resistenza.
دسړي په لمس کولو سره د باک ويښتان پورته شول، خو هغه مقاومت ونه کړ.
L'uomo gli portò dell'acqua e Buck la bevve a grandi sorsi.
سړي ورته اوبه راوړې، چې باک په ډېر ژړا سره وڅښلې.
Poi arrivò la carne cruda, che Buck divorò pezzo per pezzo.
بيا خام غوښه راغله، چې بک ټوټه ټوټه وخوړله.
Sapeva di essere stato sconfitto, ma sapeva anche di non essere distrutto.
هغه پوهيده چې وهل شوی و، خو دا هم پوهيده چې مات شوی نه و.
Non aveva alcuna possibilità contro un uomo armato di manganello.
هغه د يو وسله وال سړي په وړاندې هيڅ چانس نه درلود چې په لرګيو سمبال و.
Aveva imparato la verità e non dimenticò mai quella lezione.
هغه حقيقت زده کړی و، او هغه هيڅکله دا درس هير نه کړ.
Quell'arma segnò l'inizio della legge nel nuovo mondo di Buck.
دا وسله د باک په نوې نړۍ کې د قانون پيل و.
Fu l'inizio di un ordine duro e primitivo che non poteva negare.

دا د يو سخت او ابتدايي نظم پيل و چې هغه يې رد نشواى كړاى.
Accettò la verità: i suoi istinti selvaggi erano ormai risvegliati.
هغه حقيقت ومانه؛ د هغه وحشي غريزونه اوس ويښ وو.
Il mondo era diventato più duro, ma Buck lo affrontò coraggiosamente.
نړۍ سخته شوې وه، خو باک په زړورتيا سره ورسره مخ شو.
Affrontò la vita con una nuova cautela, astuzia e una forza silenziosa.
هغه له ژوند سره د نوي احتياط، چالاکۍ او خاموش ځواک سره مخ شو.
Arrivarono altri cani, legati con corde o gabbie, come era successo a Buck.
نور سپي هم راغلل، لکه بک چې په رسۍ يا صندوقونو کې تړل شوي وو.
Alcuni cani procedevano con calma, altri si infuriavano e combattevano come bestie feroci.
ځينې سپي په ارامه راغلل، نور يې په غوسه شول او د وحشي ځناورو په څير يې جګړه وکړه.
Tutti loro furono sottoposti al dominio dell'uomo con il maglione rosso.
ټول يې د سره رنګه سړي تر واکمنۍ لاندې راوستل شول.
Ogni volta Buck osservava e vedeva svolgersi la stessa lezione.
هر ځل، باک ورته درس ليدل او څرګنديدل يې وليدل.
L'uomo con la clava era la legge: un padrone a cui obbedire.
هغه سړی چې د کلپ سره و، قانون و؛ يو بادار چې بايد اطاعت يې وشي.
Non era necessario che gli piacesse, ma che gli si obbedisse.
هغه ته اړتيا نه وه چې خوښ شي، مګر بايد د هغه اطاعت وشي.
Buck non si è mai mostrato adulatore o scodinzolante come facevano i cani più deboli.
باک هيڅکله د کمزورو سپيو په څير نه شواى ښوروليی او نه يې ښوروليی.
Vide dei cani che erano stati picchiati e che continuavano a leccare la mano dell'uomo.
هغه سپي وليدل چې وهل شوي وو او بيا هم د سړي لاسونه چاټ کول.
Vide un cane che non obbediva né si sottometteva affatto.
هغه يو سپی وليد چې هيڅ يې اطاعت يا تسليم نه کړ.

Quel cane ha combattuto fino alla morte nella battaglia per il controllo.

هغه سپی تر هغه وخته پورې جګړه وکړه چې د کنټرول لپاره په جګړه کې ووژل شو.

A volte degli sconosciuti venivano a trovare l'uomo con il maglione rosso.

نا اشنا خلک به کله ناکله د سره رنګه سړي لیدو ته راتلل.

Parlavano con toni strani, supplicando, contrattando e ridendo.

دوی په عجیبو غږونو خبرې کولې، زارۍ یې کولې، معامله یې کوله، او خانده.

Dopo aver scambiato i soldi, se ne andavano con uno o più cani.

کله چې پیسې تبادله شوې، دوی د یو یا ډیرو سپیو سره لاړل.

Buck si chiese dove andassero questi cani, perché nessuno faceva mai ritorno.

باک حیران شو چې دا سپي چیرته لاړل، ځکه چې هیڅ یو بیرته نه دی راغلی.

la paura dell'ignoto riempiva Buck ogni volta che un uomo sconosciuto si avvicinava

هر کله چې یو عجیب سړی راغی، د نامعلوم ویره به ډکه وه بک

era contento ogni volta che veniva preso un altro cane, al posto suo.

هغه به هر ځل خوشحاله و چې د ځان پر ځای به بل سپی تښتول کېده.

Ma alla fine arrivò il turno di Buck con l'arrivo di uno strano uomo.

خو بالاخره، د باک وار د یو عجیب سړي په راتګ سره راغی.

Era piccolo, nervoso e parlava un inglese stentato e imprecava.

هغه کوچنی، چالاک و، او په مات انګلیسي ژبه یې خبرې کولې او لعنتونه یې ویل.

"Sacredam!" urlò quando vide il corpo di Buck.

"مقدسه. "هغه چیغه کړه کله چې یې د باک په چوکاټ سترګې ولګېدې.

"Che cane maledetto e prepotente! Eh? Quanto costa?" chiese ad alta voce.

"دا یو ډېر بدمعاش سپی دی. اه؟ څومره؟ "هغه په لوړ غږ وپوښتل.

"Trecento, ed è un regalo a quel prezzo",

""، دري سوه، او هغه په دې قيمت يوه ډالى ده
"Dato che sono soldi del governo, non dovresti lamentarti, Perrault."
"څرنګه چې دا د حکومت پيسې دي، نو ته بايد شکايت ونه کړې، پيرولټ."
Perrault sorrise pensando all'accordo che aveva appena concluso con quell'uomo.
پيرولټ په هغه معامله موسکی شو چې هغه يې له سړي سره کړې وه.
Il prezzo dei cani è salito alle stelle a causa della domanda improvvisa.
دناڅاپي تقاضا له امله د سپيو بيه لوړه شوې وه.
Trecento dollari non erano ingiusti per una bestia così bella.
دداسې ښکلي حيوان لپاره درې سوه ډالر غير عادلانه نه وو.
Il governo canadese non perderebbe nulla dall'accordo
دکاناډا حکومت به په دې تړون کې هيڅ شی له لاسه ورنکړي.
Né i loro comunicati ufficiali avrebbero subito ritardi nel trasporto.
او نه به د دوی رسمي ليږدونه په ليږد کې ځنډول کيږي.
Perrault conosceva bene i cani e capì che Buck era una rarità.
پيرولټ سپي ښه پيژندل، او ليدلې يې وو چې بک يو نادر شی دی.
"Uno su dieci diecimila", pensò, mentre studiava la corporatura di Buck.
"په لسو لسو زرو کې يو، "هغه فکر وکړ، لکه څنګه چې هغه د باک جوړښت مطالعه کړ.
Buck vide il denaro cambiare di mano, ma non mostrò alcuna sorpresa.
باک د پيسو د بدلون شاهد وو، خو هيڅ حيرانتيا يې ونه ښوده.
Poco dopo lui e Curly, un gentile Terranova, furono portati via.
ډېر ژر هغه او کورلي، يو نرم نيوفونډلينډ، لرې بوتلل شول.
Seguirono l'omino dal cortile della casa con il maglione rosso.
دوی د سور سويټر انګړ څخه د کوچني سړي تعقيب وکړ.
Quella fu l'ultima volta che Buck vide l'uomo con la mazza di legno.
دا د باک وروستی ځل و چې د لرګيو د لرګي سره سړی يې وليد.
Dal ponte del Narwhal guardò Seattle svanire in lontananza.

دناروال له ډیک څخه هغه د سیټل لیدل چې په لرې واټن کې ورک شو.
Fu anche l'ultima volta che vide le calde terre del Sud.
دا وروستی ځل هم و چې هغه ګرم ساوتلینډ ولید.
Perrault li portò sottocoperta e li lasciò con François.
پیرولټ هغوی د ډیک لاندې بوتلل، او فرانسوا ته یې پریښودل.
François era un gigante con la faccia nera e le mani ruvide e callose.
فرانسوا یو تور مخی لوی سړی و چې لاسونه یې سخت او بې حسه وو.
Era un uomo dalla carnagione scura e dalla carnagione scura, un meticcio franco-canadese.
هغه تیاره او تیاره رنګ درلود؛ یو نیم نسل فرانسوی - کاناډایی.
Per Buck, quegli uomini erano come non li aveva mai visti prima.
دباک لپاره، دا سړي داسې وو چې هغه مخکې هیڅکله نه وو لیدلي.
Nei giorni a venire avrebbe avuto modo di conoscere molti di questi uomini.
هغه به په راتلونکو ورځو کې ډېر داسې سړي وپیژني.
Non cominciò ad affezionarsi a loro, ma finì per rispettarli.
هغه له هغوی سره مینه نه درلوده، خو د هغوی درناوی یې کاوه.
Erano giusti e saggi e non si lasciavano ingannare facilmente da nessun cane.
دوی عادل او هوښیار وو، او په اسانۍ سره د کوم سپي لخوا نه غولیدل.
Giudicavano i cani con calma e punivano solo quando meritavano.
دوی د سپو په اړه په ارامۍ سره قضاوت کاوه، او یوازې هغه وخت یې سزا ورکوله کله چې مستحق وو.
Sul ponte inferiore del Narwhal, Buck e Curly incontrarono due cani.
دناروال په ښکته ډیک کې، بک او کرلي دوه سپي ولیدل.
Uno era un grosso cane bianco proveniente dalle lontane e gelide isole Spitzbergen.
یو یې د لرې، یخ سپیټزبرګن څخه یو لوی سپین سپی و.
In passato aveva navigato su una baleniera e si era unito a un gruppo di ricerca.
هغه یو ځل د نهنګ کبانو سره په سمندر کې سفر کړی و او د سروې ډلې سره یوځای شوی و.
Era amichevole, ma astuto, subdolo e subdolo.

ﻫﻐﻪ ﭘﻪ ﭼﺎﻻﮎ، ﭘټ ﺍﻭ ﭼﺎﻻﮎ ډﻭﻝ ﺩﻭﺳﺘﺎﻧﻪ ﻭ.
Al loro primo pasto, rubò un pezzo di carne dalla padella di Buck.
ددوی په لومړي ډوډۍ کې، هغه د باک له لوښي څخه د غوښې یوه ټوټه غلا کړه.
Buck saltò per punirlo, ma la frusta di François colpì per prima.
باک د سزا ورکولو لپاره ټوپ وواهه، خو د فرانسوا کوټه لومړی ولګېده.
Il ladro bianco urlò e Buck reclamò l'osso rubato.
سپین غل چیغه کړه، او بک غلا شوی هډوکی بیرته ترلاسه کړ.
Questa correttezza colpì Buck e François si guadagnò il suo rispetto.
دې انصاف باک متاثر کړ، او فرانسوا خپل درناوی ترلاسه کړ.
L'altro cane non lo salutò e non volle nessuno in cambio.
بل سپي سلام ونه کړ، او په بدل کې يې هيڅ ونه غوښتل.
Non rubava il cibo, né annusava con interesse i nuovi arrivati.
هغه خواړه نه غلا کول، او نه يې په لېوالتيا سره نوي راغلي کسان بوی کول.
Questo cane era cupo e silenzioso, cupo e lento nei movimenti.
دا سپی ډېر بد او خاموش، خپه او ورو حرکت کوونکی و.
Avvertì Curly di stargli lontano semplicemente lanciandole un'occhiata fulminante.
هغه کرلي ته خبرداری ورکړ چې یوازې هغې ته په کتلو سره لرې پاتې شي.
Il suo messaggio era chiaro: lasciatemi in pace o saranno guai.
دهغه پیغام واضح و؛ ما یوازې پرېږده یا ستونزه به وي.
Si chiamava Dave e non faceva quasi caso a ciò che lo circondava.
هغه ډیو نومېده، او هغه په سختۍ سره خپل شاوخوا ځایونه ولیدل.
Dormiva spesso, mangiava tranquillamente e sbadigliava di tanto in tanto.
هغه ډېر وخت ویده کېده، په ارامه به یې خوړل، او کله ناکله به یې ارږمۍ وهله.

La nave ronzava costantemente con il rumore dell'elica sottostante.

کښتۍ په دوامداره توګه د لاندې ضربه کوونکي پروپیلر سره غږېده.

I giorni passarono senza grandi cambiamenti, ma il clima si fece più freddo.

ورځې په لږ بدلون سره تېرې شوې، خو هوا سړه شوه.

Buck se lo sentiva nelle ossa e notò che anche gli altri lo sentivano.

باک دا په خپلو هډوکو کې احساس کولی شو، او ولیدل چې نورو هم دا احساس کاوه.

Poi una mattina l'elica si fermò e tutto rimase immobile.

بیا یوه سهار، پروپیلر ودرېد او هرڅه ولاړ وو.

Un'energia percorse la nave: qualcosa era cambiato.

په کښتۍ کې یوه انرژي خپره شوه؛ یو څه بدل شوي وو.

François scese, li mise al guinzaglio e li portò su.

فرانسوا ښکته راغی، په پټیو یې وتړل او پورته یې کړل.

Buck uscì e trovò il terreno morbido, bianco e freddo.

باک بهر راووت او ځمکه یې نرمه، سپینه او سړه وموندله.

Lui fece un balzo indietro allarmato e sbuffò in preda alla confusione più totale.

هغه په وېره کې بیرته توپ کړ او په بشپړ ګډوډۍ کې یې خوله ووهله.

Una strana sostanza bianca cadeva dal cielo grigio.

له خړ اسمان څخه عجیب سپین شیان راوتل.

Si scosse, ma i fiocchi bianchi continuavano a cadergli addosso.

هغه ځان وښوروه، خو سپینې توټې یې پر سر راپرېوتې.

Annusò attentamente la sostanza bianca e ne leccò alcuni pezzetti ghiacciati.

هغه سپین شیان په دقت سره بوی کړل او یو څو یخ توټې یې وڅټلې.

La polvere bruciò come il fuoco e poi svanì subito dalla sua lingua.

پوډر د اور په څېر وسوځېد، بیا یې له ژبې څخه سمدلاسه ورک شو.

Buck ci riprovò, sconcertato dallo strano freddo che svaniva.

باک بیا هڅه وکړه، د عجیب ورکیدونکي سړې هوا له امله حیران شو.

Gli uomini intorno a lui risero e Buck si sentì in imbarazzo.

دهغه شاوخوا سړي وخندل، او باک شرمنده شو.

Non sapeva perché, ma si vergognava della sua reazione.

هغه نه پوهېده چې ولې، خو د خپل غبرګون څخه شرمېده.

Era la sua prima esperienza con la neve e la cosa lo confuse.

دا د واورې سره د هغه لومړی تجربه وه، او دې کار هغه مغشوش کړ.

La legge del bastone e della zanna
د کلب او فنګ قانون

Il primo giorno di Buck sulla spiaggia di Dyea è stato un terribile incubo.

دډایا ساحل کې د باک لومړی ورځ د یو وحشتناک خوب په څیر احساس شوه۔

Ogni ora portava con sé nuovi shock e cambiamenti inaspettati per Buck.

هر ساعت د باک لپاره نوي ټکانونه او ناڅاپي بدلونونه راوړل۔

Era stato strappato alla civiltà e gettato nel caos più totale.

هغه له تمدن څخه ایستل شوی و او په وحشي ګډوډۍ کې اچول شوی و۔

Questa non era una vita soleggiata e pigra, fatta di noia e riposo.

دا د لمر او سست ژوند نه و چې ستړیا او آرام پکې وو۔

Non c'era pace, né riposo, né momento senza pericolo.

نه سوله وه، نه ارام و، او نه له خطر پرته شیبه وه۔

La confusione regnava su tutto e il pericolo era sempre vicino.

ګډوډي په هرڅه واکمنه وه، او خطر تل نږدې و۔

Buck doveva stare attento perché quegli uomini e quei cani erano diversi.

باک باید هوښیار پاتې شي ځکه چې دا سړي او سپي مختلف وو۔

Non provenivano da città; erano selvaggi e spietati.

دوی د ښارونو نه وو؛ دوی وحشي او بې رحمه وو۔

Questi uomini e questi cani conoscevano solo la legge del bastone e della zanna.

دا سړي او سپي یوازې د کلب او فینګ قانون پوهېدل۔

Buck non aveva mai visto dei cani combattere come questi feroci husky.

باک هیڅکله سپي د دې وحشي هسکیانو په څیر جنګ نه وو لیدلي۔

La sua prima esperienza gli insegnò una lezione che non avrebbe mai dimenticato.

دهغه لومړی تجربې هغه ته داسې درس ورکړ چې هیڅکله به یې هیر نه کړي۔

Fu una fortuna che non fosse lui, altrimenti sarebbe morto anche lui.

هغه بختور و چې دا هغه نه و، که نه نو هغه به هم مړ شوی وای.
Curly era quello che soffriva, mentre Buck osservava e imparava.
کـرلي هغه څوک و چې ځورېدلی و پداسې حال کې چې بک یې لیدل او زده کړه یې کوله.
Si erano accampati vicino a un deposito costruito con tronchi.
دوی د لرګیو څخه جوړ شوي دوکان ته نږدې کمپ جوړ کړی و.
Curly cercò di essere amichevole con un grosso husky simile a un lupo.
کـرلي هڅه وکړه چې د یو لوی، لیوه په څیر هسکي سره دوستانه وي.
L'husky era più piccolo di Curly, ma aveva un aspetto selvaggio e cattivo.
هسکي د کورلي په پرتله کوچنی و، خو وحشي او بدمرغه ښکارېده.
Senza preavviso, lui saltò su e le tagliò il viso.
پـرته له خبرتیا، هغه توپ کړ او د هغې مخ یې خلاص کړ.
Con un solo movimento i suoi denti le tagliarono l'occhio fino alla mascella.
غاښونه یې په یوه حرکت کې د هغې له سترګې څخه تر ژامې پورې پرې کړل.
Ecco come combattevano i lupi: colpivano velocemente e saltavano via.
لیوه په دې ډول جنګېدل — په چټکۍ سره به یې ووهل او توپونه به یې وهل.
Ma c'era molto di più da imparare da quell'unico attacco.
خو د هغه برید څخه د زده کړې لپاره ډېر څه وو.
Decine di husky si precipitarono dentro e formarono un cerchio silenzioso.
لسګونه هسکي په منډه راغلل او یوه خاموشه حلقه یې جوړه کړه.
Osservavano attentamente e si leccavano le labbra per la fame.
دوی له نږدې وکتل او له لوږې یې خپلې شونډې وڅټلې.
Buck non capiva il loro silenzio né i loro occhi ansiosi.
بـاک د دوی چوپتیا یا د دوی لیواله سترګې نه پوهیدې.
Curly si lanciò ad attaccare l'husky una seconda volta.
کـرلي د دوهم ځل لپاره په هسکي برید ته منده کړه.

Usò il suo petto per buttarla a terra con un movimento violento.

هغه د خپلې سينې په کارولو سره هغه په يو قوي حرکت سره وغورځوله.

Cadde su un fianco e non riuscì più a rialzarsi.

هغه په خپل اړخ ولوېده او بيرته پورته نشوه.

Era proprio quello che gli altri aspettavano da tempo.

دا هغه څه وو چې نور يې له ډېرې مودې راهيسې په تمه وو.

Gli husky le saltarono addosso, guaindo e ringhiando freneticamente.

هسکي په هغې توپ وواهه، په ليونتوب سره يې چيغې وهلې او چيغې يې وهلې.

Lei urlò mentre la seppellivano sotto una pila di cani.

هغې چيغې وهلې کله چې دوی هغه د سپيو د يوې ډېرې لاندې ښخه کړه.

L'attacco fu così rapido che Buck rimase immobile per lo shock.

بريد دومره ګړندی و چې باک د حيرانتيا له امله په خپل ځای يخ شو.

Vide Spitz tirare fuori la lingua in un modo che sembrava una risata.

هغه وليدل چې سپيتز خپله ژبه په داسې ډول راښکته کړه چې د خندا په څېر ښکارېده.

François afferrò un'ascia e corse dritto verso il gruppo di cani.

فرانسوا يو تبر واخيست او مستقيم د سپيو په ډله کې منډه کړه.

Altri tre uomini hanno usato dei manganelli per allontanare gli husky.

درې نورو سړيو د هسکيانو د وهلو لپاره له کلپونو څخه کار واخيست.

In soli due minuti la lotta finì e i cani se ne andarono.

يوازې په دوو دقيقو کې، جګړه پای ته ورسېده او سپي لاړل.

Curly giaceva morta nella neve rossa calpestata, con il corpo fatto a pezzi.

تاو شوې ښځه په سره، تر پښو لاندې شوې واوره کې مړه پرته وه، بدن يې ټوټه ټوټه شوی و.

Un uomo dalla pelle scura era in piedi davanti a lei, maledicendo la scena brutale.

يو تور پوستی سړی د هغې تر څنګ ولاړ و، او د ظالمانه صحنې لعنت يې ويل.

Il ricordo rimase con Buck e ossessionò i suoi sogni notturni.

دا خاطره له باک سره پاتې شوه او د شپې به يې خوبونه ځورول.
Ecco come funzionava: niente equità, niente seconda possibilità.
دلته هم همداسې وه؛ نه انصاف وو، نه دوهم چانس.
Una volta caduto un cane, gli altri lo uccidevano senza pietà.
کله چې يو سپی ولوېد، نور به يې بې رحمه ووژني.
Buck decise allora che non si sarebbe mai lasciato cadere.
باک بيا پرېکړه وکړه چې هيڅکله به ځان ته اجازه ورنکړي چې وغورځېږي.
Spitz tirò fuori di nuovo la lingua e rise guardando il sangue.
سپيټز بيا خپله ژبه راوويسته او په وينه يې وخندل.
Da quel momento in poi, Buck odiò Spitz con tutto il cuore.
له هغې شيبې څخه، باک د زړه له کومې له سپيټز څخه کرکه کوله.

Prima che Buck potesse riprendersi dalla morte di Curly, accadde qualcosa di nuovo.
مخکې لدې چې بک د کرلي له مرگ څخه روغ شي، يو څه نوی پيښ شو.
François si avvicinò e legò qualcosa attorno al corpo di Buck.
فرانسوا راغی او د باک د بدن شاوخوا يې يو څه وتړل.
Era un'imbracatura simile a quelle usate per i cavalli al ranch.
دا د هغو بندونو په څېر وه چې په فارم کې په اسونو کې کارول کېږي.
Così come Buck aveva visto lavorare i cavalli, ora era costretto a lavorare anche lui.
لکه څنګه چې باک د اسونو کار ليدلی و، اوس هغه هم کار ته اړ ايستل شوی و.
Dovette trascinare François su una slitta nella foresta vicina.
هغه بايد فرانسوا په يوه سليج کې نږدې ځنګل ته کش کړي.
Poi dovette trascinare indietro un pesante carico di legna da ardere.
بيا هغه اړ شو چې د لرگيو درانه بار بيرته راوباسي.
Buck era orgoglioso e gli faceva male essere trattato come un animale da lavoro.

باک مغرور و، نو دا ورته درد ورکاوه چې د کارګر ځاروي په څیر چلند ورسره وشي۔
Ma era saggio e non cercò di combattere la nuova situazione.
خو هغه هوښيار و او هڅه يې ونه کړه چې له نوي وضعيت سره مبارزه وکړي۔
Accettò la sua nuova vita e diede il massimo in ogni compito.
هغه خپل نوی ژوند ومانه او په هر کار کې يې خپله غوره هڅه وکړه۔
Tutto di quel lavoro gli risultava strano e sconosciuto.
دکار په اړه هرڅه هغه ته عجيب او نا اشنا وو۔
François era severo e pretendeva obbedienza senza indugio.
فـرانسوا سخت و او پرته له ځنډه يې د اطاعت غوښتنه کوله۔
La sua frusta garantiva che ogni comando venisse eseguito immediatamente.
دهغه په ښتک داډ تر لاسه کاوه چې هر امر په يو ځل تعقيب شي۔
Dave era il timoniere, il cane più vicino alla slitta dietro Buck.
ډېو د موټر چلوونکی و، سپی چې د باک تر شا سليج ته نږدې و۔
Se commetteva un errore, Dave mordeva Buck sulle zampe posteriori.
کـه چيرې ډيو غلطي کړې وي نو بک يې په شا پښو وويشت۔
Spitz era il cane guida, abile ed esperto nel ruolo.
سپيټز مخکښ سپی و، په رول کې ماهر او تجربه لرونکی۔
Spitz non riusciva a raggiungere Buck facilmente, ma lo corresse comunque.
سپيټز په اسانۍ سره بک ته نشو رسيدلی، خو بيا يې هم هغه سم کړ۔
Ringhiava aspramente o tirava la slitta in modi che insegnavano a Buck.
هغه په زوره چيغه کړه يا يې سليج په داسې ډول کش کړ چې باک ته يې ښوونه کوله۔
Grazie a questo addestramento, Buck imparò più velocemente di quanto tutti si aspettassero.
ددې روزنې لاندې، بک د ټولو د تمې څخه ګړندی زده کړه وکړه۔
Lavorò duramente e imparò sia da François che dagli altri cani.
هغه سخت کار وکړ او له فرانسوا او نورو سپو دواړو څخه يې زده کړه وکړه۔

Quando tornarono, Buck conosceva già i comandi chiave.
كله چې دوی بیرته راستانه شول، بک لا دمخه مهم حکمونه پوهېدل.
Imparò a fermarsi al suono della parola "oh" di François.
هغه د فرانسوا څخه د "هو "په غږ سره د درېدو زده کړه وکړه.
Imparò quando era il momento di tirare la slitta e correre.
هغه زده کړل چې کله باید سلیج کش کړي او منده وکړي.
Imparò a svoltare senza problemi nelle curve del sentiero.
هغه زده کړل چې په لاره کې په کږو کې پرته له کومې ستونزې پراخه وګرځي.
Imparò anche a evitare Dave quando la slitta scendeva velocemente.
هغه دا هم زده کړل چې کله سلیج په چټکۍ سره ښکته لاړ شي نو له ډیو څخه ډډه وکړي.
"Sono cani molto buoni", disse orgoglioso François a Perrault.
ف"رانسوا په ویاړ سره پیرولټ ته وویل" :دوی ډېر ښه سپي دي.
"Quel Buck tira come un dannato, glielo insegno subito."
""هغه بک ډېر ښه کار کوي - زه ورته ژر زده کوم.

Più tardi quel giorno, Perrault tornò con altri due husky.
په هغه ورځ وروسته، پیرولټ د دوو نورو سپو سره بیرته راغی.
Si chiamavano Billee e Joe ed erano fratelli.
ددوی نومونه بیلي او جو وو، او دوی ورونه وو.
Provenivano dalla stessa madre, ma non erano affatto simili.
دوی د یوې مور څخه راغلي وو، خو په هیڅ ډول سره ورته نه وو.
Billee era un tipo dolce e molto amichevole con tutti.
بېلي خوږ طبیعته وه او له هرچا سره ډېره دوستانه وه.
Joe era l'opposto: silenzioso, arrabbiato e sempre ringhiante.
جو برعکس وو - خاموش، غوسه، او تل چیغې وهونکی.
Buck li salutò amichevolmente e si mantenne calmo con entrambi.
باک هغوی ته په دوستانه ډول ښه راغلاست ووایه او له دواړو سره ارام و.
Dave non prestò loro attenzione e rimase in silenzio come al solito.
ډېو هغوی ته هیڅ پام ونه کړ او د معمول په څیر غلی پاتې شو.

Spitz attaccò prima Billee, poi Joe, per dimostrare la sua superiorità.

سپيتز لومړی په بيلي بريد وکړ، بيا په جو، ترڅو خپل تسلط وښيي.

Billee scodinzolava e cercava di essere amichevole con Spitz.

بيلي خپله لکۍ وښوروله او هڅه يې وکړه چې له سپيتز سره دوستانه وي.

Quando questo non funzionò, cercò di scappare.

کله چې دا کار ونکړ، نو هغه هڅه وکړه چې وتښتي.

Pianse tristemente quando Spitz lo morse forte sul fianco.

کله چې سپيتز هغه له اړخه په کلکه وخندل، هغه په خواشينۍ سره وژړل.

Ma Joe era molto diverso e si rifiutava di farsi prendere in giro.

خو جو ډېر توپير درلود او د ځورونې سره يې ډډه کوله.

Ogni volta che Spitz si avvicinava, Joe si girava velocemente per affrontarlo.

هر کله چې سپيتز نږدې شو، جو به په چټکۍ سره د هغه سره د مخامخ کيدو لپاره ګرځېده.

La sua pelliccia si drizzò, le sue labbra si arricciarono e i suoi denti schioccarono selvaggiamente.

دهغه وېښتان څخېدل، شونډې يې تاو شوې، او غاښونه يې په بې رحمۍ سره راښکته شول.

Gli occhi di Joe brillavano di paura e rabbia, sfidando Spitz a colpire.

دجو سترګې له وېرې او غوسې څخه ځلېدلې، او سپيتز يې د ګوزار کولو جرئت وکړ.

Spitz abbandonò la lotta e si voltò, umiliato e arrabbiato.

سپيتز جګړه پرېښوده او مخ يې واړاوه، سپک او غوسه شو.

Sfogò la sua frustrazione sul povero Billee e lo cacciò via.

هغه خپله خپګان په بې وزله بيلي څرګند کړ او هغه يې وشړلو.

Quella sera Perrault aggiunse un altro cane alla squadra.

په هغه ماښام، پيرولت يو بل سپی تيم ته اضافه کړ.

Questo cane era vecchio, magro e coperto di cicatrici di battaglia.

دا سپی زوړ، کمزوری او د جګړې په ټپونو پوښل شوی و.

Gli mancava un occhio, ma l'altro brillava di potere.

دهغه یوه سترګه ورکه وه، خو بله یې له برېښنا څخه ځلیده.
Il nome del nuovo cane era Solleks, che significa "l'Arrabbiato".
دنوي سپي نوم سولیکس وو، چې د غوسه کوونکي معنی یې درلوده.
Come Dave, Solleks non chiedeva nulla agli altri e non dava nulla in cambio.
دډیو په څیر، سولیکس له نورو څخه هیڅ نه غوښتل، او هیڅ یې بیرته نه دی ورکړی.
Quando Solleks entrò lentamente nell'accampamento, persino Spitz rimase lontano.
کله چې سولیکس ورو ورو کمپ ته ننوتل، حتی سپیتز هم لرې پاتې شو.
Aveva una strana abitudine che Buck ebbe la sfortuna di scoprire.
هغه یو عجیب عادت درلود چې بک یې په موندلو کې بدبخته و.
Solleks detestava essere avvicinato dal lato in cui era cieco.
سولیکس له دې څخه کرکه کوله چې په هغه اړخ کې چې هغه ړوند و، ورته نږدې شي.
Buck non lo sapeva e commise quell'errore per sbaglio.
باک په دې نه پوهیده او په ناڅاپي ډول یې دا تېروتنه وکړه.
Solleks si voltò di scatto e colpì la spalla di Buck in modo profondo e rapido.
سولیکس وګرځېد او د باک اوږه یې په ژوره او چټکۍ سره ووهله.
Da quel momento in poi, Buck non si avvicinò mai più al lato cieco di Solleks.
له هغې شیبې وروسته، بک هیڅکله د سولیکس ړانده اړخ ته نږدې نه شو.
Non ebbero mai più problemi per il resto del tempo che trascorsero insieme.
دوی د خپل پاتې وخت لپاره بیا هیڅکله ستونزه ونه لیدله.
Solleks voleva solo essere lasciato solo, come il tranquillo Dave.
سولیکس غوښتل چې یوازې پاتې شي، لکه خاموش ډیو.
Ma Buck avrebbe scoperto in seguito che ognuno di loro aveva un altro obiettivo segreto.
خو باک به وروسته پوه شي چې دوی هر یو بل پټ هدف لري.
Quella notte Buck si trovò ad affrontare una nuova e preoccupante sfida: come dormire.

په هغه شپه باک له يوې نوې او ځورونکې ننګونې سره مخ شو - څنګه خوب وکړي.
La tenda era illuminata caldamente dalla luce delle candele nel campo innevato.
خيمه په واوره پوښل شوي ميدان کې د شمعې په رڼا سره ګرمه ځليده.
Buck entrò, pensando che lì avrebbe potuto riposare come prima.
باک دننه لاړ، فکر يې کاوه چې هغه کولی شي هلته د پخوا په څير آرام وکړي.
Ma Perrault e François gli urlarono contro e gli tirarono delle padelle.
خو پيرولټ او فرانسوا په هغه چيغې وهلې او لوښي يې وغورځول.
Sconvolto e confuso, Buck corse fuori nel freddo gelido.
بک حيران او مغشوش شو، او په يخنۍ کې يې منډه کړه.
Un vento gelido gli pungeva la spalla ferita e gli congelava le zampe.
يوه ترخه باد د هغه ټپي اوږه ووېشتله او پښې يې کنګل کړې.
Si sdraiò sulla neve e cercò di dormire all'aperto.
هغه په واوره کې پروت و او هڅه يې کوله چې په خلاصه هوا کې ويده شي.
Ma il freddo lo costrinse presto a rialzarsi, tremando forte.
خو سړې هوا ډېر ژر هغه اړ کړ چې بېرته راپورته شي، سخت لړزېده.
Vagò per l'accampamento, cercando di trovare un posto più caldo.
هغه په کمپ کې ګرځېده، هڅه يې کوله چې يو ګرم ځای ومومي.
Ma ogni angolo era freddo come quello precedente.
خو هره کونج د پخوا په څېر سړه وه.
A volte dei cani feroci gli saltavano addosso dall'oscurità.
کله کله به وحشي سپي له تيارې څخه په هغه توپونه وهل.
Buck drizzò il pelo, scoprì i denti e ringhiò in tono ammonitore.
باک خپل ويښتان وچول، غاښونه يې ښکاره کړل، او د خبرداري سره يې چيغه کړه.
Lui stava imparando in fretta e gli altri cani si sono subito tirati indietro.
هغه په چټکۍ سره زده کړه کوله، او نور سپي په چټکۍ سره شاته شول.

Tuttavia, non aveva un posto dove dormire e non aveva idea di cosa fare.
بيا هم، هغه د خوب لپاره ځای نه درلود، او نه پوهیده چې څه وکړي.
Alla fine gli venne in mente un pensiero: andare a dare un'occhiata ai suoi compagni di squadra.
بالاخره، هغه ته یو فکر راغی - د خپلو ټیم ملګرو ته وګوري.
Ritornò nella loro zona e rimase sorpreso nel constatare che non c'erano più.
هغه د دوی سیمې ته راستون شو او حیران شو چې دوی نه دي تللي.
Cercò di nuovo nell'accampamento, ma ancora non riuscì a trovarli.
هغه بیا کمپ ولټولو، خو بیا یې هم ونه موندل.
Sapeva che loro non potevano stare nella tenda, altrimenti ci sarebbe stato anche lui.
هغه پوهیده چې دوی په خیمه کې نشي کیدی، یا هغه به هم وي.
E allora, dove erano finiti tutti i cani in quell'accampamento ghiacciato?
نو په دې کنګل شوي کمپ کې ټول سپي چیرته تللي وو؟
Buck, infreddolito e infelice, girò lentamente intorno alla tenda.
باک، سړه او بدبخته، ورو ورو د خیمې شاوخوا ګرځي.
All'improvviso, le sue zampe anteriori sprofondarono nella neve soffice e lo spaventarono.
ناڅاپه، د هغه مخکینی پښې په نرمه واوره کې ډوبې شوې او هغه یې حیران کړ.
Qualcosa si mosse sotto i suoi piedi e lui fece un salto indietro per la paura.
دهغه د پښو لاندې یو څه وخوت، او هغه له ویرې بیرته ټوپ کړ.
Ringhiava e ringhiava, non sapendo cosa si nascondesse sotto la neve.
هغه چیغه کړه او چیغه یې کړه، نه پوهیده چې د واورې لاندې څه پټ دي.
Poi udì un piccolo abbaio amichevole che placò la sua paura.
بیا یې یو کوچنی دوستانه غږ واورېد چې د هغه ویره یې کمه کړه.
Annusò l'aria e si avvicinò per vedere cosa fosse nascosto.
هغه هوا بوی کړه او نږدې شو ترڅو وګوري چې څه پټ وو.

Sotto la neve, rannicchiata in una calda palla, c'era la piccola Billee.

کوچنی بیلي د واورې لاندې، چې په ګرم توپ بدله شوې وه، وه.

Billee scodinzolò e leccò il muso di Buck per salutarlo.

بېلي خپله لکۍ وښوروله او د بک مخ يې څټ کړ ترڅو هغه ته ښه راغلاست ووايي.

Buck vide come Billee si era costruito un posto per dormire nella neve.

باک ولیدل چې څنګه بېلي په واوره کې د خوب ځای جوړ کړی و.

Aveva scavato e sfruttato il suo calore per scaldarsi.

هغه کنده کړې وه او د ګرم پاتې کېدو لپاره یې خپله تودوخه کارولې وه.

Buck aveva imparato un'altra lezione: ecco come dormivano i cani.

باک یو بل درس زده کړی و - دا هغه ډول و چې سپي به خوب کاوه.

Scelse un posto e cominciò a scavare la sua buca nella neve.

هغه يو ځای غوره کړ او په واوره کې يې د خپلې کندې کيندلو پيل وکړ.

All'inizio si muoveva troppo e sprecava energie.

په لومړي سر کې، هغه ډېر ګرځېده او انرژي يې ضايع کړه.

Ma ben presto il suo corpo riscaldò lo spazio e si sentì al sicuro.

خو ډېر ژر يې بدن ځای ګرم کړ، او هغه د خونديتوب احساس وکړ.

Si rannicchiò forte e poco dopo si addormentò profondamente.

هغه کلک تاو شو، او ډېر ژر ويده شو.

La giornata era stata lunga e dura e Buck era esausto.

ورځ اوږده او سخته وه، او باک ډېر ستړی و.

Dormì profondamente e comodamente, anche se fece sogni selvaggi.

هغه ژور او آرام ویده شو، که څه هم د هغه خوبونه وحشي وو.

Ringhiava e abbaiava nel sonno, contorcendosi mentre sognava.

هغه په خوب کې زارۍ او غپا وهله، د خوب په وخت کې یې سر وخوځاوه.

Buck non si svegliò finché l'accampamento non cominciò a prendere vita.

باک تر هغه وخته پورې له خوبه نه راویښ شو تر څو چې کمپ لا دمخه ژوندی نه شو.
All'inizio non sapeva dove si trovasse o cosa fosse successo.
په لومړي سر کې، هغه نه پوهیده چې چیرته دی یا څه پیښ شوي دي.
La neve era caduta durante la notte e aveva seppellito completamente il suo corpo.
دشپې واوره ورېدلې وه او د هغه بدن يې په بشپړه توګه دفن کړی و.
La neve lo circondava, fitta su tutti i lati.
واوره د هغه شاوخوا راښکته شوه، له ټولو خواوو څخه سخته وه.
All'improvviso un'ondata di paura percorse tutto il corpo di Buck.
ناڅاپه د باک په ټول بدن کې د ویرې څپه خپره شوه.
Era la paura di rimanere intrappolati, una paura che proveniva da istinti profondi.
دا د بند پاتې کېدو وېره وه، د ژورو غریزو څخه وېره.
Sebbene non avesse mai visto una trappola, la paura era viva dentro di lui.
که څه هم هغه هیڅکله دام نه و لیدلی، خو ویره یې دننه ژوند کاوه.
Era un cane addomesticato, ma ora i suoi vecchi istinti selvaggi si stavano risvegliando.
هغه یو اهلي سپی وو، خو اوس یې زاړه وحشي غریزونه راویښ شوي وو.
I muscoli di Buck si irrigidirono e il pelo gli si rizzò su tutta la schiena.
دباک عضلات تنګ شول، او د هغه ویښتان یې په ټوله شا ولاړ وو.
Ringhiò furiosamente e balzò in piedi nella neve.
هغه په زوره چیغه کړه او په واوره کې مستقیم ټوپ وواهه.
La neve volava in ogni direzione mentre lui irrompeva nella luce del giorno.
کله چې رڼا راغله، واوره هرې خوا ته الوتله.
Ancora prima di atterrare, Buck vide l'accampamento disteso davanti a lui.
حتی د کښته کیدو دمخه، باک د هغه په وړاندې خپور شوی کمپ ولید.
Ricordò tutto del giorno prima, tutto in una volta.
هغه ته د تېرې ورځې هر څه په یو ځل یاد شول.
Ricordava di aver passeggiato con Manuel e di essere finito in quel posto.

هغه د مانويل سره ګرځېدل او په دې ځای کې پای ته رسېدل په ياد لري۔
Ricordava di aver scavato la buca e di essersi addormentato al freddo.
هغه ته د کندې کيندل او په سړه هوا کې ويده کيدل ياد شول۔
Ora era sveglio e il mondo selvaggio intorno a lui era limpido.
اوس هغه ويښ و، او شاوخوا وحشي نړۍ يې روښانه وه۔
Un grido di François annunciò l'improvvisa apparizione di Buck.
دفرانسوا له خوا يو چيغه د باک د ناڅاپي راڅرګندېدو هرکلی وکړ۔
"Cosa ho detto?" gridò a gran voce il conducente del cane a Perrault.
"ما څه ووېل؟ "د سپي چلوونکي په لوړ غږ پيرولټ ته ووېل۔
"Quel Buck impara sicuramente in fretta", ha aggiunto François.
ف"رانسوا زياته کړه" :دا بک يقينا د هر څه په څير ژر زده کوي۔
Perrault annuì gravemente, visibilmente soddisfatto del risultato.
پيرولټ په جدي ډول سر وخوځاوه، په څرګنده توګه له پايلې څخه خوښ و۔
In qualità di corriere del governo canadese, trasportava dispacci.
دکانادا حکومت لپاره د پيغام رسونکي په توګه، هغه پيغامونه ليږدول۔
Era ansioso di trovare i cani migliori per la sua importante missione.
هغه د خپل مهم ماموريت لپاره د غوره سپو موندلو ته ليواله و۔
Ora si sentiva particolarmente contento che Buck facesse parte della squadra.
هغه اوس په ځانګړي ډول خوښ و چې بک د ټيم برخه وه۔
Nel giro di un'ora, alla squadra furono aggiunti altri tre husky.
په يوه ساعت کې درې نور هسکي ټيم ته اضافه شول۔
Ciò ha portato il numero totale dei cani della squadra a nove.
په دې سره په ټيم کې د سپو ټولټال شمېر نهو ته ورسېد۔
Nel giro di quindici minuti tutti i cani erano imbracati.
په پنځلسو دقيقو کې ټول سپي په خپلو زنګونو کې وو۔

La squadra di slitte stava risalendo il sentiero verso Dyea Cañon.

دسليج تيم د ډايا کينون په لور لاره پورته کوله.

Buck era contento di andarsene, anche se il lavoro che lo attendeva era duro.

باک د تګ څخه خوښ و، حتی که مخکې کار سخت و.

Scoprì di non disprezzare particolarmente né il lavoro né il freddo.

هغه وموندله چې هغه په ځانګړي ډول کار یا سړې ته سپکاوی نه کوي.

Fu sorpreso dall'entusiasmo che pervadeva tutta la squadra.

هغه د هغه لیوالتیا څخه حیران شو چې ټوله ټیم یې ډکه کړه.

Ancora più sorprendente fu il cambiamento avvenuto in Dave e Solleks.

حتی ډیر حیرانونکی هغه بدلون و چې په ډیو او سولیکس کې راغلی و.

Questi due cani erano completamente diversi quando venivano imbrigliati.

دا دوه سپي په بشپړ ډول مختلف وو کله چې دوی کارول شوي وو.

La loro passività e la loro disattenzione erano completamente scomparse.

ددوی بې پروايي او د اندېښنې نشتوالی په بشپړه توګه ورک شوی و.

Erano attenti e attivi, desiderosi di svolgere bene il loro lavoro.

دوی هوښیار او فعال وو، او د خپل کار په ښه توګه ترسره کولو ته لیواله وو.

Si irritavano ferocemente per qualsiasi cosa provocasse ritardi o confusione.

دوی په هر هغه څه چې ځنډ یا ګډوډي رامینځته کوي سخت غوسه کېدل.

Il duro lavoro sulle redini era il centro del loro intero essere.

دبامونو سخت کار د دوی د ټول وجود مرکز و.

Sembrava che l'unica cosa che gli piacesse davvero fosse tirare la slitta.

داسې ښکارېده چې د سلېډ کشول یوازینی شی و چې دوی یې په رښتیا سره خوند اخیست.

Dave era in fondo al gruppo, il più vicino alla slitta.

ډیو د ډلې په شا کې و، پخپله سليج ته نږدې.

Buck fu messo davanti a Dave e Solleks superò Buck.

باک د ډیو مخې ته کېښودل شو، او سولیکس د باک مخې ته ودرېد.

Il resto dei cani era disposto in fila indiana davanti a loro.
پاتې سپي په یوه دوسیه کې مخکې ځړول شوي وو.
La posizione di testa in prima linea era occupata da Spitz.
په مخ کې مخکښ مقام د سپیتز لخوا ډک شو.
Buck era stato messo tra Dave e Solleks per essere istruito.
بک د ډیو او سولیکس ترمنځ د لاربنووونې لپاره ځای پر ځای شوی و.
Lui imparava in fretta e gli insegnanti erano risoluti e capaci.
هغه یو چټک زده کوونکی وو، او دوی ټینګ او ور ښوونکي وو.
Non permisero mai a Buck di restare a lungo nell'errore.
دوی هیڅکله باک ته اجازه ورنکړه چې د اوږدې مودې لپاره په غلطۍ کې پاتې شي.
Quando necessario, impartivano le lezioni con denti affilati.
دوی د اړتیا په وخت کې په تیزو غاښونو سره خپل درسونه تدریس کول.
Dave era giusto e dimostrava una saggezza pacata e seria.
ډیو منصف وو او یو خاموش، جدي ډول هوښیارتیا یې وښودله.
Non mordeva mai Buck senza una buona ragione.
هغه هیڅکله بک د ښه دلیل پرته نه دی چیچلی.
Ma non mancava mai di mordere quando Buck aveva bisogno di essere corretto.
خو کله چې باک اصلاح ته اړتیا درلوده، هغه هیڅکله هم په وهلو کې پاتې نه راغی.
La frusta di François era sempre pronta e sosteneva la loro autorità.
دفرانسوا کوړې تل چمتو وه او د دوی د واک ملاتړ یې کاوه.
Buck scoprì presto che era meglio obbedire che reagire.
باک ډېر ژر وموندله چې د ځواب ورکولو په پرتله اطاعت کول غوره دي.
Una volta, durante un breve riposo, Buck rimase impigliato nelle redini.
یو ځل، د لنډې استراحت په جریان کې، باک په بام کې ګیر شو.
Ritardò la partenza e confuse i movimenti della squadra.
هغه د لوبې پیل وځنداوه او د لوبډلې حرکت یې ګډوډ کړ.
Dave e Solleks si avventarono su di lui e lo picchiarono duramente.
ډیو او سولیکس پر هغه وروختل او سخت وهل یې پرې وکړل.
La situazione peggiorò ulteriormente, ma Buck imparò bene la lezione.

ستونزه نوره هم خرابه شوه، خو بک خپل درس ښه زده کړ.
Da quel momento in poi tenne le redini tese e lavorò con attenzione.
له هغه وروسته، هغه خپل لاس کلک وساته، او په دقت سره يې کار وکړ.
Prima che la giornata finisse, Buck aveva portato a termine gran parte del suo compito.
دورځې له پای ته رسېدو مخکې، باک د خپلې دندې ډېره برخه په لاس کې واخیسته.
I suoi compagni di squadra quasi smisero di correggerlo o di morderlo.
دهغه د ملګرو ملګرو تقريبا د هغه اصلاح کول يا وهل بند کړل.
La frusta di François schioccava nell'aria sempre meno spesso.
دفرانسوا ښتک په هوا کې لږ او لږ ټکان وخوړ.
Perrault sollevò addirittura i piedi di Buck ed esaminò attentamente ogni zampa.
پېرولټ حتی د باک پښې پورته کړې او هره پنجه يې په دقت سره معاينه کړه.
Era stata una giornata di corsa dura, lunga ed estenuante per tutti loro.
دا د دوی ټولو لپاره يوه سخته ورځ وه، اوږده او ستړې کوونکې وه.
Risalirono il Cañon, attraversarono Sheep Camp e superarono le Scales.
دوی د کينون څخه پورته سفر وکړ، د پسونو کمپ له لارې، او د ترازو څخه تير شول.
Superarono il limite della vegetazione arborea, poi ghiacciai e cumuli di neve alti diversi metri.
دوی د لرګيو له کرښې تير شول، بيا ګليشيرونه او د واورې ډېرى فوټ ژورې ښې.
Scalarono il grande e freddo Chilkoot Divide.
دوی د لوی سړې هوا او د چيلکوټ ويش منع کولو سره مخ شول.
Quella cresta elevata si ergeva tra l'acqua salata e l'interno ghiacciato.
هغه لوړه څوکه د مالګې اوبو او کنګل شوي داخلي برخې ترمنځ ولاړه وه.

Le montagne custodivano il triste e solitario Nord con ghiaccio e ripide salite.

غرونو د يخ او لوړو غرونو په واسطه د غمجن او يوازيني شمال ساتنه کوله.

Scesero rapidamente lungo una lunga catena di laghi sotto la dorsale.

دوی د جهيلونو په اوږده سلسله کې ښه وخت تېر کړ.

Questi laghi riempivano gli antichi crateri di vulcani spenti.

دغو جهيلونو د ورکو شويو اورشيندونکو لرغونو غرونو ډک کړل.

Quella notte tardi raggiunsero un grande accampamento presso il lago Bennett.

دشپې ناوخته، دوی د بينيټ جهيل کې يو لوی کمپ ته ورسيدل.

Migliaia di cercatori d'oro erano lì, intenti a costruire barche per la primavera.

ملته زرگونه د سرو زرو غوښتونکي وو، د پسرلي لپاره يې کښتۍ جوړولې.

Il ghiaccio si sarebbe presto rotto e dovevano essere pronti.

یخ ډېر ژر ماتيدونکی و، او دوی بايد چمتو وي.

Buck scavò la sua buca nella neve e cadde in un sonno profondo.

باک په واوره کې خپله سوری وکينده او په ژور خوب ويده شو.

Dormiva come un lavoratore, esausto dopo una dura giornata di lavoro.

هغه د يو کارگر سړي په څير ويده شو، د سختې ورځې د سخت کار څخه ستړی شوی و.

Ma venne strappato al sonno troppo presto, nell'oscurità.

خو په تياره کې ډېر ژر، هغه له خوبه راويستل شو.

Fu nuovamente imbrigliato insieme ai suoi compagni e attaccato alla slitta.

هغه بيا د خپلو ملگرو سره يوځای شو او د سليج سره وصل شو.

Quel giorno percorsero quaranta miglia, perché la neve era ben calpestata.

په هغه ورځ دوی څلوېښت ميله مزل وکړ، ځکه چې واوره ښه تر پښو لاندې شوې وه.

Il giorno dopo, e per molti giorni a seguire, la neve era soffice.

بله ورځ، او د ډيرو ورځو لپاره، واوره نرمه وه.

Dovettero farsi strada da soli, lavorando di più e muovendosi più lentamente.
دوی باید لاره پخپله جوړه کړي، ډیر کار یې کاوه او ورو ورو حرکت یې کاوه.
Di solito, Perrault camminava davanti alla squadra con le ciaspole palmate.
معمولا، پیرولټ به د جالیو لرونکو سنوشوګانو سره د تیم څخه مخکې روان و.
I suoi passi compattavano la neve, facilitando lo spostamento della slitta.
دهغه قدمونو واوره ډکه کړه، چې د سلیج لپاره یې حرکت اسانه کړ.
François, che era al timone della barca a vela, a volte prendeva il comando.
فرانسوا، چې له جی پول څخه یې لاربښوونه کوله، ځینې وختونه یې واک په غاړه واخیست.
Ma era raro che François prendesse l'iniziativa
خو دا نادره وه چې فرانسوا مشري په غاړه واخلي
perché Perrault aveva fretta di consegnare le lettere e i pacchi.
ځکه چې پیرولټ د لیکونو او پارسلونو رسولو لپاره په بیړه کې و.
Perrault era orgoglioso della sua conoscenza della neve, e in particolare del ghiaccio.
پیرولټ د واورې په اړه په خپلې پوهې ویاړي، او په ځانګړې توګه د یخ په اړه.
Questa conoscenza era essenziale perché il ghiaccio autunnale era pericolosamente sottile.
دا پوهه اړینه وه، ځکه چې د مني یخ په خطرناکه توګه نری و.
Dove l'acqua scorreva rapidamente sotto la superficie non c'era affatto ghiaccio.
چیرته چې اوبه د سطحې لاندې په چټکۍ سره بهیدې، هلته هیڅ یخ نه و.

Giorno dopo giorno, la stessa routine si ripeteva senza fine.
ورځ په ورځ، هماغه معمول بې پایه تکرار شو.
Buck lavorava senza sosta con le redini, dall'alba alla sera.
باک له سهاره تر شپې پورې په بې پایه توګه کار وکړ.
Lasciarono l'accampamento al buio, molto prima che sorgesse il sole.

دوی په تیاره کې له کمپ څخه ووتل، د لمر له راختلو دېر مخکې.

Quando spuntò l'alba, avevano già percorso molti chilometri.

کله چې ورځ رڼا شوه، ډېر میله لا دمخه تري شاته وو.

Si accamparono dopo il tramonto, mangiando pesce e scavando buche nella neve.

دوی د شپې له تیاره وروسته کمپ ودراوه، کبان یې خوړل او په واورو کې یې ښخ کړل.

Buck era sempre affamato e non era mai veramente soddisfatto della sua razione.

باک تل وږی و او هیڅکله یې له خپل خوراک څخه په ریښتیا راضي نه و.

Riceveva ogni giorno mezzo chilo di salmone essiccato.

هغه ته هره ورځ یو نیم پونډ وچه سالمن مچهلی ورکول کېده.

Ma il cibo sembrò svanire dentro di lui, lasciandogli solo la fame.

خو داسې ښکارېده چې خواړه یې دننه ورک شوي وو، او لوږه یې شاته پرېښوده.

Soffriva di continui morsi della fame e sognava di avere più cibo.

هغه د لوږې له دوامداره درد څخه رنځ وړ، او د نورو خوړو خوب یې لیدل.

Gli altri cani hanno ricevuto solo mezzo chilo di cibo, ma sono rimasti forti.

نورو سپو ته یوازې یو پونډ خواړه ورکړل شول، خو دوی پیاوړي پاتې شول.

Erano più piccoli ed erano nati in una società nordica.

دوی کوچني وو، او په شمالي ژوند کې زیږیدلي وو.

Perse rapidamente la pignoleria che aveva caratterizzato la sua vecchia vita.

هغه په چټکۍ سره هغه بې پروا توب له لاسه ورکړ چې د هغه زوړ ژوند یې په نښه کړی و.

Fino a quel momento era stato un mangiatore prelibato, ma ora non gli era più possibile.

هغه پخوا ډېر خوندور خواړه خوړل، خو اوس دا نور امکان نه درلود.

I suoi compagni arrivarono primi e gli rubarono la razione rimasta.

ملګرو یې لومړی کار پای ته ورساوه او د هغه نا بشپړ شوی خوراک یې ترې لوټ کړ.
Una volta cominciati, non c'era più modo di difendere il cibo da loro.
کله چې دوی پیل وکړ، نو د هغه د خوړو د ساتنې لپاره هیڅ لاره نه وه.
Mentre lui lottava contro due o tre cani, gli altri rubarono il resto.
پداسې حال کې چې هغه دوه یا درې سپي له منځه یوړل، نورو پاتې نور یې غلا کړل.
Per risolvere il problema, cominciò a mangiare velocemente come mangiavano gli altri.
ددې د حل لپاره، هغه په هماغه چټکۍ سره خوړل پیل کړل لکه څنګه چې نورو خوړل.
La fame lo spingeva così forte che arrivò persino a prendere del cibo non suo.
لوږې هغه دومره سخت وهڅاوه چې حتی هغه خواړه هم وخوړل چې خپل نه وو.
Osservò gli altri e imparò rapidamente dalle loro azioni.
هغه نورو ته وکتل او د هغوی له کړنو څخه یې ډېر ژر زده کړه وکړه.
Vide Pike, un nuovo cane, rubare una fetta di pancetta a Perrault.
هغه ولیدل چې پایک، یو نوی سپی، د پیرولټ څخه د بیکن یوه ټوټه غلا کوي.
Pike aveva aspettato che Perrault gli voltasse le spalle per rubare la pagnotta.
پایک تر هغه وخته پورې انتظار کاوه چې د پیرولټ شا د بیکن غلا کولو لپاره واړول شي.
Il giorno dopo, Buck copiò Pike e rubò l'intero pezzo.
بله ورځ، باک د پایک کاپي وکړه او ټوله ټوټه یې غلا کړه.
Seguì un gran tumulto, ma Buck non fu sospettato.
وروسته یوه لویه غوغا وشوه، خو په بک شک نه کېده.
Al suo posto venne punito Dub, un cane goffo che veniva sempre beccato.
ډوب، یو بې کاره سپی چې تل به نیول کېده، پرځای یې سزا ورکړل شوه.
Quel primo furto fece di Buck un cane adatto a sopravvivere al Nord.

ءغه لومړی غلا بک د شمال د ژوندي پاتې کیدو لپاره د مناسب سپي په توګه په نښه کړ.
Ha dimostrato di sapersi adattare alle nuove condizioni e di saper imparare rapidamente.
ءغه وښودله چې هغه کولی شي نوي شرایطو سره تطابق وکړي او په چټکۍ سره زده کړه وکړي.
Senza tale adattabilità, sarebbe morto rapidamente e gravemente.
دداسي تطابق وړتیا پرته، هغه به په چټکۍ او بد ډول مړ شوی وای.
Segnò anche il crollo della sua natura morale e dei suoi valori passati.
دا د هغه د اخلاقي طبیعت او پخوانیو ارزښتونو ماتیدل هم په ګوته کوي.
Nel Southland aveva vissuto secondo la legge dell'amore e della gentilezza.
پـه ساوت لینډ کې، هغه د مینې او مهربانۍ د قانون لاندې ژوند کاوه.
Lì aveva senso rispettare la proprietà e i sentimenti degli altri cani.
هلته دا معنی درلوده چې د ملکیت او نورو سپو احساساتو ته درناوی وشي.
Ma i Northland seguivano la legge del bastone e la legge della zanna.
خو شمالي لینډ د کلب قانون او د فنګ قانون تعقیب کړ.
Chiunque rispettasse i vecchi valori era uno sciocco e avrebbe fallito.
څوک چې دلته زړو ارزښتونو ته درناوی کوي احمق وو او ناکام به شي.
Buck non rifletté su tutto questo nella sua mente.
بـاک دا ټول په خپل ذهن کې نه وو ایښي.
Era in forma e quindi si adattò senza pensarci due volte.
ءغه فټ و، او له همدې امله یې پرته له دې چې فکر وکړي، ځان تنظیم کړ.
In tutta la sua vita non era mai fuggito da una rissa.
پـه ټول ژوند کې، هغه هیڅکله له جګړې څخه نه دی تښتیدلی.
Ma la mazza di legno dell'uomo con il maglione rosso cambiò la regola.
خو د سور سویټر په اغوستونکي سړي لرګیني ډډې دا قاعده بدله کړه.
Ora seguiva un codice più profondo e antico, inscritto nel suo essere.

اوس هغه یو ژور او زوړ کوډ تعقیب کړ چې په خپل وجود کې لیکل شوی و.

Non rubava per piacere, ma per il dolore della fame.

هغه له خوښۍ غلا نه وه کړې، بلکې د لوږې له درد څخه يې غلا کړې وه.

Non rubava mai apertamente, ma rubava con astuzia e attenzione.

هغه هیڅکله په ښکاره ډول غلا نه کوله، بلکې په هوښیارۍ او احتیاط سره يې غلا کوله.

Agì per rispetto verso la clava di legno e per paura delle zanne.

هغه د لرګیو د ډنډې د درناوي او د نښا له ویرې دا عمل وکړ.

In breve, ha fatto ciò che era più facile e sicuro che non farlo.

لنډه دا چې، هغه هغه څه وکړل چې د نه کولو په پرتله اسانه او خوندي وو.

Il suo sviluppo, o forse il suo ritorno ai vecchi istinti, fu rapido.

دهغه پرمختګ - یا شاید زړو غریزو ته د هغه بیرته راستنیدل - ګړندی و.

I suoi muscoli si indurirono fino a diventare forti come il ferro.

دهغه عضلات سخت شول تر هغه چې د اوسپنې په څیر قوي احساس شول.

Non gli importava più del dolore, a meno che non fosse grave.

هغه نور د درد پروا نه کوله، پرته لدې چې هغه جدي وي.

Divenne efficiente dentro e fuori, senza sprecare nulla.

هغه دننه او بهر موثر شو، هیڅ شی يې ضایع نه کړ.

Poteva mangiare cose disgustose, marce o difficili da digerire.

هغه کولی شي هغه شیان وخوري چې ناپاک، خراب، یا د هضم لپاره سخت وي.

Qualunque cosa mangiasse, il suo stomaco ne sfruttava ogni singolo pezzetto di valore.

هر څه چې يې خوړل، د هغه معدې به يې د ارزښت وروستی برخه کاروله.

Il suo sangue trasportava i nutrienti in tutto il suo potente corpo.

دهغه وینه د هغه د ځواکمن بدن له لارې مغذي مواد لیږدول.

Ciò gli ha permesso di sviluppare tessuti forti che gli hanno conferito un'incredibile resistenza.

دې قوي نسجونه جوړ کړل چې هغه ته یې د نه منلو وړ برداشت ورکړ.

La sua vista e il suo olfatto diventarono molto più sensibili di prima.

دهغه لید او بوی د پخوا په پرتله ډیر حساس شو.

Il suo udito diventò così acuto che riusciva a percepire anche i suoni più deboli durante il sonno.

دهغه اورېدل دومره ګړندي شول چې په خوب کې یې لږ غږونه کشف کول.

Nei sogni sapeva se quei suoni significavano sicurezza o pericolo.

هغه په خپلو خوبونو کې پوهیده چې غږونه د خوندیتوب معنی لري یا خطر.

Imparò a mordere con i denti il ghiaccio tra le dita dei piedi.

هغه زده کړل چې څنګه د خپلو غاښونو سره د خپلو ګوتو تر منځ یخ وخوري.

Se una pozza d'acqua si ghiacciava, lui rompeva il ghiaccio con le gambe.

که چیرې د اوبو سوری کنګل شي، نو هغه به په خپلو پښو یخ مات کړي.

Si impennò e colpì duramente il ghiaccio con gli arti anteriori rigidi.

هغه راپورته شو او د مخکینی پښې په کلکو تکو سره یې په یخ سخت ګوزار وکړ.

La sua abilità più sorprendente era quella di prevedere i cambiamenti del vento durante la notte.

دهغه تر ټولو حیرانونکي وړتیا د شپې لخوا د باد د بدلونونو وړاندوینه وه.

Anche quando l'aria era immobile, sceglieva luoghi riparati dal vento.

حتی کله چې هوا ارامه وه، هغه هغه ځایونه غوره کړل چې له باد څخه خوندي وي.

Ovunque scavasse il nido, il vento del giorno dopo lo superava.

هر ځای چې به یې خپل ځاله کیندله، د بلې ورځې باد به یې له لارې تېر شو.

Alla fine si ritrovava sempre al sicuro e protetto, al riparo dal vento.

هغه تل آرام او خوندي و، د باد په لور.

Buck non solo imparò dall'esperienza: anche il suo istinto tornò.

باک نه یوازې د تجربې له لارې زده کړه وکړه - د هغه غریزی هم بیرته راستانه شوه.

Le abitudini delle generazioni addomesticate cominciarono a scomparire.

دکورني نسلونو عادتونه له منځه تلل پیل شول.

Ricordava vagamente i tempi antichi della sua razza.

په مبهم ډول، هغه د خپل نسل لرغوني وختونه یاد کړل.

Ripensò a quando i cani selvatici correvano in branco nelle foreste.

هغه هغه وخت فکر کاوه کله چې وحشي سپي به په ډلو ډلو ځنګلونو کې منډې وهلې.

Avevano inseguito e ucciso la loro preda mentre la inseguivano.

دوی خپل ښکار تعقیب کړی و او هغه یې د تیښتې په حال کې وژلی و.

Per Buck fu facile imparare a combattere con forza e velocità.

دبک لپاره دا اسانه وه چې د غاښونو او سرعت سره د جګړې زده کړه وکړي.

Come i suoi antenati, usava tagli, squarci e schiocchi rapidi.

هغه د خپلو نیکونو په څیر د پرې کولو، پرې کولو او چټکو عکسونو څخه کار اخیست.

Quegli antenati si risvegliarono in lui e risvegliarono la sua natura selvaggia.

هغو نیکونو په هغه کې غوغا جوړه کړه او د هغه وحشي طبیعت یې راویښ کړ.

Le loro vecchie abilità gli erano state trasmesse attraverso la linea di sangue.

ددوی زاړه مهارتونه د وینې له لارې هغه ته انتقال شوي وو.

Ora i loro trucchi erano suoi, senza bisogno di pratica o sforzo.

ددوی چلونه اوس د هغه وو، د تمرين يا هڅې اړتيا پرته۔

Nelle notti fredde e tranquille, Buck sollevava il naso e ululò.

په ارامو، سړو شپو کې، باک خپله پوزه پورته کړه او چيغې يې وهلې۔

Ululò a lungo e profondamente, come facevano i lupi tanto tempo fa.

هغه اوږده او ژوره چيغې وهلې، لکه څنګه چې ليوانو ډېر پخوا کولې۔

Attraverso di lui, i suoi antenati defunti puntarono il naso e ulularono.

دهغه له لارې، د هغه مړو پلرونو خپلې پوزې پورته کړې او چيغې يې وهلې۔

Hanno ululato attraverso i secoli con la sua voce e la sua forma.

دوی د پيړيو په اوږدو کې د هغه په غږ او شکل کې چيغې وهلې۔

Le sue cadenze erano le loro, vecchi gridi che parlavano di dolore e di freddo.

دهغه د سرونو غږونه د هغوی وو، زړې چيغې چې د غم او سړې هوا خبر يې ورکاوه۔

Cantavano dell'oscurità, della fame e del significato dell'inverno.

دوی د تيارې، لوږې او د ژمي د معنی سندرې وويلې۔

Buck ha dimostrato come la vita sia plasmata da forze che vanno oltre noi stessi,

ب،اک ثابته کړه چې ژوند څنګه د ځان څخه بهر ځواکونو لخوا جوړيږي

l'antico canto risuonò nelle vene di Buck e si impadronì della sua anima.

لرغونی سندره د باک له لارې راپورته شوه او د هغه روح يې ونيولو۔

Ritrovò se stesso perché gli uomini avevano trovato l'oro nel Nord.

هغه ځان وموند ځکه چې انسانانو په شمال کې سره زر موندلي وو۔

E lo trovò perché Manuel, l'aiutante giardiniere, aveva bisogno di soldi.

او هغه ځان وموند ځکه چې د باغوان مرستيال مانويل پيسو ته اړتيا درلوده۔

La Bestia Primordiale Dominante
غالب لومړنی حیوان

La bestia primordiale dominante era più forte che mai in Buck.

غالب لومړنی حیوان په باک کې د تل په څیر پیاوړی و.

Ma la bestia primordiale dominante era rimasta dormiente in lui.

خو غالب لومړنی حیوان په هغه کې پټ پروت و.

La vita sui sentieri era dura, ma rafforzava la bestia che era in Buck.

دلارې ژوند سخت و، خو د باک دننه یې حیوان پیاوړی کړ.

Segretamente la bestia diventava sempre più forte ogni giorno.

په پټه توګه حیوان هره ورځ پیاوړی او پیاوړی کېده.

Ma quella crescita interiore è rimasta nascosta al mondo esterno.

خو دا داخلي وده له بهرنی نړۍ پټه پاتې شوه.

Una forza primordiale calma e silenziosa si stava formando dentro Buck.

دباک دننه یو ارام او ارامه لومړنی ځواک جوړ شو.

Una nuova astuzia diede a Buck equilibrio, calma e compostezza.

نوي چالاکی بک ته توازن، ارام کنترول او توازن ورکړ.

Buck si concentrò molto sull'adattamento, senza mai sentirsi completamente rilassato.

باک په تطابق باندې ډېر تمرکز وکړ، هیڅکله یې په بشپړه توګه آرام احساس نه کړ.

Evitava i conflitti, non iniziava mai litigi e non cercava mai guai.

هغه له شخړو ډډه وکړه، هیڅکله یې جګړه پیل نه کړه او نه یې هم ستونزې لټولې.

Ogni mossa di Buck era scandita da una riflessione lenta e costante.

ورو، ثابت فکر د باک هر حرکت ته بڼه ورکړه.

Evitava scelte avventate e decisioni improvvise e sconsiderate.

هغه د بېړنې انتخابونو او ناڅاپي، بې پروا پرېکړو څخه ډډه وکړه.
Sebbene Buck odiasse profondamente Spitz, non gli mostrò alcuna aggressività.
که څه هم باک له سپیتز څخه ژوره کرکه درلوده، خو هغه پرې هیڅ تیری ونه کړ.
Buck non provocò mai Spitz e mantenne le sue azioni moderate.
باک هیڅکله سپیتز نه وه پارولی، او خپلې کړنې یې محدودې ساتلې.
Spitz, d'altro canto, percepì il pericolo crescente in Buck.
له بلې خوا، سپیتز په باک کې مخ په زیاتیدونکی خطر احساس کړ.
Vedeva Buck come una minaccia e una seria sfida al suo potere.
هغه بک د خپل ځواک لپاره د یو ګواښ او جدي ننګونې په توګه ولید.
Coglieva ogni occasione per ringhiare e mostrare i suoi denti aguzzi.
هغه له هر فرصت څخه ګټه پورته کړه ترڅو خپل تیز غاښونه وښیي او وښیي.
Stava cercando di dare inizio allo scontro mortale che sarebbe dovuto avvenire.
هغه هڅه کوله چې هغه وژونکې جګړه پیل کړي چې باید راتلونکې وي.
All'inizio del viaggio, tra loro scoppiò quasi una lite.
دسفر په لومړیو کې، نږدې وه چې د دوی ترمنځ جګړه پیل شي.
Ma un incidente inaspettato impedì che il combattimento avesse luogo.
خو یوې ناڅاپي پېښې د جګړې مخه ونیوله.
Quella sera si accamparono sul gelido lago Le Barge.
په هغه ماښام دوی د لی بارج په سخت سړه جهیل کې کمپ جوړ کړ.
La neve cadeva fitta e il vento era tagliente come una lama.
واوره سخته وریده، او باد د چاقو په څېر پرې کاوه.
La notte era scesa troppo in fretta e l'oscurità li aveva avvolti.
شپه ډېره ژر راغلې وه، او تیاره یې محاصره کړه.
Difficilmente avrebbero potuto scegliere un posto peggiore per riposare.
دوی د استراحت لپاره تر دې بد ځای غوره کول ناممکن وو.
I cani cercavano disperatamente un posto dove sdraiarsi.
سپي په بې صبرۍ سره د ویده کیدو لپاره ځای لټوي.
Dietro il piccolo gruppo si ergeva un'alta parete rocciosa.

دکوچنی ډلې تر شا یو لوړ ډبری دیوال په چټکی سره پورته شو.
Per alleggerire il carico, la tenda era stata lasciata a Dyea.
خیمه په دیا کې د بار د سپکولو لپاره پریښودل شوې وه.
Non avevano altra scelta che accendere il fuoco direttamente sul ghiaccio.
دوی بله چاره نه درلوده پرته له دې چې پخپله په یخ کې اور بل کړي.
Stendevano i loro accappatoi direttamente sul lago ghiacciato.
دوی خپل د خوب جامې په مستقیم ډول په کنګل شوي جهیل کې خپرې کړې.
Qualche pezzo di legno galleggiante dava loro un po' di fuoco.
دلرګیو څو لرګیو دوی ته لږ څه اور ورکړ.
Ma il fuoco è stato acceso sul ghiaccio e attraverso di esso si è scongelato.
خو اور په یخ جوړ شوی و، او له منځه تللی و.
Alla fine cenarono al buio.
بالاخره دوی په تیاره کې خپله ډوډۍ خوړله.
Buck si rannicchiò accanto alla roccia, al riparo dal vento freddo.
باک د ډبرې تر څنګ ودرېد، د سړې باد څخه خوندي شو.
Il posto era così caldo e sicuro che Buck non voleva andarsene.
ځای دومره ګرم او خوندي و چې باک له لرې تګ څخه کرکه کوله.
Ma François aveva scaldato il pesce e stava distribuendo le razioni.
خو فرانسوا کب ګرم کړی و او خوراکي توکي يې ورکول.
Buck finì di mangiare in fretta e tornò a letto.
باک په چټکی سره خواړه پای ته ورساوه، او بیرته خپل بستر ته راغی.
Ma Spitz ora giaceva dove Buck aveva preparato il suo letto.
خو سپیتز اوس هلته پروت و چې باک خپل بستر جوړ کړی و.
Un ringhio basso avvertì Buck che Spitz si rifiutava di muoversi.
ټیټ غږ باک ته خبرداری ورکړ چې سپیتز له حرکت کولو څخه انکار کوي.
Finora Buck aveva evitato lo scontro con Spitz.
تر اوسه پورې، بک د سپیتز سره د دې جګړې څخه ډډه کړې وه.

Ma nel profondo di Buck la bestia alla fine si liberò.
خو د باک دننه، حیوان بالاخره خلاص شو.
Il furto del suo posto letto era troppo da tollerare.
دهغه د خوب ځای غلا د زغملو وړ نه وه.
Buck si lanciò contro Spitz, pieno di rabbia e furore.
باک ځان په سپیتز کې وځړاوه، له غوسې او غوسې ډک و.
Fino a quel momento Spitz aveva pensato che Buck fosse solo un grosso cane.
تر هغه وخته پورې چې سپیتز فکر نه کاوه چې بک یوازې یو لوی سپی دی.
Non pensava che Buck fosse sopravvissuto grazie al suo spirito.
هغه فکر نه کاوه چې باک د خپل روح له لارې ژوندی پاتې شوی دی.
Si aspettava paura e codardia, non furia e vendetta.
هغه د ویرې او بزدلۍ تمه درلوده، نه د غوسې او غچ.
François rimase a guardare mentre entrambi i cani schizzavano fuori dal nido in rovina.
فرانسوا ورته وکتل کله چې دواړه سپي له ویجاړ شوي ځالې څخه راووتل.
Capì subito cosa aveva scatenato quella violenta lotta.
هغه سمدلاسه پوه شو چې وحشي مبارزه څه شی پیل کړې وه.
"Aa-ah!" gridò François in sostegno del cane marrone.
"آآآآ. "فرانسوا د نسواري سپي په ملاتړ چیغه کړه.
"Dategli una bella lezione! Per Dio, punite quel ladro furbo!"
"""هغه ته ووهئ. په خدای قسم، هغه غل ته سزا ورکړئ.
Spitz dimostrò altrettanta prontezza e fervore nel combattere.
سپیتز د جګړې لپاره مساوي چمتووالی او وحشي لیوالتیا وښودله.
Gridò di rabbia mentre girava velocemente in tondo, cercando un varco.
هغه په غوسه چیغه کړه، په داسې حال کې چې په چټکۍ سره ګرځېده، د خلاصېدو په لټه کې وه.
Buck mostrò la stessa fame di combattere e la stessa cautela.
باک د جګړې لپاره ورته لوږه او ورته احتیاط وښود.
Anche lui girò intorno al suo avversario, cercando di avere la meglio nella battaglia.

ه‌غه د خپل مخالف په شاوخوا کې هم ګرځېده، هڅه يې کوله چې په جګړه کې بر لاسی تر لاسه کړي.
Poi accadde qualcosa di inaspettato e cambiò tutto.
بیا یو ناڅاپي پیښه وشوه او هرڅه يې بدل کړل.
Quel momento ritardò l'eventuale lotta per la leadership.
ه‌غه شیبه د مشرتابه لپاره وروستۍ مبارزه وځنډوله.
Ci sarebbero ancora molti chilometri di sentiero e di lotta da percorrere prima della fine.
ډېرو مایلونو لاره او مبارزه لا هم د پای ته رسېدو په تمه وه.
Perrault urlò un'imprecazione mentre una mazza colpiva l'osso.
کله چې یو لرګی په هډوکي ووهل شو، پیرولټ قسم وخوړ.
Seguì un acuto grido di dolore, poi il caos esplose tutt'intorno.
د درد یوه تیزه چیغه راغله، بیا په ټوله کې ګډوډي خپره شوه.
Forme scure si muovevano nell'accampamento: husky selvatici, affamati e feroci.
تور شکلونه په کمپ کې ګرځېدل؛ وحشي مرغان، وږي او سخت وو.
Quattro o cinque dozzine di husky avevano fiutato l'accampamento da molto lontano.
څلور یا پنځه درجن هسکي له لرې څخه کمپ ته بوی کړی و.
Si erano introdotti furtivamente mentre i due cani litigavano lì vicino.
دوی په خاموشۍ سره دننه راغلل پداسي حال کې چې دوه سپي نږدې جګړه کوله.
François e Perrault si lanciarono all'attacco, colpendo con i manganelli gli invasori.
فرانسوا او پیرولټ برید وکړ، په یرغلګرو يې ډنډې ولګولې.
Gli husky affamati mostrarono i denti e si dibatterono freneticamente.
وږي شوندو غاښونه وښودل او په غوسه يې ځواب ورکړ.
L'odore della carne e del pane li aveva fatti superare ogni paura.
د غوښې او ډوډۍ بوی دوی ټول ویره له منځه یوړله.
Perrault picchiò un cane che aveva nascosto la testa nella buca delle vivande.
پیرولټ یو سپی وواهه چې سر يې د خځلو په صندوق کې ښخ کړی و.

Il colpo fu violento e la scatola si ribaltò, facendo fuoriuscire il cibo.

ضربه سخته ولګېده، او صندوق وغورځېد، خواړه بهر راووتل.

Nel giro di pochi secondi, una ventina di bestie feroci si avventarono sul pane e sulla carne.

په څو ثانیو کې، کږ شمېر وحشي ځناورو ډوډۍ او غوښه څیرې کړه.

I bastoni degli uomini sferrarono un colpo dopo l'altro, ma nessun cane si allontanò.

دنارینه وو کلبونه په یو بل پسې ګوزارونه وکړل، خو هیڅ سپی شاته ونه ګرځېد.

Urlavano di dolore, ma continuarono a lottare finché non rimase più cibo.

دوی له درده چیغې وهلې، خو تر هغه وخته پورې یې جګړه وکړه چې هیڅ خواړه پاتې نه شول.

Nel frattempo i cani da slitta erano saltati giù dalle loro culle innevate.

په عین حال کې، سلیج سپي له خپلو واورو پوښل شویو بسترونو څخه کودتا وکړه.

Furono immediatamente attaccati dai feroci e affamati husky.

پر دوی سمدلاسه د وحشي وږو مرغانو لخوا برید وشو.

Buck non aveva mai visto prima creature così selvagge e affamate.

باک مخکې هیڅکله داسې وحشي او وږي مخلوقات نه وو لیدلي.

La loro pelle pendeva flaccida, nascondendo a malapena lo scheletro.

ددوی پوستکی خلاص و، او په سختۍ سره یې هډوکي پټول.

C'era un fuoco nei loro occhi, per fame e follia

ددوی په سترګو کې اور وو، د لوږې او لیونتوب څخه

Non c'era modo di fermarli, di resistere al loro assalto selvaggio.

ددوی مخه نه نیول کېده؛ د دوی د وحشي چټکتیا په وړاندې مقاومت نه کېده.

I cani da slitta vennero spinti indietro e premuti contro la parete della scogliera.

سلیج سپي بیرته وغورځول شول، د ډبرې دیوال سره یې فشار ورکړ.

Tre husky attaccarono Buck contemporaneamente, lacerandogli la carne.

دري هسکي په يو وخت کې په باک برید وکړ، د هغه غوښه يې ټوټه ټوټه کړه.

Il sangue gli colava dalla testa e dalle spalle, dove era stato tagliato.

دهغه د سر او اوږو څخه وينه بهېده، چیرې چې هغه پرې شوی و.

Il rumore riempì l'accampamento: ringhi, guaiti e grida di dolore.

کمپ شور او غوغا ډکه کړه؛ د درد چیغې، چیغې او ژړاګانې.

Billee pianse forte, come al solito, presa dal panico e dalla mischia.

بیلي په لوړ غږ ژړل، لکه څنګه چې تل وه، په جګړه او ویره کې راګیر شوه.

Dave e Solleks rimasero fianco a fianco, sanguinanti ma con aria di sfida.

ډیو او سولیکس څنګ په څنګ ولاړ وو، وینې بهېدلې خو سرکښه وو.

Joe lottava come un demonio, mordendo tutto ciò che gli si avvicinava.

جو د یو شیطان په څیر جنګېده، هر هغه څه یې چیچل چې نږدې کېدل.

Con un violento schiocco di mascelle schiacciò la zampa di un husky.

هغه د خپل ژامې په یوه ظالمانه وهلو سره د یو هسکي پښه ماته کړه.

Pike saltò sull'husky ferito e gli ruppe il collo all'istante.

پایک په ټپي هسکي ټوپ ووهه او سمدلاسه یې غاړه ماته کړه.

Buck afferrò un husky per la gola e gli strappò la vena.

باک یو هسکي له ستوني ونیول او رګ یې پرې کړ.

Il sangue schizzò e il sapore caldo mandò Buck in delirio.

وینه توی شوه، او ګرم خوند بک په لیونتوب کې واچاوه.

Si lanciò contro un altro aggressore senza esitazione.

هغه پرته له ځنډه ځان په بل بریدګر وویشت.

Nello stesso momento, denti aguzzi si conficcarono nella gola di Buck.

په همدې شیبه کې، تیز غاښونه د باک په خپله ستوني کې ننوتل.

Spitz aveva colpito di lato, attaccando senza preavviso.

سپیټز له اړخه برید وکړ، پرته له خبرتیا یې برید وکړ.

Perrault e François avevano sconfitto i cani rubando il cibo.

پېرولټ او فرانسوا هغو سپو ته ماتې ورکړې وه چې خواړه يې غلا کول.
Ora si precipitarono ad aiutare i loro cani a respingere gli aggressori.
اوس دوی د بريدګرو په وړاندې د خپلو سپيو د مرستې لپاره ورغلل.
I cani affamati si ritirarono mentre gli uomini roteavano i loro manganelli.
کله چې سړو خپلې ډنډې وخوځولې، وږي سپي شاته شول.
Buck riuscì a liberarsi dall'attacco, ma la fuga fu breve.
باک له بريد څخه خلاص شو، خو تېښته يې لنډه وه.
Gli uomini corsero a salvare i loro cani e gli husky tornarono ad attaccarli.
سړي د خپلو سپو د ژغورلو لپاره منډه کړه، او سپي بيا راتول شول.
Billee, spaventato e coraggioso, si lanciò nel branco di cani.
بيلي، په زړورتيا سره وېرېدلې، د سپيو په ډله کې توپ وواهه.
Ma poi fuggì attraverso il ghiaccio, in preda al terrore e al panico.
خو بيا هغه د يخ له لارې وتښتېد، په سخت ويره او ډار کې.
Pike e Dub li seguirono da vicino, correndo per salvarsi la vita.
پايک او ډوب نږدې شاته تعقيب شول، د خپل ژوند لپاره يې منډې وهلې.
Il resto della squadra si disperse e li inseguì.
ددلې پاتې غړي مات شول او خپاره شول، او د دوی تعقيب يې وکړ.
Buck raccolse le forze per correre, ma poi vide un lampo.
باک د منډې وهلو لپاره خپل ځواک راټول کړ، خو بيا يې يو څراغ وليد.
Spitz si lanciò verso Buck, cercando di buttarlo a terra.
سپيتز د باک په څنګ کې توپ وواهه، هڅه يې وکړه چې هغه په ځمکه وغورځوي.
Sotto quella banda di husky, Buck non avrebbe avuto scampo.
دهسکيانو د دې ډلې لاندې، باک به هيڅ تيښته نه درلوده.
Ma Buck rimase fermo e si preparò al colpo di Spitz.
خو بک ټينګ ولاړ و او د سپيتز د ګوزار لپاره يې چمتووالی ونيو.
Poi si voltò e corse sul ghiaccio con la squadra in fuga.
بيا هغه وګرځېد او د تښتېدلې ډلې سره په يخ باندې منډه کړه.

Più tardi i nove cani da slitta si radunarono al riparo del bosco.

وروسته، نهه سليج سپي د ځنګل په پناه ځای کې راټول شول.

Nessuno li inseguiva più, ma erano malconci e feriti.

نور هیچا هغوی تعقیب نه کړل، خو هغوی وهل او ټپیان شول.

Ogni cane presentava delle ferite: quattro o cinque tagli profondi su ogni corpo.

دهر سپي ټپونه وو؛ د هر سپي په بدن څلور یا پنځه ژورې ټپونه وو.

Dub aveva una zampa posteriore ferita e ora faceva fatica a camminare.

ډوب یوه شاته پښه ټپي وه او اوس یې د تګ لپاره سخته مبارزه کوله.

Dolly, l'ultimo cane arrivato da Dyea, aveva la gola tagliata.

ډولي، د ډایا څخه تر ټولو نوې سپی، د ستوني پرې شوې برخه درلوده.

Joe aveva perso un occhio e l'orecchio di Billee era stato tagliato a pezzi

جو یوه سترګه له لاسه ورکړې وه، او د بیلي غوږ ټوټې ټوټې شوی و.

Tutti i cani piansero per il dolore e la sconfitta durante la notte.

ټولو سپو ټوله شپه په درد او ماتې ژړل.

All'alba tornarono lentamente all'accampamento, doloranti e distrutti.

سهار وختي دوی بیرته کمپ ته راغلل، دردمن او مات شوي وو.

Gli husky erano scomparsi, ma il danno era fatto.

هسکي ورک شوي وو، خو زیان یې شوی و.

Perrault e François erano di pessimo umore e osservavano le rovine.

پیرولټ او فرانسوا د کنډوالو په اړه په بد مزاج کې ولاړ وو.

Metà del cibo era sparito, rubato dai ladri affamati.

نیمایي خواړه ورک شول، د وږو غلو لخوا وتښتول شول.

Gli husky avevano strappato le corde e la tela della slitta.

هسکي د سليج بندونو او کینوس له لارې څیرې شوي وو.

Tutto ciò che aveva odore di cibo era stato divorato completamente.

هر هغه څه چې د خوړو بوی یې درلود په بشپړه توګه خوړل شوي وو.

Mangiarono un paio di stivali da viaggio in pelle di alce di Perrault.

دوی د پیرولټ د موږکانو د پوستکي د سفر بوټانو یوه جوړه وخوړله.

Hanno masticato le pelli e rovinato i cinturini rendendoli inutilizzabili.

دوی د چرم ریښې ژوولې او تسمې یې له کارولو څخه بهر خرابې کړې.

François smise di fissare la frusta strappata per controllare i cani.

فرانسوا د سپو د چک کولو لپاره د مات شوي څادر په لټه کې ودرېده.

«Ah, amici miei», disse con voce bassa e preoccupata.

"آه، زما ملګري، "هغه وویل، غږ یې ټیټ او له اندېښنې ډک و.

"Forse tutti questi morsi vi trasformeranno in bestie pazze."

""ښايي دا ټولې چيچلې به تاسو په ليوني حيواناتو بدل کړي.

"Forse tutti cani rabbiosi, sacredam! Che ne pensi, Perrault?"

""ښايي ټول ليوني سپي وي، مقدسه. ته څه فکر کوې، پيرولټ؟

Perrault scosse la testa, con gli occhi scuri per la preoccupazione e la paura.

پېرولټ خپل سر وخوځاوه، سترګې يې له اندېښنې او ويرې توري وې.

C'erano ancora quattrocento miglia tra loro e Dawson.

ددوی او داوسن ترمنځ لا هم څلور سوه ميله واټن وو.

La follia dei cani potrebbe ormai distruggere ogni possibilità di sopravvivenza.

دسپو ليونتوب اوس د ژوندي پاتې کيدو هر چانس له منځه وړی شي.

Hanno passato due ore a imprecare e a cercare di riparare l'attrezzatura.

دوی دوه ساعته په بدو ويلو او د وسايلو د سمولو هڅه کې تېر کړل.

La squadra ferita alla fine lasciò l'accampamento, distrutta e sconfitta.

ټپي شوې لوبډله بالاخره له کمپ څخه ووتله، مات او ماتې وخوړه.

Questo è stato il sentiero più duro finora e ogni passo è stato doloroso.

دا تر اوسه پورې تر ټولو سخته لاره وه، او هر ګام يې دردناک و.

Il fiume Thirty Mile non era ghiacciato e scorreva impetuoso.

ددېرش ميله سيند کنګل شوی نه و، او په بې رحمۍ سره روان و.

Soltanto nei punti calmi e nei vortici il ghiaccio riusciva a resistere.

یوازې په ارامو ځايونو او څپې وهونکو ځپو کې يخ د ځان ساتلو توان درلود.

Trascorsero sei giorni di duro lavoro per percorrere le trenta miglia.

شپږ ورځې سخت کار تېر شو تر څو چې دېرش میله بشپړ شول.

Ogni miglio del sentiero porta con sé pericoli e minacce di morte.

دلارې هر میل خطر او د مرگ گواښ راوړ.

Uomini e cani rischiavano la vita a ogni passo doloroso.

سړیو او سپیو په هر دردناک گام کې خپل ژوند په خطر کې واچاوه.

Perrault riuscì a superare i sottili ponti di ghiaccio una dozzina di volte.

پېرولټ لسگونه ځله د یخ د نرۍ پلونو څخه تیر شو.

Prese un palo e lo lasciò cadere nel buco creato dal suo corpo.

هغه یوه ستنه پورته کړه او هغه یې د هغه په بدن جوړ شوي سوري کې وغورځوله.

Quel palo salvò Perrault più di una volta dall'annegamento.

هغه ستنې څو ځله پیرولټ له ډوبېدو وژغوره.

L'ondata di freddo persisteva, la temperatura era di cinquanta gradi sotto zero.

سړه هوا تینگه وه، هوا له صفر څخه پنځوس درجې ښکته وه.

Ogni volta che cadeva, Perrault era costretto ad accendere un fuoco per sopravvivere.

هر کله چې پیرولټ په ډوبېدو کې ولوېد، د ژوندي پاتې کېدو لپاره یې اور بل کړ.

Gli abiti bagnati si congelavano rapidamente, perciò li faceva asciugare vicino al calore cocente.

لوند جامې ژر کنگل شوې، نو هغه یې د تودې تودوخې سره نږدې وچې کړې.

Perrault non provava mai paura, e questo faceva di lui un corriere.

پېرولټ ته هیڅکله وېره نه وه راغلې، او همدې هغه د پیغام رسوونکي په توگه بدل کړ.

Fu scelto per affrontare il pericolo e lo affrontò con silenziosa determinazione.

هغه د خطر لپاره غوره شوی و، او هغه یې په ارامه هوډ سره مخ کړ.

Si spinse in avanti controvento, con il viso raggrinzito e congelato.

ه‌غه د باد په وړاندې مخ ته وخوځېد، د هغه مړاوی مخ یخ وهلی و.
Perrault li guidò in avanti dall'alba al tramonto.
له تیاره سهار څخه تر شپې پورې، پیرولټ دوی مخ په وړاندې بوتلل.
Camminava sul ghiaccio sottile che scricchiolava a ogni passo.
ه‌غه د یخ په تنکه څنده کې روان شو چې د هر گام سره یې درزونه کېدل.
Non osavano fermarsi: ogni pausa rischiava di provocare un crollo mortale.
دوی د درېدو جرئت ونه کړ — هر وقفه د وژونکي سقوط خطر درلود.
Una volta la slitta si ruppe, trascinando dentro Dave e Buck.
یو ځل سلیج مات شو، ډیو او بک یې دننه راکش کړل.
Quando furono liberati, entrambi erano quasi congelati.
کله چې دوی راکش شول، دواړه نږدې کنګل شوي وو.
Gli uomini accesero rapidamente un fuoco per salvare Buck e Dave.
سړیو په چټکۍ سره اور بل کړ ترڅو بک او ډیو ژوندي وساتي.
I cani erano ricoperti di ghiaccio dal naso alla coda, rigidi come legno intagliato.
سپي له پوزې څخه تر لکۍ پورې په یخ پوښل شوي وو، د نقاشۍ لرګي په څیر سخت وو.
Gli uomini li fecero correre in cerchio vicino al fuoco per scongelarne i corpi.
سړیو یې د اور سره نږدې په حلقو کې وګرځول ترڅو خپل جسدونه وویلي کړي.
Si avvicinarono così tanto alle fiamme che la loro pelliccia rimase bruciacchiata.
دوی اور ته دومره نږدې شول چې د دوی ویښتان وسوځېدل.
Spitz ruppe poi il ghiaccio, trascinando dietro di sé la squadra.
سپیتز بیا د یخ له لارې ووت، او د هغه تر شا یې ټیم رابښکته کړ.
La frenata arrivava fino al punto in cui Buck stava tirando.
وقفه تر هغه ځایه پورې ورسېده چې بک یې کش کاوه.
Buck si appoggiò bruscamente allo schienale, con le zampe che scivolavano e tremavano sul bordo.
بک په کلکه شاته تکیه وکړه، پښې یې ښوییدلې او په څنده کې لړزېده.
Anche Dave si sforzò all'indietro, proprio dietro Buck sulla linea.

ډېرو هم شاته وخوځېد، يوازې د باک شاته په ليکه کې.
François tirava la slitta e i suoi muscoli scricchiolavano per lo sforzo.
فـرانسوا په سليج باندې وخوځېده، د هغه عضلات د هڅې سره مات شول.
Un'altra volta, il ghiaccio del bordo si è crepato davanti e dietro la slitta.
بـل ځل، د سليج مخکې او شاته د کندک يخ مات شو.
Non avevano altra via d'uscita se non quella di arrampicarsi su una parete ghiacciata.
دوی د وتلو بله لاره نه درلوده پرته له دې چې د کنګل شوي ډبرې ديوال ته وخېژي.
In qualche modo Perrault riuscì a scalare il muro: un miracolo lo tenne in vita.
پـيرولټ په يو ډول ديوال ته پورته شو؛ يوې معجزې هغه ژوندی وساته.
François rimase sottocoperta, pregando che gli capitasse la stessa fortuna.
فـرانسوا لاندې پاتې شو، د ورته بخت لپاره يې دعا وکړه.
Legarono ogni cinghia, legatura e tirante in un'unica lunga corda.
دوی هر تسمه، په وهلو تکولو، او په يوه اوږده رسی کې يې وتړله.
Gli uomini trascinarono i cani uno alla volta fino in cima.
سړيو هر سپی پورته کړ، يو په يو يې پورته کړ.
François salì per ultimo, dopo la slitta e tutto il carico.
فـرانسوا د سليج او ټول بار وروسته په وروستي ځای کې وخوځېد.
Poi iniziò una lunga ricerca di un sentiero che scendesse dalle scogliere.
بـيا يې د ډبرو څخه د ښکته کيدو لپاره اوږده لټون پيل کړ.
Alla fine scesero utilizzando la stessa corda che avevano costruito.
بـالاخره دوی د هماغه رسی په کارولو سره ښکته شول چې دوی جوړه کړې وه.
Scese la notte mentre tornavano al letto del fiume, esausti e doloranti.
شپه راغله کله چې دوی د سيند غاړې ته راستانه شول، ستړي او دردمن وو.

Avevano impiegato un giorno intero per percorrere solo un quarto di miglio.

دوی تولِه ورځ یوازې د یو میل څلورمه برخه پوښلې وه.

Quando giunsero all'Hootalinqua, Buck era sfinito.

کله چې دوی هوتالینکوا ته ورسېدل، باک ډېر ستړی شوی و.

Anche gli altri cani soffrivano le stesse condizioni del sentiero.

نور سپي هم د لارې د شرایطو له امله په ورته ډول زیانمن شول.

Ma Perrault aveva bisogno di recuperare tempo e li spingeva avanti giorno dopo giorno.

خو پیرولټ وخت ته اړتیا درلوده، او هره ورځ یې دوام ورکړ.

Il primo giorno percorsero trenta miglia fino a Big Salmon.

په لومړۍ ورځ دوی دیرش میله لوی سالمون ته سفر وکړ.

Il giorno dopo percorsero trentacinque miglia fino a Little Salmon.

بله ورځ دوی پنځه دېرش میله سفر وکړ او کوچني سالمون ته لاړل.

Il terzo giorno percorsero quaranta miglia ghiacciate.

په دریمه ورځ دوی څلوېښت اوږده کنګل شوې میله مزل وکړ.

A quel punto si stavano avvicinando all'insediamento di Five Fingers.

تر هغه وخته پورې، دوی د پنځو ګوتو میشت ځای ته نږدې وو.

I piedi di Buck erano più morbidi di quelli duri degli husky autoctoni.

دبک پښې د اصلي هسکي سپیانو د سختو پښو په پرتله نرمې وې.

Le sue zampe erano diventate tenere nel corso di molte generazioni civilizzate.

دهغه پښې د ډیرو متمدنو نسلونو په اوږدو کې نرمې شوې وې.

Molto tempo fa, i suoi antenati erano stati addomesticati dagli uomini del fiume o dai cacciatori.

ډېر پخوا، د هغه پلرونه د سیند د خلکو یا ښکاریانو لخوا اهلي شوي وو.

Ogni giorno Buck zoppicava per il dolore, camminando con le zampe screpolate e doloranti.

هره ورځ به باک په درد کې ګوډ ګوډ کېده، په خامو او دردناکو پښو به ګرځېده.

Giunto all'accampamento, Buck cadde come un corpo senza vita sulla neve.

په کمپ کې، باک د واورې په سر د بې جانه شکل په څیر راښکته شو.
Sebbene fosse affamato, Buck non si alzò per consumare il pasto serale.
که څه هم باک وږی و، خو د ماښام ډوډۍ خوړلو لپاره پورته نه شو.
François portò la sua razione a Buck, mettendogli del pesce vicino al muso.
فرانسوا باک ته خپل خواړه راوړل، کب یې د خولې سره کېښود.
Ogni notte l'autista massaggiava i piedi di Buck per mezz'ora.
هره شپه موټر چلوونکي د نیم ساعت لپاره د باک پښې مسح کړې.
François arrivò persino a tagliare i suoi mocassini per farne delle calzature per cani.
فرانسوا حتی د سپي بوټان جوړولو لپاره خپل موکاسینونه پرې کړل.
Quattro scarpe calde diedero a Buck un grande e gradito sollievo.
څلورو ګرمو بوټانو بک ته ښه او ښه راغلاست راحت ورکړ.
Una mattina François dimenticò le scarpe e Buck si rifiutò di alzarsi.
یوه سهار، فرانسوا بوټان هېر کړل، او باک له پورته کېدو ډډه وکړه.
Buck giaceva sulla schiena, con i piedi in aria, e li agitava in modo pietoso.
باک په شا پروت و، پښې یې په هوا کې پورته کړې وې، په خواشینۍ سره یې ښورولې.
Persino Perrault sorrise alla vista dell'appello drammatico di Buck.
حتی پیرولټ د باک د ډراماتیک غوښتنې په لیدو سره موسکی شو.
Ben presto i piedi di Buck diventarono duri e le scarpe poterono essere tolte.
ډېر ژر د باک پښې سختې شوې، او بوټان یې له منځه وړل کېدای شول.
A Pelly, durante il periodo in cui veniva imbrigliata, Dolly emise un ululato terribile.
په پیلي کې، د هارنس په وخت کې، ډولي یو ویرونکی چیغه وکړه.
Il grido era lungo e pieno di follia, e fece tremare tutti i cani.
ژړا اوږده او له لېونتوب ډکه وه، چې هر سپی یې لړزاوه.
Ogni cane si rizzava per la paura, senza capirne il motivo.
هر سپی پرته له دې چې دلیل یې پوه شي، له وېرې لړزېده.
Dolly era impazzita e si era scagliata contro Buck.

ډولي لېونی شوې وه او ځان يې په باک باندې و غورځاوه.
Buck non aveva mai visto la follia, ma l'orrore gli riempì il cuore.
باک هيڅکله ليونتوب نه و ليدلی، خو زړه يې وحشت ډک کړ.
Senza pensarci due volte, si voltò e fuggì in preda al panico più assoluto.
پرته له کوم فکر کولو، هغه مخ واړاوه او په بشپړ ډول په ويره کې وتښتېد.
Dolly lo inseguì, con gli occhi selvaggi e la saliva che le colava dalle fauci.
ډولي هغه تعقيب کړ، سترګې يې توري وې، لاړې يې له ژامو څخه راوتلې وې.
Si tenne sempre dietro a Buck, senza mai guadagnare terreno e senza mai indietreggiare.
هغه د باک تر شا ولاړه وه، هيڅکله يې لاسته راوړنه نه درلوده او هيڅکله يې شاته نه غورځېده.
Buck corse attraverso i boschi, giù per l'isola, sul ghiaccio frastagliato.
باک د ځنګلونو له لارې، د ټاپو لاندې، د کندې يخ له لارې منډه کړه.
Attraversò un'isola, poi un'altra, per poi tornare indietro verso il fiume.
هغه يوې ټاپو ته لاړ، بيا بلې ته، بيرته سيند ته چکر وواهه.
Dolly continuava a inseguirlo, ringhiando sempre più forte a ogni passo.
بيا هم ډولي هغه تعقيباوه، د هغې د هر ګام په شا کې د هغې د غرور غږ نږدې و.
Buck poteva sentire il suo respiro e la sua rabbia, anche se non osava voltarsi indietro.
باک د هغې ساه او غوسه اورېدله، که څه هم هغه د شاته کتلو جرئت نه کاوه.
François gridò da lontano e Buck si voltò verso la voce.
فرانسوا له لرې څخه چيغه کړه، او باک د غږ په لور مخ واړاوه.
Ancora senza fiato, Buck corse oltre, riponendo ogni speranza in François.
باک لا هم د ساه اخيستلو لپاره ساه اخيسته، او په منډه يې ټولې هيلې په فرانسوا ولګولې.

Il conducente del cane sollevò un'ascia e aspettò che Buck gli passasse accanto.
دسپي چلوونکي تبر پورته کړ او انتظار يې وکړ چې بک تېر شي.
L'ascia calò rapidamente e colpì la testa di Dolly con forza mortale.
تبر په چټکۍ سره راښکته شو او د ډولي په سر يې په وژونکي ځواک سره وواهه.
Buck crollò vicino alla slitta, ansimando e incapace di muoversi.
باک د سليج سره نږدې وغورځېد، ساه يې بندېده او د حرکت کولو توان يې نه درلود.
Quel momento diede a Spitz la possibilità di colpire un nemico esausto.
دغه شيبه سپيټز ته فرصت ورکړ چې يو ستړی دښمن ووژني.
Morse Buck due volte, strappandogli la carne fino all'osso bianco.
دوه ځله يې بک چيچلی، غوښه يې تر سپينې هډوکي پورې څيرې کړه.
La frusta di François schioccò, colpendo Spitz con tutta la sua forza, con furia.
دفرانسوا ځټک مات شو، په بشپړ او قهرجن ځواک سره يې سپيټز وواهه.
Buck guardò con gioia Spitz mentre riceveva il pestaggio più duro fino a quel momento.
باک په خوښۍ سره وکتل کله چې سپيټز تر اوسه پورې تر ټولو سخته وهل شوې وه.
«È un diavolo, quello Spitz», borbottò Perrault tra sé e sé.
"هغه يو شيطان دی، هغه سپيټز، "پيرولټ په تياره ډول له ځان سره وويل.
"Un giorno o l'altro, quel cane maledetto ucciderà Buck, lo giuro."
""يوه ورځ ژر، هغه لعنتي سپی به باک ووژني - زه قسم خورم.
«Quel Buck ha due diavoli dentro di sé», rispose François annuendo.
فرانسوا په سر ښورولو سره ځواب ورکړ" :هغه بک په خپل وجود کې "دوه شيطانان لري.
"Quando osservo Buck, so che dentro di lui si cela qualcosa di feroce."

"كله چي زه بک ګورم، زه پوهيږم چي يو څه سخت په هغه کي انتظار کوي."

"Un giorno, si infurierà come il fuoco e farà a pezzi Spitz."

""يوه ورځ، هغه به د اور په څير ليونى شي او سپيتز به توتى توتى کري-"

"Masticherà quel cane e lo sputerà sulla neve ghiacciata."

""هغه به دا سپى ژاري او په کنګل شوي واوره به يي توى کري-"

"Certo, lo so fin nel profondo."

""يقينا، زه دا زما په هډوکو کي ژور پيژنم-"

Da quel momento in poi, i due cani furono in guerra tra loro.

له هغي شيبي څخه، دواړه سپي په جګره کي ښکيل وو-

Spitz guidava la squadra e deteneva il potere, ma Buck lo sfidava.

سپيتز تيم رهبري کړ او واک يي وساته، خو بک دا ننګونه وکړه.

Spitz si rese conto che il suo rango era minacciato da questo strano straniero del Sud.

سپيتز د دي عجيب ساوتليند اجنبى لخوا خپل رتبه ګواښلى وليده.

Buck era diverso da tutti i cani del sud che Spitz aveva conosciuto fino ad allora.

باک د هر هغه جنوبي سپي په څير نه و چي سپيتز مخکي پيژندلى و.

La maggior parte di loro fallì: troppo deboli per sopravvivere al freddo e alla fame.

ډيرى يي ناکام شول - ډير کمزوري وو چي د سړي او لوږي سره ژوند نشي کولى-

Morirono rapidamente a causa del lavoro, del gelo e del lento bruciare della carestia.

دوى د کار، يخنى او د قحطى د ورو سوځېدو له امله ژر مړه شول-

Buck si distingueva: ogni giorno più forte, più intelligente e più selvaggio.

باک جلا ودرېد - ورځ تر بلي پياورى، هوښيار او وحشي کېده.

Ha prosperato nonostante le difficoltà, crescendo al pari degli husky del nord.

هغه په سختى سره وده وکړه، د شمالي هسکيانو سره سمون خوري-

Buck era dotato di forza, abilità straordinaria e un istinto paziente e letale.

باک خواک، وحشي مهارت، او يو صبرناک، وژونکى غريزى درلود.

L'uomo con la mazza aveva annientato Buck per fargli perdere la temerarietà.

هغه سړي چې کلپ یې درلود، د باک څخه بې پروایي ماته کړې وه.
La furia cieca se n'era andata, sostituita da un'astuzia silenziosa e dal controllo.
ړوند غوسه لاړه، پر ځای یې خاموش چالاکي او کنټرول راغی.
Attese, calmo e primordiale, in attesa del momento giusto.
هغه انتظار کاوه، ارام او ساده، د سمې شېبې په لټه کې و.
La loro lotta per il comando divenne inevitabile e chiara.
دقوماندې لپاره د دوی مبارزه ناګزیر او روښانه شوه.
Buck desiderava la leadership perché il suo spirito la richiedeva.
باک مشرتابه غوښتل ځکه چې د هغه روح دا غوښتنه کوله.
Era spinto da quello strano orgoglio che nasceva dal sentiero e dall'imbracatura.
هغه د هغه عجیب غرور له امله هڅول شوی و چې د لارې او هارنس څخه زیږېدلی و.
Quell'orgoglio faceva sì che i cani tirassero fino a crollare sulla neve.
دې غرور سپي دې ته اړ کړل چې په واوره کې راپرېوځي.
L'orgoglio li spinse a dare tutta la forza che avevano.
غرور دوی دې ته وهڅول چې ټول هغه ځواک ورکړي چې دوی یې درلودل.
L'orgoglio può trascinare un cane da slitta fino al punto di ucciderlo.
غرور کولی شي سلیج سپی حتی تر مرګ پورې هم راجلب کړي.
Perdere l'imbracatura rendeva i cani deboli e senza scopo.
دزنګ وهلو له امله سپي مات او بې هدفه شول.
Il cuore di un cane da slitta può essere spezzato dalla vergogna quando va in pensione.
دسلیج سپي زړه د تقاعد په وخت کې د شرم له امله ماتیدلی شي.
Dave viveva con questo orgoglio mentre trascinava la slitta da dietro.
ډیو د همدې ویاړ سره ژوند کاوه کله چې هغه سلیج له شا څخه کشاوه.
Anche Solleks diede il massimo con cupa forza e lealtà.
سولیکس هم خپل ټول توان په سخت ځواک او وفاداری سره ورکړ.
Ogni mattina l'orgoglio li trasformava da amareggiati a determinati.
هر سهار، غرور دوی له تریخوالي څخه هوډمن ته اړول.

Spinsero per tutto il giorno, poi tacquero una volta giunti alla fine dell'accampamento.

دوی توله ورځ فشار راوړ، بیا د کمپ په پای کې غلي شول.

Quell'orgoglio diede a Spitz la forza di mettere in riga i fannulloni.

دې ویاړ سپیتز ته ځواک ورکړ چې شرکرانو ته ماتې ورکړي او په لیکه کې راشي.

Spitz temeva Buck perché Buck nutriva lo stesso profondo orgoglio.

سپیتز له باک څخه ویرېده ځکه چې باک همغه ژور غرور درلود.

L'orgoglio di Buck ora si agitò contro Spitz, ma lui non si fermò.

دباک غرور اوس د سپیتز په وړاندې راپورته شو، او هغه ونه درېد.

Buck sfidò il potere di Spitz e gli impedì di punire i cani.

باک د سپیتز له ځواک څخه سرغړونه وکړه او هغه یې د سپو د سزا ورکولو څخه منع کړ.

Quando gli altri fallivano, Buck si frapponeva tra loro e il loro capo.

کله چې نور ناکام شول، بک د دوی او د دوی د مشر ترمنځ گام پورته کړ.

Lo fece con intenzione, rendendo la sua sfida aperta e chiara.

هغه دا کار په ارادې سره وکړ، او خپله ننګونه یې پرانیستې او روښانه کړه.

Una notte una forte nevicata coprì il mondo in un profondo silenzio.

یوه شپه درنې واورې نړۍ په ژوره چوپتیا کې پوښلې وه.

La mattina dopo, Pike, pigro come sempre, non si alzò per andare al lavoro.

بله سهار، پایک، د تل په څیر سست، د کار لپاره ونه پاڅېد.

Rimase nascosto nel suo nido sotto uno spesso strato di neve.

هغه د واورې د یوې ګنې طبقې لاندې په خپله ځاله کې پټ پاتې شو.

François gridò e cercò, ma non riuscì a trovare il cane.

فرانسوا غږ وکړ او لټون یې وکړ، خو سپی یې ونه موند.

Spitz si infuriò e si scagliò contro l'accampamento coperto di neve.

سپیتز په غوسه شو او د واورې پوښل شوي کمپ له لارې یې برید وکړ.

Ringhiò e annusò, scavando freneticamente con gli occhi fiammeggianti.

هغه چیغه کړه او بوی یې وکړ، په لیونتوب سره یې د اور لمبو سترګو سره کیندل.

La sua rabbia era così violenta che Pike tremava sotto la neve per la paura.

دهغه غوسه دومره سخته وه چې پیک په ویره کې د واورې لاندې ولړزېد.

Quando finalmente Pike fu trovato, Spitz si lanciò per punire il cane nascosto.

کله چې پایک بالاخره وموندل شو، سپیتز د پټ شوي سپي د سزا ورکولو لپاره ټوپ وواهه.

Ma Buck si scagliò tra loro con una furia pari a quella di Spitz.

خو بک د سپیتز په څېر په غوسه د دوی ترمنځ منډه ووهله.

L'attacco fu così improvviso e astuto che Spitz cadde a terra.

برید دومره ناڅاپي او هوښیار و چې سپیتز له پښو وغورځېد.

Pike, che tremava, trasse coraggio da questa sfida.

پایک، چې لړزېده، له دې سرغړونې څخه یې زړورتیا ترلاسه کړه.

Seguendo l'audace esempio di Buck, saltò sullo Spitz caduto.

هغه د بک د زړور مثال په تعقیب، په غورځېدلي سپیتز باندې ټوپ وواهه.

Buck, non più vincolato dall'equità, si unì allo sciopero di Spitz.

باک، چې نور د انصاف سره تړلی نه و، د سپیتز په اعتصاب کې شامل شو.

François, divertito ma fermo nella disciplina, agitò la sua pesante frusta.

فرانسوا، چې خوشحاله و خو په نظم کې ټینګ و، خپل درونד ګوزار یې وواهه.

Colpì Buck con tutta la sua forza per interrompere la rissa.

هغه په خپل ټول قوت سره په بک وواهه ترڅو جګړه مات کړي.

Buck si rifiutò di muoversi e rimase in groppa al capo caduto.

باک له حرکت کولو ډډه وکړه او د غورځېدلي مشر په سر کې پاتې شو.

François allora usò il manico della frusta e colpì Buck con violenza.

فرانسوا بيا د ښتک لاستی وکاراوه، او بک يي سخت وواهه.
Barcollando per il colpo, Buck cadde all'indietro sotto l'assalto.
دضربې څخه حيران، باک بيرته تر بريد لاندې راغی.
François colpì più volte mentre Spitz puniva Pike.
فرانسوا بيا بيا ګوزارونه کول پداسې حال کې چې سپيتز پايک ته سزا ورکوله.

Passarono i giorni e Dawson City si avvicinava sempre di più.
ورځې تېرېدې، او د داوسن ښار نور هم نږدې کېده.
Buck continuava a intromettersi, infilandosi tra Spitz e gli altri cani.
باک مداخله کوله، د سپيتز او نورو سپيو ترمنځ ښوييده.
Sceglieva bene i suoi momenti, aspettando sempre che François se ne andasse.
هغه خپلې شيبې په ښه توګه غوره کړې، تل به د فرانسوا د وتلو په تمه و.
La ribellione silenziosa di Buck si diffuse e il disordine prese piede nella squadra.
دباک خاموش بغاوت خپور شو، او ګډوډي په تيم کې ريښه ونيوله.
Dave e Solleks rimasero leali, ma altri diventarono indisciplinati.
ډيو او سوليکس وفادار پاتې شول، خو نور يې بې نظمه شول.
La squadra peggiorò: divenne irrequieta, litigiosa e fuori luogo.
ټيم خراب شو - نارامه، جنجالي، او له کرښې بهر.
Ormai niente filava liscio e le liti diventavano all'ordine del giorno.
نور هيڅ شی په اسانی سره کار نه کاوه، او جګړې عامې شوې.
Buck rimase sempre al centro dei guai, provocando disordini.
باک د ستونزې په زړه کې پاتې شو، تل يې نا آرامی راپاروله.
François rimase vigile, temendo la lotta tra Buck e Spitz.
فرانسوا هوښيار پاتې شو، د بک او سپيتز ترمنځ د جګړې څخه ويره درلوده.
Ogni notte veniva svegliato da zuffe e temeva che finalmente fosse arrivato l'inizio.

ه‍ره شپه، شخړو هغه راويښ کړ، او ويره يې درلوده چې بالاخره پيل به راشي۔
Balzò fuori dalla veste, pronto a interrompere la rissa.
هغه له خپل جامو څخه کودتا وکړه، د جګړې د ماتولو لپاره چمتو شو۔
Ma il momento non arrivò mai e alla fine raggiunsero Dawson.
خو هغه شيبه هيڅکله رانه شوه، او بالاخره دوی ډاوسن ته ورسيدل۔
La squadra entrò in città in un pomeriggio cupo, teso e silenzioso.
ټيم يوه تياره ماسپښين ښار ته ننوتل، په کې کړکېچ او ارامي وه۔
La grande battaglia per la leadership era ancora sospesa nell'aria gelida.
دمشرتابه لپاره لويه جګړه لا هم په کنګل شوي هوا کې ځوړند وه۔
Dawson era piena di uomini e cani da slitta, tutti impegnati nel lavoro.
ډاوسن له سړيو او سليج سپيو ډک و، ټول په کار بوخت وو۔
Buck osservava i cani trainare i carichi dalla mattina alla sera.
باک د سهار څخه تر شپې پورې سپي د بارونو ايستلو ته کتل۔
Trasportavano tronchi e legna da ardere e spedivano rifornimenti alle miniere.
دوی لرګي او لرګي وړل، کانونو ته يې اکمالات وړل۔
Nel Southland, dove un tempo lavoravano i cavalli, ora lavoravano i cani.
چېرته چې يو وخت په ساوت لينډ کې اسونه کار کاوه، اوس سپي کار کوي۔
Buck vide alcuni cani provenienti dal Sud, ma la maggior parte erano husky simili a lupi.
باک د جنوب څخه ځينې سپي وليدل، خو ډيرى يې د ليوه په څير سپي وو۔
Di notte, puntuali come un orologio, i cani alzavano la voce e cantavano.
په شپه کې، لکه د ساعت کار، سپو خپل غږونه په سندرو کې پورته کول۔
Alle nove, a mezzanotte e di nuovo alle tre, il canto cominciò.

په نهو بجو، د شپې په نیمايي کې، او بیا په دریو بجو، سندرې ویل پیل شول.
Buck amava unirsi al loro canto inquietante, selvaggio e antico nel suono.
باک د دوی د عجیبې سندرې سره یوځای کیدل خوښول، چې په غږ کې وحشي او لرغونی وو.
L'aurora fiammeggiava, le stelle danzavano e la neve ricopriva la terra.
اورورا اور واخیست، ستوري نڅېدل، او واوره ځمکه پوښله.
Il canto dei cani si elevava come un grido contro il silenzio e il freddo pungente.
دسپو سندره د چوپتیا او سختې یخنۍ پر وړاندې د چیغې په توګه راپورته شوه.
Ma il loro urlo esprimeva tristezza, non sfida, in ogni lunga nota.
خو د دوی چیغې په هره اوږده یادونه کې غم ساتلی و، نه سرغړونې.
Ogni lamento era pieno di supplica: il peso stesso della vita.
هره ژړا له زاریو ډکه وه؛ د ژوند بار.
Quella canzone era vecchia, più vecchia delle città e più vecchia degli incendi
دا سندره زړه وه - د ښارونو څخه زاړه، او د اور څخه زاړه
Quel canto era più antico perfino delle voci degli uomini.
دغه سندره د انسانانو د غږونو په پرتله هم ډېره لرغونې وه.
Era una canzone del mondo dei giovani, quando tutte le canzoni erano tristi.
دا د ځوانی نړۍ یوه سندره وه، کله چې ټولې سندرې غمجنې وې.
La canzone porta con sé il dolore di innumerevoli generazioni di cani.
دې سندرې د سپو د بې شمېره نسلونو غمونه لېږدول.
Buck percepì profondamente la melodia, gemendo per un dolore radicato nei secoli.
باک په ژوره توګه سندره احساس کړه، د هغه درد څخه چیغې وهلې چې په زمانو کې ریښې لري.
Singhiozzava per un dolore antico quanto il sangue selvaggio nelle sue vene.
هغه د هغه غم څخه ژړل چې په رګونو کې یې وحشي وینه وه.
Il freddo, l'oscurità e il mistero toccarono l'anima di Buck.

سړه، تياره، او راز د باک روح ته لاس واچاوه.
Quella canzone dimostrava quanto Buck fosse tornato alle sue origini.
دې سندرې ثابته کړه چې باک څومره خپل اصل ته راستون شوی و.
Tra la neve e gli ululati aveva trovato l'inizio della sua vita.
دواورې او ژړا له لارې هغه د خپل ژوند پيل وموند.

Sette giorni dopo l'arrivo a Dawson, ripartirono.
ډاوسن ته له رسيدو اووه ورځې وروسته، دوی يو ځل بيا روان شول.
La squadra si è lanciata dalla caserma fino allo Yukon Trail.
ټيم له بارکونو څخه د يوکون لارې ته ښکته شو.
Iniziarono il viaggio di ritorno verso Dyea e Salt Water.
دوی د ديا او مالګې اوبو په لور بيرته سفر پيل کړ.
Perrault trasmise dispacci ancora più urgenti di prima.
پيرولټ د پخوا په پرتله ډير عاجل پيغامونه ليږدول.
Era anche preso dall'orgoglio per la corsa e puntava a stabilire un record.
هغه هم د لارې وياړ لخوا نيول شوی و او هدف يې دا و چې ريکارډ جوړ کړي.
Questa volta Perrault aveva diversi vantaggi.
دا ځل، څو ګټې د پيرولټ په خوا کې وې.
I cani avevano riposato per un'intera settimana e avevano ripreso le forze.
سپو پوره يوه اونۍ آرام وکړ او خپل ځواک يې بيرته ترلاسه کړ.
La pista che avevano tracciato era ora battuta da altri.
هغه لاره چې دوی پرې کړې وه اوس د نورو له امله سخته شوې وه.
In alcuni punti la polizia aveva immagazzinato cibo sia per i cani che per gli uomini.
په ځينو ځايونو کې، پوليسو د سپو او سړيو لپاره خواړه ذخيره کړي وو.
Perrault viaggiava leggero, si muoveva velocemente e aveva poco a cui aggrapparsi.
پيرولټ سپک سفر کاوه، په چټکۍ سره حرکت کاوه او لږ يې د ځان د وزن کمولو لپاره کاوه.
La prima sera raggiunsero la Sixty-Mile, una corsa lunga 50 miglia.

دوی د لومړۍ شپې پورې شپیته میله ته ورسیدل، چې پنځوس میله منده وه.
Il secondo giorno risalirono rapidamente lo Yukon in direzione di Pelly.
په دوهمه ورځ، دوی د یوکون څخه د پیلي په لور روان شول.
Ma questi grandi progressi comportarono anche molta fatica per François.
خو دا بنه پرمختګ د فرانسوا لپاره ډېر فشار راوړ.
La ribellione silenziosa di Buck aveva infranto la disciplina della squadra.
دباک خاموش بغاوت د تیم نظم مات کړ.
Non si univano più come un'unica bestia al comando.
دوی نور د یو حیوان په څیر سره یوځای نه شول.
Buck aveva spinto altri alla sfida con il suo coraggioso esempio.
باک د خپل زړور مثال له لارې نور خلک سرکشۍ ته هڅولي وو.
L'ordine di Spitz non veniva più accolto con timore o rispetto.
دسپیټز امر نور د ویرې یا درناوي سره نه و.
Gli altri persero ogni timore reverenziale nei suoi confronti e osarono opporsi al suo governo.
نورو د هغه څخه خپله ویره له لاسه ورکړه او د هغه د واکمنۍ په وړاندې یې د مقاومت جرئت وکړ.
Una notte, Pike rubò mezzo pesce e lo mangiò sotto gli occhi di Buck.
یوه شپه، پایک نیم کب غلا کړ او د باک د سترګو لاندې یې وخوړ.
Un'altra notte, Dub e Joe combatterono contro Spitz e rimasero impuniti.
یوه بله شپه، ډوب او جو د سپیټز سره جګړه وکړه او بې سزا پاتې شول.
Anche Billee gemette meno dolcemente e mostrò una nuova acutezza.
حتی بیلي لږ خوږ غږ وکړ او نوی تېزوالی یې وښود.
Buck ringhiava a Spitz ogni volta che si incrociavano.
هر کله چې دوی له لارو تېرېدل، باک به په سپیټز باندې چیغه وهله.
L'atteggiamento di Buck divenne audace e minaccioso, quasi come quello di un bullo.
دباک چلند زړور او ګواښونکی شو، تقریبا د یو ځورونکي په څیر.

Camminava avanti e indietro davanti a Spitz con un'andatura spavalda e piena di minaccia beffarda.
هغه د سپیتز په وړاندې په ډېر غرور سره، له ملنډو ډک ګواښ سره روان شو.
Questo crollo dell'ordine si diffuse anche tra i cani da slitta.
دنظم دا سقوط د سلیج سپیو په منځ کې هم خپور شو.
Litigarono e discussero più che mai, riempiendo l'accampamento di rumore.
دوی تر بل هر وخت ډېر جنګ او شخړې وکړې، کمپ یې له شور او غوغا ډک کړ.
Ogni notte la vita nel campeggio si trasformava in un caos selvaggio e ululante.
دکمپ ژوند هره شپه په یوه وحشي او ګډوډۍ بدل شو.
Solo Dave e Solleks rimasero fermi e concentrati.
یوازې ډیو او سولیکس ثابت او متمرکز پاتې شول.
Ma anche loro diventarono irascibili a causa delle continue risse.
خو حتی دوی د پرله پسې شخړو له امله غوسه شول.
François imprecò in lingue strane e batté i piedi per la frustrazione.
فرانسوا په عجیبو ژبو لعنت ووایه او په مایوسۍ سره یې وخوځاوه.
Si strappò i capelli e urlò mentre la neve gli volava sotto i piedi.
هغه خپل ویښتان وشلول او چیغه یې کړه پداسې حال کې چې واوره د پښو لاندې الوتله.
La sua frusta schioccò contro il gruppo, ma a malapena riuscì a tenerli in riga.
دهغه ښتک د خلکو په ټول بدن ولګېد خو په سختۍ سره یې په لیکه کې وساتل.
Ogni volta che voltava le spalle, la lotta ricominciava.
هر کله چې به یې شا واړوله، جګړه بیا پیل شوه.
François usò la frusta per Spitz, mentre Buck guidava i ribelli.
فرانسوا د سپیتز لپاره د وهلو تکولو ښخه کار واخیست، پداسې حال کې چې بک د یاغیانو مشري کوله.
Ognuno conosceva il ruolo dell'altro, ma Buck evitava di addossare ogni colpa.

هر یو د بل رول پوهیده، مګر بک د هر ډول ملامتی څخه ډډه وکړه.
François non ha mai colto Buck mentre iniziava una rissa o si sottraeva al suo lavoro.
فرانسوا هیڅکله د باک د جګړې پیل کول یا له خپلې دندې څخه تیښته نه ده لیدلې.
Buck lavorava duramente ai finimenti: la fatica ora gli dava entusiasmo.
باک په زنجیر کې سخت کار کاوه - کار اوس د هغه روحیه هڅوله.
Ma trovava ancora più gioia nel fomentare risse e caos nell'accampamento.
خو هغه په کمپ کې د جګړو او ګډوډۍ په راپارولو کې نوره هم خوښي وموندله.

Una sera, alla foce del Tahkeena, Dub spaventò un coniglio.
یوه ماښام د تهکینا په خوله کې، ډوب یو خرګوش حیران کړ.
Mancò la presa e il coniglio con la racchetta da neve balzò via.
هغه نیول له لاسه ورکړ، او د واورې بوټی سوی توپ وواهه.
Nel giro di pochi secondi, l'intera squadra di slitte si lanciò all'inseguimento, gridando a squarciagola.
په څو ثانیو کې، د سلیج ټوله ډله په وحشي چیغو سره تعقیب کړه.
Nelle vicinanze, un accampamento della polizia del nord-ovest ospitava cinquanta cani husky.
نږدې، د شمال لویدیز پولیسو کمپ کې پنځوس سپي ځای پر ځای شوي وو.
Si unirono alla caccia, scendendo insieme il fiume ghiacciato.
دوی په ښکار کې شامل شول، په کنګل شوي سیند کې یوځای ښکته شول.
Il coniglio lasciò il fiume e fuggì lungo il letto ghiacciato di un ruscello.
سوی د سیند لاره بنده کړه، د کنګل شوي ویالې بستر ته وتښتېد.
Il coniglio saltellava leggero sulla neve mentre i cani si facevano strada a fatica.
خرګوش په واورو لږ توپ وواهه پداسې حال کې چې سپي له واورو څخه د تیرېدو هڅه کوله.
Buck guidava l'enorme branco di sessanta cani attorno a ogni curva tortuosa.

باک د شپیتو سپیو لویه ډله د هر تاوونکي کږ شاوخوا رهبري کوله.
Si spinse in avanti, basso e impaziente, ma non riuscì a guadagnare terreno.
هغه مخ په وړاندې لاړ، ټیټ او لیواله، خو ونه توانېد چې ځمکه ترلاسه کړي.
Il suo corpo brillava sotto la pallida luna a ogni potente balzo.
دهغه بدن د هرې قوي کودتا سره د شین سپوږمۍ لاندې ځلیده.
Davanti a loro, il coniglio si muoveva come un fantasma, silenzioso e troppo veloce per essere catturato.
مخکې، خرگوش د یو پیري په څیر حرکت وکړ، غلی او ډیر گړندی و چې ونه نیول شو.
Tutti quei vecchi istinti, la fame, l'eccitazione, attraversarono Buck.
ټول هغه زاړه غریزونه - لوږه، لیوالتیا - د باک له لارې راوتلي وو.
A volte gli esseri umani avvertono questo istinto e sono spinti a cacciare con armi da fuoco e proiettili.
انسانان کله ناکله دا غریزه احساسوي، او د ټوپک او گولۍ سره ښکار ته هڅول کیږي.
Ma Buck provava questa sensazione a un livello più profondo e personale.
خو بک دا احساس په ژوره او شخصي کچه احساس کړ.
Non riuscivano a percepire la natura selvaggia nel loro sangue come Buck.
دوی په خپله وینه کې وحشي حالت داسې نه شو احساسولی لکه څنگه چې بک احساس کولی شو.
Inseguiva la carne viva, pronto a uccidere con i denti e ad assaggiare il sangue.
هغه د ژوندۍ غوښې پسې وخوځېد، د خپلو غاښونو سره د وژلو او د وینې خوند اخیستلو ته چمتو و.
Il suo corpo si tendeva per la gioia, desiderando immergersi nel caldo rosso della vita.
دهغه بدن له خوښۍ څخه ډک و، غوښتل یې چې په گرم سور ژوند کې غسل وکړي.
Una strana gioia segna il punto più alto che la vita possa mai raggiungere.

ی‌وه عجیبه خوښي هغه لوړ مقام په ګوته کوي چې ژوند يې تر اوسه پورې رسيدلی شي.
La sensazione di raggiungere un picco in cui i vivi dimenticano di essere vivi.
دهغه لوړوالي احساس چې ژوندي خلک يې حتی ژوندي هم هېروي.
Questa gioia profonda tocca l'artista immerso in un'ispirazione ardente.
دا ژوره خوښي هغه هنرمند ته لمس کوي چې په ځليدونکي الهام کې ورک شوی وي.
Questa gioia afferra il soldato che combatte selvaggiamente e non risparmia alcun nemico.
دا خوښي هغه عسکر نيسي چې په وحشيانه ډول جنګيږي او هيڅ دښمن نه پرېږدي.
Questa gioia ora colpì Buck mentre guidava il branco in preda alla fame primordiale.
دا خوښی اوس د بک ادعا وکړه ځکه چې هغه په لومړني لوږه کې د ډلې مشري کوله.
Ululò con l'antico grido del lupo, emozionato per l'inseguimento.
هغه د لرغوني ليوه چيغې سره چيغې وهلې، د ژوندي تعقيب څخه خوشحاله شو.
Buck fece appello alla parte più antica di sé, persa nella natura selvaggia.
باک د ځان تر ټولو زاړه برخې ته ننوت، په ځنګل کې ورک شو.
Scavò in profondità dentro di sé, oltre la memoria, fino al tempo grezzo e antico.
هغه د تيرې حافظې ژورې برخې ته، خام، لرغوني وخت ته ورسيد.
Un'ondata di vita pura pervase ogni muscolo e tendine.
دپاک ژوند څپه د هرې عضلاتې او رګونو له لارې خپره شوه.
Ogni salto gridava che viveva, che attraversava la morte.
هر توپ چيغه کړه چې هغه ژوندی دی، هغه د مرګ له لارې تير شوی دی.
Il suo corpo si librava gioioso su una terra immobile e fredda che non si muoveva mai.
دهغه بدن په خوښی سره د ارام، سړې ځمکې په سر پورته شو چې هيڅکله نه خوځېده.

Spitz rimase freddo e astuto anche nei suoi momenti più selvaggi.

سپیتز په خپلو وحشي شیبو کې هم سړه او چالاک پاتې شو.

Lasciò il sentiero e attraversò un terreno dove il torrente formava una curva ampia.

هغه لاره پرېښوده او له هغه ځمکې څخه تیر شو چیرې چې ویاله پراخه وه.

Buck, ignaro di ciò, rimase sul sentiero tortuoso del coniglio.

باک، چې له دې خبر نه و، د خرگوش په ځرخیدونکې لاره کې پاتې شو.

Poi, mentre Buck svoltava dietro una curva, il coniglio spettrale si trovò davanti a lui.

بیا، لکه څنګه چې بک یو تاو وخوځاوه، د ارواح په څیر خرگوش د هغه په وړاندې و.

Vide una seconda figura balzare dalla riva precedendo la preda.

هغه د ښکار په مخکې د بانک څخه د دوهمې شمېرې توپ ولید.

La figura era Spitz, atterrato proprio sulla traiettoria del coniglio in fuga.

دا څېره سپیتز وه، چې د تښتېدلي خرگوش په لاره کې راښکته شوه.

Il coniglio non riuscì a girarsi e incontrò le fauci di Spitz a mezz'aria.

سوی نشو کولی چې وګرځي او په هوا کې د سپیتز ژامې سره وجنګېد.

La spina dorsale del coniglio si spezzò con un grido acuto come il grido di un essere umano morente.

دخرگوش ملا د یوې تیزې چیغې سره مات شو لکه د مرګ په حال کې د انسان چیغه.

A quel suono, il passaggio dalla vita alla morte, il branco ululò forte.

په دې غږ - له ژوند څخه مرګ ته د لوېدو - دلې په لوړ غږ چیغې وهلې.

Un coro selvaggio si levò da dietro Buck, pieno di oscura gioia.

دباک له شا څخه یو وحشي کورس راپورته شو، چې له تیاره خوښۍ ډک و.

Buck non emise alcun grido, nessun suono e si lanciò dritto verso Spitz.

باک هیڅ چیغه ونه کړه، هیڅ غږ یې ونه کړ، او مستقیم په سپیتز کې یې برید وکړ.
Mirò alla gola, ma colpì invece la spalla.
هغه د ستوني په لور وخوت، خو پرځای یې په اوږه ووهه.
Caddero nella neve soffice, i loro corpi erano intrappolati in un combattimento.
دوی په نرمه واوره کې وغورځېدل؛ د دوی بدنونه په جګړه کې بند پاتې وو.
Spitz balzò in piedi rapidamente, come se non fosse mai stato atterrato.
سپیتز په چټکۍ سره پورته شو، لکه هیڅکله چې نه وي غورځېدلی.
Colpì Buck alla spalla e poi balzò fuori dalla mischia.
هغه د باک اوږه پرې کړه، بیا له جګړې څخه وتښتېد.
Per due volte i suoi denti schioccarono come trappole d'acciaio, e le sue labbra si arricciarono e si fecero feroci.
دوه ځله یې غاښونه د فولادي جالونو په څیر مات شول، شونډې یې تاو شوې او سختې شوې.
Arretrò lentamente, cercando un terreno solido sotto i piedi.
هغه ورو ورو شاته لاړ، د خپلو پښو لاندې د ټینګې ځمکې په لټه کې.
Buck comprese il momento all'istante e pienamente.
باک دا شیبه په سمدستي او بشپړ ډول درک کړه.
Il momento era giunto: la lotta sarebbe stata una lotta all'ultimo sangue.
وخت راغلی و؛ جګړه به تر مرګه پورې روانه وه.
I due cani giravano in cerchio, ringhiando, con le orecchie piatte e gli occhi socchiusi.
دوه سپي ګرد چاپېره ګرځېدل، غړمېدل، غوږونه یې سم وو، سترګې یې تنګ وې.
Ogni cane aspettava che l'altro mostrasse debolezza o facesse un passo falso.
هر سپی د بل د کمزورۍ یا تېروتنې ښودلو انتظار کاوه.
Buck percepiva quella scena come stranamente nota e profondamente ricordata.
دباک لپاره، دا صحنه په زړه پورې پېژندل شوې او په ژوره توګه په یاد لرونکې وه.
I boschi bianchi, la terra fredda, la battaglia al chiaro di luna.

سپین ځنګلونه، سړه ځمکه، د سپوږمۍ تر رڼا لاندې جګړه.
Un silenzio pesante, profondo e innaturale riempiva la terra.
یوه درنه چوپتیا ځمکه ډکه کړه، ژوره او غیر طبیعي.
Nessun vento si alzava, nessuna foglia si muoveva, nessun suono rompeva il silenzio.
نه باد حرکت وکړ، نه پاڼه خوځېده، نه غږ خاموشي ماته کړه.
Il respiro dei cani si levava come fumo nell'aria gelida e silenziosa.
دسپو ساه په یخ او ارامه هوا کې د لوګي په څیر پورته شوه.
Il coniglio era stato dimenticato da tempo dal branco di animali selvatici.
دوحشي ځناورو ډلې له ډېرې مودې راهیسې خرګوش هېر کړی و.
Questi lupi semiaddomesticati ora stavano fermi in un ampio cerchio.
دا نیمه پالل شوي لیوان اوس په یوه پراخه دایره کې ولاړ وو.
Erano silenziosi, solo i loro occhi luminosi rivelavano la loro fame.
دوی غلي وو، یوازې د دوی ځلیدونکي سترګې د دوی لوږه ښکاره کوله.
Il loro respiro saliva, mentre osservavano l'inizio dello scontro finale.
ددوی ساه پورته پورته شوه، د وروستۍ جګړې پیل لیدل.
Per Buck questa battaglia era vecchia e attesa, per niente strana.
دباک لپاره، دا جګړه پخوانۍ او تمه کیده، هیڅ عجیبه نه وه.
Era come il ricordo di qualcosa che doveva accadere da sempre.
دا د یو څه په یاد کې احساس کاوه چې تل باید پیښ شي.
Spitz era un cane da combattimento addestrato, affinato da innumerevoli risse selvagge.
سپیتز یو روزل شوی جنګیالی سپی و، چې د بې شمیره وحشي جګړو لخوا روزل شوی و.
Dallo Spitzbergen al Canada, aveva sconfitto molti nemici.
له سپیتزبرګن څخه تر کاناډا پورې، هغه ډیری دښمنان مات کړي وو.
Era pieno di rabbia, ma non cedette mai il controllo alla rabbia.
هغه له غوسې ډک و، خو هیڅکله یې خپل غوسه کنترول نه کړه.

La sua passione era acuta, ma sempre temperata dal duro istinto.

دهغه ليوالتيا تيزه وه، مګر تل د سخت غريزى له امله نرمه وه۔

Non ha mai attaccato finché non ha avuto la sua difesa pronta.

هغه هيڅكله بريد نه كاوه تر هغه چي د هغه خپل دفاع په ځاى كى نه وه۔

Buck provò più volte a raggiungere il collo vulnerabile di Spitz.

باک بيا بيا هڅه وكړه چي د سپيټز زيان منونكي غاړي ته ورسيږي۔

Ma ogni colpo veniva accolto da un fendente dei denti affilati di Spitz.

خو هر ګوزار د سپيټز د تيزو غابنونو له وهلو سره مخامخ شو۔

Le loro zanne si scontrarono ed entrambi i cani sanguinarono dalle labbra lacerate.

ددوى غابنونه سره تكر شول، او د دواړو سپو له شوندو څخه ويني بهيدلى۔

Nonostante i suoi sforzi, Buck non riusciva a rompere la difesa.

هر څومره چي باک ګوزار وكړ، هغه دفاع نه شوه ماتولى۔

Divenne sempre più furioso e si lanciò verso di lui con violente esplosioni di potenza.

هغه نور هم په غوسه شو، د وحشي څواک په ډزو سره يي منډه كړه۔

Buck colpì ripetutamente la bianca gola di Spitz.

بيا بيا، بک د سپيټز سپيني غاړي ته ګوزار وركړ۔

Ogni volta Spitz schivava e contrattaccava con un morso tagliente.

هر ځل چي سپيټز وتنبيد او په يوه توته توته يي څواب وركړ۔

Poi Buck cambiò tattica, avventandosi di nuovo come se volesse colpirlo alla gola.

بيا باک خپلي تاكتيكونه بدل كړل، لكه څنګه چي بيا د ستوني لپاره منډه كړه۔

Ma a metà attacco si è ritirato, girandosi per colpire di lato.

خو هغه د بريد په نيمايي كي بيرته وګرځيد، او له ارخ څخه يي بريد ته مخه كړه۔

Colpì Spitz con una spallata, con l'intento di buttarlo a terra.

هغه خپل اوږه په سپيټز كي وغورځاوه، هدف يي دا و چي هغه وغورځوي۔

Ogni volta che ci provava, Spitz lo schivava e rispondeva con un fendente.

هر ځل چې هغه هڅه کوله، سپیتز له ځانه ډډه کوله او په یوه ضربه سره یې ځواب ورکاوه.

La spalla di Buck si faceva scorticare mentre Spitz si liberava dopo ogni colpo.

دبک اوږه خامه شوه ځکه چې سپیتز د هر ضربې وروسته پاک توپ وواهه.

Spitz non era stato toccato, mentre Buck sanguinava dalle numerose ferite.

سپیتز ته لاس نه و ورکړل شوی، پداسې حال کې چې بک د ډیرو ټپونو څخه وینه بهیدله.

Il respiro di Buck era affannoso e pesante, il suo corpo era viscido di sangue.

دباک ساه ګړندی او درنه شوه، بدن یې په وینو لړلی و.

La lotta diventava più brutale a ogni morso e carica.

دهرې چیچلو او برید سره جګړه نوره هم ظالمانه شوه.

Attorno a loro, sessanta cani silenziosi aspettavano che il primo cadesse.

شاوخوا یې شپیته خاموش سپي د لومړي غورځېدو انتظار کاوه.

Se un cane fosse caduto, il branco avrebbe posto fine alla lotta.

که چیرې یو سپی هم وغورځیږي، نو ډله به جګړه پای ته ورسوي.

Spitz vide Buck indebolirsi e cominciò ad attaccare.

سپیتز ولیدل چې باک کمزوری شوی دی، او برید یې پیل کړ.

Mantenne Buck sbilanciato, costringendolo a lottare per restare in piedi.

هغه بک د توازن څخه لرې وساته، او هغه یې اړ کړ چې د پښو لپاره مبارزه وکړي.

Una volta Buck inciampò e cadde, e tutti i cani si rialzarono.

یو ځل چې بک ټکر وکړ او ولوېد، او ټول سپي پورته شول.

Ma Buck si raddrizzò a metà caduta e tutti ricaddero.

خو بک د منځ په نیمایي کې ځان سم کړ، او ټول بیرته ډوب شول.

Buck aveva qualcosa di raro: un'immaginazione nata da un profondo istinto.

باک یو څه نادر درلود - تخیل چې له ژورې غریزې څخه زیږیدلی و.

Combatté per istinto naturale, ma combatté anche con astuzia.

ه‌غه په طبیعي ډول جګړه وکړه، خو په هوښیارۍ سره هم جګړه وکړه.

Tornò ad attaccare come se volesse ripetere il trucco dell'attacco alla spalla.

ه‌غه بیا داسي برید وکړ لکه څنګه چې د اوږې د برید چل تکراروي.

Ma all'ultimo secondo si abbassò e passò sotto Spitz.

خو په وروستۍ ثانیه کې، هغه ښکته ولوېد او د سپیټز لاندې یې تیر کړ.

I suoi denti si bloccarono sulla zampa anteriore sinistra di Spitz con uno schiocco.

دهغه غاښونه د سپیټز په مخکینۍ چپه پښه باندې په یوه ټک وهلو سره ولګېدل.

Spitz ora era instabile e il suo peso gravava solo su tre zampe.

سپیټز اوس بې ثباته ولاړ و، د هغه وزن یوازې په دریو پښو و.

Buck colpì di nuovo e tentò tre volte di atterrarlo.

باک بیا ګوزار وکړ، درې ځله یې هڅه وکړه چې هغه ښکته کړي.

Al quarto tentativo ha usato la stessa mossa con successo

په څلورمه هڅه کې هغه ورته حرکت په بریالیتوب سره وکاراوه

Questa volta Buck riuscì a mordere la zampa destra di Spitz.

دا ځل باک وکولای شول چې د سپیټز ښي پښه وخوري.

Spitz, benché storpio e in agonia, continuò a lottare per sopravvivere.

سپیټز، که څه هم معیوب او په درد کې و، د ژوندي پاتې کیدو لپاره یې مبارزه کوله.

Vide il cerchio degli husky stringersi, con le lingue fuori e gli occhi luminosi.

ه‌غه ولیدل چې د هسکیانو حلقه سخته شوې، ژبې یې راوتلې، سترګې یې ځلیدلې.

Aspettarono di divorarlo, proprio come avevano fatto con gli altri.

دوی د هغه د خوړلو انتظار کاوه، لکه څنګه چې یې نورو سره کړي وو.

Questa volta era lui al centro, sconfitto e condannato.

دا ځل، هغه په مرکز کې ولاړ و؛ ماتې وخوړه او برباد شو.

Ormai il cane bianco non aveva più alcuna possibilità di fuga.

اوس د سپین سپي لپاره د تیښتې بله لاره نه وه.

Buck non mostrò alcuna pietà, perché la pietà non era a posto nella natura selvaggia.

باک هیڅ رحم ونه کړ، ځکه چې رحم په ځنګل کې نه و.

Buck si mosse con cautela, preparandosi per la carica finale.

باک په احتیاط سره حرکت وکړ، د وروستي چارج لپاره یې چمتووالی ونیو.

Il cerchio degli husky si stringeva; lui sentiva i loro respiri caldi.

دهسکي دایره نږدې شوه؛ هغه د دوی ګرمې ساه احساس کړه.

Si accovacciarono, pronti a scattare quando fosse giunto il momento.

دوی په تیټ سر وخوځېدل، د پسرلي لپاره چمتو وو کله چې وخت راشي.

Spitz tremava nella neve, ringhiando e cambiando posizione.

سپیتز په واوره کې لړزېده، چیغې یې وهلې او خپل دریځ یې بدلاوه.

I suoi occhi brillavano, le labbra si arricciavano, i denti brillavano in un'espressione disperata e minacciosa.

سترګې یې ځلېدلې، شونډې یې تاو شوې، غاښونه یې په نا امیده ګواښ کې ځلېدل.

Barcollò, cercando ancora di resistere al freddo morso della morte.

هغه ټکان وخوړ، او لا هم هڅه یې کوله چې د مرګ سړه خوله وساتي.

Aveva già visto situazioni simili, ma sempre dalla parte dei vincitori.

هغه دا مخکې هم لیدلی و، خو تل د ګټونکي لوري څخه.

Ora era dalla parte perdente; lo sconfitto; la preda; la morte.

اوس هغه په بایلونکي لوري وو؛ ماتې خوړلی؛ ښکار؛ مرګ.

Buck si preparò al colpo finale, mentre il cerchio dei cani si faceva sempre più stretto.

باک د وروستی ګوزار لپاره چکر وواهه، د سپیو حلقه نږدې شوه.

Poteva sentire i loro respiri caldi; erano pronti a uccidere.

هغه د دوی ګرمې ساه احساس کولی شو؛ د وژنې لپاره چمتو دي.

Calò il silenzio; tutto era al suo posto; il tempo si era fermato.

یو خاموشي راغله؛ هر څه په خپل ځای وو؛ وخت ودرېد.

Persino l'aria fredda tra loro si congelò per un ultimo istante.

حتی د دوی ترمنځ سړه هوا د یوې وروستی شیبې لپاره کنګل شوه.

Soltanto Spitz si mosse, cercando di trattenere la sua fine amara.

یوازې سپیتز حرکت وکړ، هڅه یې کوله چې خپل تریخ پای وساتي.

Il cerchio dei cani si stava stringendo attorno a lui, come era suo destino.

دسپیانو دایره د هغه شاوخوا را نږدې کېده، لکه څنګه چې د هغه برخلیک هم و.

Ora era disperato, sapendo cosa stava per accadere.

هغه اوس ډېر نا امید و، پوهیده چې څه به پېښ شي.

Buck balzò dentro e la sua spalla incontrò la sua spalla per l'ultima volta.

باک په منډه راغی، اوږه یې وروستی ځل سره ولیدل.

I cani si lanciarono in avanti, nascondendo Spitz nell'oscurità della neve.

سپي مخ په وړاندې روان شول، په واوره تیاره کې یې سپیتز پوښلی و.

Buck osservava, eretto e fiero; il vincitore in un mondo selvaggio.

باک په لوړ غږ ولاړ و، په یوه وحشي نړۍ کې ګټونکی و.

La bestia primordiale dominante aveva fatto la sua uccisione, e la aveva fatta bene.

غالب لومړني حیوان خپل وژلی وو، او دا ښه وو.

Colui che ha conquistato la maestria
هغه څوک چې د ماسټرۍ مقام یې ګټلی دی

"Eh? Cosa ho detto? Dico la verità quando dico che Buck è un diavolo."

""هو؟ ما څه وویل؟ زه رښتیا وایم کله چې زه وایم چې بک شیطان دی.

François raccontò questo la mattina dopo aver scoperto la scomparsa di Spitz.

فرانسوا دا خبره بله ورځ سهار د سپیټز د ورکېدو وروسته وکړه.

Buck rimase lì, coperto di ferite causate dal violento combattimento.

باک هلته ولاړ و، د ظالمانه جګړې له ټپونو پوښل شوی و.

François tirò Buck vicino al fuoco e indicò le ferite.

فرانسوا باک د اور سره نږدې کش کړ او ټپونو ته یې اشاره وکړه.

«Quello Spitz ha combattuto come il Devik», disse Perrault, osservando i profondi tagli.

"هغه سپیټز د دیویک په څیر جګړه وکړه، "پیرولټ وویل، ژورو ټپونو ته یې سترګې نیولې.

«E quel Buck si batteva come due diavoli», rispose subito François.

"او هغه بک د دوو شیطانانو په څیر جګړه کوله، "فرانسوا سمدلاسه ځواب ورکړ.

"Ora faremo buon passo; niente più Spitz, niente più guai."

""اوس به ښه وخت تېر کړو؛ نور نه سپیټز، نور نه کومه ستونزه.

Perrault stava preparando l'attrezzatura e caricò la slitta con cura.

پیرولټ سامانونه بسته کول او سلیج یې په ډیر احتیاط سره بار کاوه.

François bardò i cani per prepararli alla corsa della giornata.

فرانسوا د ورځې د منډې لپاره د چمتووالي لپاره سپي په کار واچول.

Buck trotterellò dritto verso la posizione di testa, precedentemente occupata da Spitz.

بک په مستقیم ډول د مخکښ مقام ته ورسید چې یو وخت د سپیټز لخوا نیول شوی و.

Ma François, senza accorgersene, condusse Solleks in prima linea.

خو فرانسوا، پرته له دې چې پام وکړي، سولیکس یې مخې ته بوتلو.

Secondo François, Solleks era ora il miglior cane da corsa.

دفرانسوا په نظر، سولیکس اوس غوره مشر و.
Buck si scagliò furioso contro Solleks e lo respinse indietro in segno di protesta.
باک په غوسه سولیکس باندې توپ وواهه او په اعتراض کې يې هغه بيرته وشړلو.
Si fermò dove un tempo si era fermato Spitz, rivendicando la posizione di comando.
هغه هلته ولاړ و چې سپيتز يو وخت ولاړ و، او د مشر مقام يې ادعا كوله.
"Eh? Eh?" esclamò François, dandosi una pacca sulle cosce divertito.
"ايه؟ ايه؟ "فرانسوا چيغه کړه، په تفريح کې يې خپلې رانونه وهل.
"Guarda Buck: ha ucciso Spitz, ora vuole prendersi il posto!"
""بک ته وګوره - هغه سپيتز وواژه، اوس هغه غواړي دنده واخلي.
"Vattene via, Chook!" urlò, cercando di scacciare Buck.
"لاړ شه، چوک. "هغه چيغه کړه، هڅه يې کوله چې بک لرې کړي.
Ma Buck si rifiutò di muoversi e rimase immobile nella neve.
خو باک له حرکت کولو ډډه وکړه او په واوره کې ټينګ ودرېد.
François afferrò Buck per la collottola e lo trascinò da parte.
فرانسوا باک د لاس څخه ونيوه او يوې خوا ته يې کش کړ.
Buck ringhiò basso e minaccioso, ma non attaccò.
باک په ټيټ او ګواښونکي ډول وخندل خو بريد يې ونه کړ.
François rimette Solleks in testa, cercando di risolvere la disputa
فرانسوا سوليكس بيرته مخکښ کړ، هڅه يې وکړه چې شخړه حل کړي
Il vecchio cane mostrò paura di Buck e non voleva restare.
زوړ سپی له باک څخه وېرېده او نه يې غوښتل چې پاتې شي.
Quando François gli voltò le spalle, Buck scacciò di nuovo Solleks.
کله چې فرانسوا شا واړوله، بک سوليکس بيا بهر وشړل.
Solleks non oppose resistenza e si fece di nuovo da parte in silenzio.
سوليكس مقاومت ونه کړ او يو ځل بيا په خاموشۍ سره يوې خوا ته لاړ.
François si arrabbiò e urlò: "Per Dio, ti sistemo!"
ف"رانسوا په غوسه شو او چيغه يې کړه، "په خدای قسم، زه دې سموم.
Si avvicinò a Buck tenendo in mano una pesante mazza.

ه‌غه د باک په لور راغی چې په لاس کې یې یو دروند ډنډ نیولی و.
Buck ricordava bene l'uomo con il maglione rosso.
باک هغه سړی په سور سویټر کې ښه یاد کړ.
Si ritirò lentamente, osservando François ma ringhiando profondamente.
ه‌غه ورو ورو شاته شو، فرانسوا ته یې کتل، خو په ژوره توګه یې ژړل.
Non si affrettò a tornare indietro, nemmeno quando Solleks si mise al suo posto.
ه‌غه په بیړه بېرته ونه ګرځېد، حتی کله چې سولیکس د هغه پر ځای ولاړ و.
Buck si girò in cerchio, appena fuori dalla sua portata, ringhiando furioso e protestando.
باک د لاسرسي څخه هاخوا چکر وواهه، په غوسه او اعتراض کې یې چیغې وهلې.
Teneva gli occhi fissi sulla mazza, pronto a schivare il colpo se François l'avesse lanciata.
ه‌غه خپلې سترګې په کلب کې ساتلې وې، چمتو و چې که فرانسوا وغورځوي نو ځان ترې وژغوري.
Era diventato saggio e cauto nei confronti degli uomini che maneggiavano le armi.
ه‌غه د وسلو لرونکو سړو په لارو چارو کې هوښیار او محتاط شوی و.
François si arrese e chiamò di nuovo Buck al suo vecchio posto.
فرانسوا تسلیم شو او بک یې بیا خپل پخواني ځای ته راوغوښت.
Ma Buck fece un passo indietro con cautela, rifiutandosi di obbedire all'ordine.
خو بک په احتیاط سره شاته ولاړ، د امر له منلو یې ډډه وکړه.
François lo seguì, ma Buck indietreggiò solo di pochi passi.
فرانسوا ورپسې لاړ، خو بک یوازې څو قدمه نور شاته شو.
Dopo un po' François gettò a terra l'arma, frustrato.
یو څه وخت وروسته، فرانسوا په نا امیدۍ کې وسله وغورځوله.
Pensava che Buck avesse paura di essere picchiato e che avrebbe fatto lo stesso senza far rumore.
ه‌غه فکر کاوه چې بک د وهلو څخه وېرېږي او په خاموشۍ سره به راشي.
Ma Buck non stava evitando la punizione: stava lottando per ottenere un rango.

خو بک د سزا څخه ډېره نه کوله - هغه د رتبې لپاره مبارزه کوله.
Si era guadagnato il posto di capobranco combattendo fino alla morte
هغه د مرگ تر جگړې پورې د مخکښ سپي مقام تر لاسه کړ.
non si sarebbe accontentato di niente di meno che di essere il leader.
هغه به د مشر کېدو پرته په بل څه راضي نه شو.

Perrault si unì all'inseguimento per aiutare a catturare il ribelle Buck.
پېرولټ د سرکش بک په نیولو کې د مرستې لپاره په تعقیب کې لاس واخیست.
Insieme lo portarono in giro per l'accampamento per quasi un'ora.
په گډه، دوی هغه د کمپ شاوخوا شاوخوا یو ساعت گرځاوه.
Gli scagliarono contro dei bastoni, ma Buck li schivò abilmente uno per uno.
دوی په هغه باندې ډنډې ووهلې، خو بک په مهارت سره له هر یو څخه ځان خلاص کړ.
Maledissero lui, i suoi antenati, i suoi discendenti e ogni suo capello.
هغوی په هغه، د هغه په نیکونو، د هغه په اولادې او د هغه په بدن باندې په ټولو ویښتانو لعنت ووایه.
Ma Buck si limitò a ringhiare e a restare appena fuori dalla loro portata.
خو باک یوازې شاته وخوځېد او د دوی له لاسرسي څخه لرې پاتې شو.
Non cercò mai di scappare, ma continuò a girare intorno all'accampamento deliberatamente.
هغه هیڅکله د تیښتې هڅه ونه کړه بلکې په قصدي ډول یې د کمپ شاوخوا گرځېده.
Disse chiaramente che avrebbe obbedito una volta ottenuto ciò che voleva.
هغه دا روښانه کړه چې هغه به هغه وخت اطاعت وکړي کله چې دوی هغه ته هغه څه ورکړي چې هغه یې غواړي.
Alla fine François si sedette e si grattò la testa, frustrato.
فرانسوا بالاخره کېناست او په نا امیدۍ یې خپل سر وخوځاوه.

Perrault controllò l'orologio, imprecò e borbottò qualcosa sul tempo perso.

پیرولټ خپل ساعت وکتل، قسم یې وکړ او د ورک شوي وخت په اړه یې وغږېد.

Era già trascorsa un'ora, mentre avrebbero dovuto essere sulle tracce.

یو ساعت لا دمخه تېر شوی و کله چې دوی باید په لاره کې وای.

François alzò le spalle timidamente, guardando il corriere, che sospirò sconfitto.

فرانسوا په شرم سره د پیغام رسونکي په لور اوږې پورته کړې، چا چې د ماتې ساه واخیسته.

Poi François si avvicinò a Solleks e chiamò ancora una volta Buck.

بیا فرانسوا سولیکس ته لاړ او یو ځل بیا یې بک ته غږ وکړ.

Buck rise come ride un cane, ma mantenne una cauta distanza.

باک داسې وخندل لکه سپی چې خاندي، خو خپل محتاط واټن یې وساته.

François tolse l'imbracatura a Solleks e lo rimise al suo posto.

فرانسوا د سولیکس زنګ لرې کړ او بیرته یې خپل ځای ته راوست.

La squadra di slittini era completamente imbracata, con un solo posto libero.

دسلیج ټیم په بشپړه توګه سمبال و، یوازې یو ځای خالي و.

La posizione di comando rimase vuota, chiaramente riservata solo a Buck.

دمشر مقام خالي پاتې شو، په څرګنده توګه یوازې د بک لپاره و.

François chiamò di nuovo e di nuovo Buck rise e mantenne la sua posizione.

فرانسوا بیا زنګ ووهه، او بیا باک وخندل او په خپله خبره ولاړ و.

«Gettate giù la mazza», ordinò Perrault senza esitazione.

"کلب وغورځوئ، "پیرولټ پرته له ځنده امر وکړ.

François obbedì e Buck si lanciò subito avanti con orgoglio.

فرانسوا اطاعت وکړ، او بک سمدلاسه په ویاړ سره مخ په وړاندې لاړ.

Rise trionfante e assunse la posizione di comando.

هغه په بریالیتوب سره وخندل او د مشر مقام ته یې قدم کیښود.

François fissò le corde e la slitta si staccò.

فرانسوا خپل نښې خوندي کړې، او سلیج مات شو.

Entrambi gli uomini corsero fianco a fianco mentre la squadra si lanciava lungo il sentiero del fiume.

دواړه سړي يوځای منډه کړه کله چې تيم د سيند په لاره منډه کړه.

François aveva avuto una grande stima dei "due diavoli" di Buck,

ف،رانسوا د باک "دوه شيطانانو "په اړه ډېر فکر کاوه

ma ben presto si rese conto di aver in realtà sottovalutato il cane.

خو ډېر ژر پوه شو چې هغه په حقيقت کې سپي ته کم ارزښت ورکړی و.

Buck assunse rapidamente la leadership e si comportò in modo eccellente.

باک په چټکۍ سره مشري په غاړه واخيسته او په غوره توګه يې فعاليت وکړ.

Buck superò Spitz per capacità di giudizio, rapidità di pensiero e rapidità di azione.

په قضاوت، چټک فکر او چټک عمل کې، بک له سپيتز څخه مخکې شو.

François non aveva mai visto un cane pari a quello che Buck mostrava ora.

فرانسوا هيڅکله د هغه سپي سره مساوي نه و ليدلی چې بک اوس يې ښيي.

Ma Buck eccelleva davvero nel far rispettare l'ordine e nel imporre rispetto.

خو بک په ريښتيا سره د نظم په پلي کولو او د درناوي په راوستلو کې غوره و.

Dave e Solleks accettarono il cambiamento senza preoccupazioni o proteste.

ډيو او سوليکس پرته له کومې اندېښنې يا اعتراض څخه بدلون ومانه.

Si concentravano solo sul lavoro e tiravano forte le redini.

دوی يوازې په کار او په سختۍ سره د واک په تړلاسه کولو تمرکز کاوه.

A loro importava poco chi guidasse, purché la slitta continuasse a muoversi.

دوی د دې پروا نه کوله چې څوک رهبري کوي، تر هغه چې سليج حرکت کاوه.

Billee, quella allegra, avrebbe potuto comandare per quel che volevano.

بېلي، خوشحاله، د ټولو هغو کسانو لپاره چې دوی يې پروا درلوده، رهبري کولی شوای.
Ciò che contava per loro era la pace e l'ordine tra i ranghi.
هغه څه چې دوی ته مهم وو هغه په ليکو کې سوله او نظم و.

Il resto della squadra era diventato indisciplinato durante il declino di Spitz.
دسپيتز د زوال په جريان کې د ټيم پاتې برخه بې نظمه شوې وه.
Rimasero scioccati quando Buck li riportò immediatamente all'ordine.
کله چې باک سمدلاسه دوی امر ته راوړل نو دوی حيران شول.
Pike era sempre stato pigro e aveva sempre tergiversato dietro a Buck.
پايک تل سست وو او د باک تر شا به يې پښې کشولې.
Ma ora è stato severamente disciplinato dalla nuova leadership.
خو اوس د نوي مشرتابه لخوا په کلکه ډسپلين شوی و.
E imparò rapidamente a dare il suo contributo alla squadra.
او هغه په چټکۍ سره په ټيم کې د خپل وزن پورته کول زده کړل.
Alla fine della giornata, Pike lavorò più duramente che mai.
دورځې په پای کې، پايک د پخوا په پرتله ډېر سخت کار وکړ.
Quella notte all'accampamento, Joe, il cane scontroso, fu finalmente domato.
په کمپ کې هغه شپه، جو، تروه سپی، بالاخره قابو شو.
Spitz non era riuscito a disciplinarlo, ma Buck non aveva fallito.
سپيتز د هغه په نظم کې پاتې راغلی و، خو بک ناکام نه شو.
Sfruttando il suo peso maggiore, Buck sopraffece Joe in pochi secondi.
دخپل زيات وزن په کارولو سره، بک په څو ثانيو کې جو ته ماتې ورکړه.
Morse e picchiò Joe finché questi non si mise a piagnucolare e smise di opporre resistenza.
هغه جو تر هغه وخته پورې چې هغه چيغې وهلې او مقاومت يې بس کړ، وډار کړ.
Da quel momento in poi l'intera squadra migliorò.
له هغې شيبې څخه ټوله لوبډله ښه شوه.

I cani ritrovarono la loro antica unità e disciplina.
سپو خپل زوړ یووالي او نظم بیرته ترلاسه کړ.
A Rink Rapids si sono uniti al gruppo due nuovi husky autoctoni, Teek e Koona.
په رینک ریپډز کې، دوه نوي اصلي هسکي، تیک او کونا، سره یوځای شول.
La rapidità con cui Buck li addestramento stupì perfino François.
دباک چټکي روزنې حتی فرانسوا حیرانه کړه.
"Non è mai esistito un cane come quel Buck!" esclamò stupito.
"هیڅکله د دې بک په څیر سپی نه و." "هغه په حیرانتیا سره چیغه کړه.
"No, mai! Vale mille dollari, per Dio!"
"'"نه، هیڅکله نه. هغه د زرو ډالرو ارزښت لري، په خدای قسم.
"Eh? Che ne dici, Perrault?" chiese con orgoglio.
"هو؟ ته څه وایې، پیرولټ؟ "هغه په ویاړ سره وپوښتل.
Perrault annuì in segno di assenso e controllò i suoi appunti.
پیرولټ په موافقه کې سر وخوځاوه او خپل یادښتونه یې وکتل.
Siamo già in anticipo sui tempi e guadagniamo sempre di più ogni giorno.
موږ لا دمخه له مهالویش څخه مخکې یو او هره ورځ ډیر څه ترلاسه کوو.
Il sentiero era compatto e liscio, senza neve fresca.
لاره سخته او اسانه وه، تازه واوره نه وه.
Il freddo era costante, con temperature che si aggiravano sempre sui cinquanta gradi sotto zero.
سړه هوا ثابته وه، په توله کې د صفر څخه پنځوس ښکته وه.
Per scaldarsi e guadagnare tempo, gli uomini si alternavano a cavallo e a correre.
سړي په وار وار موټر چلاوه او منډه یې کولهترڅو گرم پاتې شي او وخت پیدا کړي.
I cani correvano veloci, fermandosi di rado, spingendosi sempre in avanti.
سپي په څو تمځایونو سره گړندي منډه وهله، تل به مخ په وړاندې تلل.
Il fiume Thirty Mile era per la maggior parte ghiacciato e facile da attraversare.
ددېرش میل سیند تر ډېره کنګل شوی و او د تګ راتګ لپاره اسانه و.

In un giorno realizzarono ciò che per arrivare aveva impiegato dieci giorni.

دوی په یوه ورځ کې ووتل چې لس ورځې یې دننه راتلل.

Percorsero circa 96 chilometri dal lago Le Barge a White Horse.

دوی د جهیل لي بارج څخه تر وایټ هارس پورې شپیته میله منډه وکړه.

Si muovevano a velocità incredibile attraverso i laghi Marsh, Tagish e Bennett.

دمارش، ټاګیش او بینټ لیکس په اوږدو کې دوی په حیرانونکي ډول ګړندي حرکت وکړ.

L'uomo che correva veniva trainato dietro la slitta con una corda.

منډه وهونکی سړی د سلیج شاته په رسی باندې وخوت.

L'ultima notte della seconda settimana giunsero a destinazione.

ددوهمې اونۍ په وروستۍ شپه دوی خپل منزل ته ورسېدل.

Insieme avevano raggiunto la cima del White Pass.

دوی یوځای د وایټ پاس سر ته رسیدلي وو.

Scesero fino al livello del mare, con le luci dello Skaguay sotto di loro.

دوی د سمندر سطحې ته راښکته شول چې د سکاګوای څراغونه یې لاندې وو.

Era stata una corsa da record attraverso chilometri di fredda natura selvaggia.

دا د سړې دښتې په اوږدو کې د میلونو په اوږدو کې د ریکارډ جوړولو منډه وه.

Per quattordici giorni di fila percorsero in media circa quaranta miglia.

دڅوارلسو ورځو لپاره، دوی په اوسط ډول څلوېښت میله واټن وواهه.

A Skaguay, Perrault e François trasportavano merci attraverso la città.

په سکاګوای کې، پیرولټ او فرانسوا د ښار له لارې کارګو لیږدول.

Furono applauditi e ricevettero numerose bevande dalla folla ammirata.

دخلکو د ستاینې له امله دوی خوشحاله شول او ډېر څښاکونه یې وراندې کړل.

I cacciatori di cani e gli operai si sono riuniti attorno alla famosa squadra cinofila.

دسپو ماتونکي او کارګران د مشهور سپي ټیم شاوخوا راټول شول.

Poi i fuorilegge del West giunsero in città e subirono una violenta sconfitta.

بیا لویدیځ غله ښار ته راغلل او له سختې ماتې سره مخ شول.

La gente si dimenticò presto della squadra e si concentrò sul nuovo dramma.

خلکو ډېر ژر ټیم هېر کړ او په نوي ډرامه یې تمرکز وکړ.

Poi arrivarono i nuovi ordini che cambiarono tutto in un colpo.

بیا نوي امرونه راغلل چې هرڅه یې په یو وخت کې بدل کړل.

François chiamò Buck e lo abbracciò con orgoglio e lacrime.

فرانسوا باک راوغوښت او په ژړغوني ویاړ یې غېږ کې ونیو.

Quel momento fu l'ultima volta che Buck vide di nuovo François.

دغه شیبه وروستۍ ځل وه چې بک فرانسوا بیا ولیده.

Come molti altri uomini prima di lui, sia François che Perrault se n'erano andati.

دډېرو پخوانیو سړیو په څېر، فرانسوا او پیرولټ دواړه لاړل.

Un meticcio scozzese si prese cura di Buck e dei suoi compagni di squadra con i cani da slitta.

دسکاټلینډ نیم نسل د باک او د هغه د سلیج سپي د ټیم ملګرو مسؤلیت په غاړه واخیست.

Con una dozzina di altre mute di cani, ritornarono lungo il sentiero fino a Dawson.

دسپو د لسګونو نورو ډلو سره، دوی د لارې په اوږدو کې ډاوسن ته راستانه شول.

Non si trattava più di una corsa veloce, ma solo di un duro lavoro con un carico pesante ogni giorno.

اوس چټکه منډه نه وه - یوازې هره ورځ دروند بار سره دروند کار.

Si trattava del treno postale che portava notizie ai cercatori d'oro vicino al Polo.

دا د پوستي اورګاډی و، چې قطب ته نږدې د سرو زرو ښکاریانو ته یې خبر ورکاوه.

Buck non amava il lavoro, ma lo sopportò bene, essendo orgoglioso del suo impegno.

باک دا کار نه خوښاوه خو ښه يې زغملی و، او په خپلې هڅې يې وياړ کاوه.
Come Dave e Solleks, Buck dimostrava dedizione in ogni compito quotidiano.
ډيو او سوليکس په څير، بک د هرې ورځنی دندې لپاره وقف وښود.
Si è assicurato che tutti i suoi compagni di squadra dessero il massimo.
هغه ډاډ ترلاسه کړ چې د هغه هر يو تيم ملګري خپل مناسب وزن پورته کړي.
La vita sui sentieri divenne noiosa e si ripeteva con la precisione di una macchina.
دلارې ژوند بې خونده شو، د ماشين په دقت سره تکرار شو.
Ogni giorno era uguale, una mattina si fondeva con quella successiva.
هره ورځ يو شان احساس شوه، يوه سهار له بلې سره ګډېده.
Alla stessa ora, i cuochi si alzarono per accendere il fuoco e preparare il cibo.
په همدې ساعت کې، پخلی کوونکي پورته شول ترڅو اوورونه بل کړي او خواړه چمتو کړي.
Dopo colazione alcuni lasciarono l'accampamento mentre altri attaccarono i cani.
دناشتې وروسته، ځينې يې له کمپ څخه ووتل پداسې حال کې چې نورو سپي په کار واچول.
Raggiunsero il sentiero prima che il pallido segnale dell'alba sfiorasse il cielo.
دوی مخکې له دې چې د سهار تياره خبرداری اسمان ته ورسيږي، په لاره ووتل.
Di notte si fermavano per accamparsi, e a ogni uomo veniva assegnato un compito.
دشپې، دوی د کمپ جوړولو لپاره ودرېدل، هر يو سړی د يوې ټاکلې دندې سره.
Alcuni montarono le tende, altri tagliarono la legna da ardere e raccolsero rami di pino.
ځينو خيمې ودرولې، نورو يې لرګي پرې کړل او د صنوبر ونې يې راټولې کړې.
Acqua o ghiaccio venivano portati ai cuochi per la cena serale.

دمابنام د ډودۍ لپاره اوبه یا یخ بیرته پخلی کونکو ته ورل کیده.
I cani vennero nutriti e per loro quello fu il momento migliore della giornata.
سپو ته خواړه ورکړل شول، او دا د دوی لپاره د ورځې غوره برخه وه.
Dopo aver mangiato il pesce, i cani si rilassarono e oziarono vicino al fuoco.
دکب له خوړلو وروسته، سپي آرام شول او اور ته نږدې کېناستل.
Nel convoglio c'erano un centinaio di altri cani con cui socializzare.
په کاروان کې سل نور سپي هم وو چې ورسره ګډ شي.
Molti di quei cani erano feroci e pronti a combattere senza preavviso.
ډیری هغه سپي سخت وو او پرته له خبرتیا څخه یې جګړه کوله.
Ma dopo tre vittorie, Buck riuscì a domare anche i combattenti più feroci.
څو د دریو بریاوو وروسته، بک حتی تر ټولو سختو جنګیالیو باندې هم مهارت ترلاسه کړ.
Ora, quando Buck ringhiò e mostrò i denti, loro si fecero da parte.
اوس کله چې باک ژړل او خپل غاښونه یې وښودل، دوی یوې خوا ته شول.
Forse la cosa più bella di tutte era che a Buck piaceva sdraiarsi vicino al fuoco tremolante.
شاید تر ټولو غوره دا وه چې باک د ځلیدونکي اور ته نږدې پروت و.
Si accovacciò, con le zampe posteriori ripiegate e quelle anteriori distese in avanti.
هغه په داسې حال کې چې شاته پښې یې تړلې وې او مخکینۍ پښې یې مخ په وړاندې غځولې وې، کوږ شو.
Teneva la testa sollevata e sbatteva dolcemente le palpebre verso le fiamme ardenti.
دهغه سر پورته شو کله چې هغه د ځلیدونکو اورونو په وړاندې په نرمۍ سره سترګې پټې کړې.
A volte ricordava la grande casa del giudice Miller a Santa Clara.
کله ناکله به یې په سانتا کلارا کې د قاضي میلر لوی کور را یاد کړ.
Pensò alla piscina di cemento, a Ysabel e al carlino di nome Toots.

هغه د سمنټو د حوض، د يسابيل، او د توټس په نوم د پګ په اړه فکر وکړ.
Ma più spesso si ricordava del bastone dell'uomo con il maglione rosso.
خو ډېر ځله به يې هغه سړی ياداوه چې سور سويټر يې اغوستی و.
Ricordava la morte di Curly e la sua feroce battaglia con Spitz.
هغه د کورلي مړينه او د سپيټز سره د هغه سخته جګړه په ياد درلوده.
Ricordava anche il buon cibo che aveva mangiato o che ancora sognava.
هغه هغه ښه خواړه هم را په ياد کړل چې هغه خوړلي وو يا يې لا هم خوب ليدلی و.
Buck non aveva nostalgia di casa: la valle calda era lontana e irreale.
باک د کور ياد نه درلود — ګرمه دره لرې او غير واقعي وه.
I ricordi della California non avevano più alcun fascino su di lui.
دکاليفورنيا خاطرې نور په هغه باندې هيڅ ريښتينی تاثير نه درلود.
Più forti della memoria erano gli istinti radicati nella sua stirpe.
غريزات يې د وينې په ژوره کې له حافظې څخه ډېر قوي وو.
Le abitudini un tempo perdute erano tornate, ravvivate dal sentiero e dalla natura selvaggia.
هغه عادتونه چې يو ځل له لاسه ورکړل شوي وو بيرته راستانه شول، د لارې او ځنګل له امله بيا راژوندي شول.
Mentre Buck osservava la luce del fuoco, a volte questa diventava qualcos'altro.
لکه څنګه چې بک د اور رڼا ته کتل، ځينې وختونه دا بل څه شو.
Vide alla luce del fuoco un altro fuoco, più vecchio e più profondo di quello attuale.
هغه د اور په رڼا کې يو بل اور وليد، چې د اوسني اور څخه زوړ او ژور و.
Accanto all'altro fuoco era accovacciato un uomo che non somigliava per niente al cuoco meticcio.
دهغې څنګ ته بل اور يو سړی ودراوه چې د نيم نسل پخلی کوونکي په څير نه و.
Questa figura aveva gambe corte, braccia lunghe e muscoli duri e contratti.

دا ځېره لندې پښې، اوږدې لاسونه، او کلک، غوټې لرونکې عضلات درلودل.

I suoi capelli erano lunghi e arruffati, e gli scendevano all'indietro a partire dagli occhi.

دهغه ويښتان اوږد او ځوړند وو، د سترګو څخه شاته ځوړند وو.

Emetteva strani suoni e fissava l'oscurità con paura.

هغه عجيب غږونه وکړل او په ويره کې تياره ته يې وکتل.

Teneva bassa una mazza di pietra, stretta saldamente nella sua mano lunga e ruvida.

هغه د ډبرو يوه ډنډه په ټيټه نيولې وه، په خپل اوږده او ناهموار لاس کې يې ټينګه نيولې وه.

L'uomo indossava ben poco: solo una pelle carbonizzata che gli pendeva lungo la schiena.

سړي لږ جامې اغوستې وې؛ يوازې يو سوځېدلې پوستکی و چې د هغه تر شا ځوړند و.

Il suo corpo era ricoperto da una folta peluria sulle braccia, sul petto e sulle cosce.

دهغه بدن د لاسونو، سينه او ورنونو په اوږدو کې په ګڼو ويښتو پوښل شوی و.

Alcune parti del pelo erano aggrovigliate e formavano chiazze di pelo ruvido.

دويښتانو ځينې برخې د ناڅاپه ويښتو په ټوټو کې نښتي وې.

Non stava dritto, ma era piegato in avanti dai fianchi alle ginocchia.

هغه مستقيم نه ودرېد، بلکې د کولمو څخه تر زنګونونو پورې يې مخ په وړاندې خم شو.

I suoi passi erano elastici e felini, come se fosse sempre pronto a scattare.

دهغه ګامونه د پسرلي او پيشو په څير وو، لکه تل د ټوپ وهلو لپاره چمتو وي.

C'era una forte allerta, come se vivesse nella paura costante.

یو تيز هوښيارتيا وه، لکه څنګه چې هغه په دوامداره ويره کې ژوند کاوه.

Quest'uomo anziano sembrava aspettarsi il pericolo, indipendentemente dal fatto che questo venisse visto o meno.

دا لرغونی سړی داسې ښکاریده چې د خطر تمه لري، که خطر لیدل شوی وي یا نه.
A volte l'uomo peloso dormiva accanto al fuoco, con la testa tra le gambe.
کله ناکله به ویښتان لرونکی سړی د اور په څنګ کې ویده شو، سر به يې د پښو ترمنځ و.
Teneva i gomiti sulle ginocchia e le mani giunte sopra la testa.
دهغه څنګلې په زنګونونو کې وې، لاسونه يې د سر څخه پورته نيول شوي وو.
Come un cane, usava le sue braccia pelose per proteggersi dalla pioggia che cadeva.
لکه د سپي په څېر يې خپل ويښتان لرونکي لاسونه د باران د اورېدو لپاره وکارول.
Oltre la luce del fuoco, Buck vide due carboni ardenti che ardevano nell'oscurità.
داور د رڼا هاخوا، باک په تياره کې دوه ګونی سکرې وليدلې چې ځليدل.
Sempre a due a due, erano gli occhi delle bestie da preda.
تل به دوه دوه، دوی د ښکاری ځناورو سترګې وې.
Sentì corpi che si infrangevano tra i cespugli e rumori provenienti dalla notte.
هغه د شپې له خوا د جسدونو د ټکر او د ځنګلونو د ټکر غږونه واورېدل.
Sdraiato sulla riva dello Yukon, sbattendo le palpebre, Buck sognò accanto al fuoco.
باک د يوکون په غاړه پروت و، سترګې يې رپولې، او د اور په خوا کې يې خوب وليد.
Le immagini e i suoni di quel mondo selvaggio gli fecero rizzare i capelli.
دهغه وحشي نړۍ منظرو او غږونو د هغه ويښتان ودرول.
La pelliccia gli si drizzò lungo la schiena, sulle spalle e sul collo.
ويښتان يې د شا، اوږو او غاړې ته پورته شول.
Gemeva piano o emetteva un ringhio basso dal profondo del petto.
هغه په نرمۍ سره چيغې وهلې يا يې په سينه کې ژوره ټيټه چيغه وکړه.
Allora il cuoco meticcio urlò: "Ehi, Buck, svegliati!"
ب"يا نيم نسل پخلي چيغه کړه، "اې، ته بک، ويښ شه.

Il mondo dei sogni svanì e la vera vita tornò agli occhi di Buck.

دخوبونو نړۍ ورکه شوه، او حقیقي ژوند د باک سترګو ته راستون شو.

Si sarebbe alzato, si sarebbe stiracchiato e avrebbe sbadigliato, come se si fosse svegliato da un pisolino.

هغه به پورته کېده، لاس به یې ونیوه او اړږمۍ به یې وهله، لکه له خوبه چې راویښ شوی وي.

Il viaggio era duro, con la slitta postale che li trascinava dietro.

سفر سخت و، د پوستي سلیج د دوی تر شا راښکته کېده.

Carichi pesanti e lavoro duro sfinivano i cani ogni lunga giornata.

درانه بارونه او سخت کار هره اوږده ورځ سپي ستړي کول.

Arrivarono a Dawson magro, stanco e con bisogno di più di una settimana di riposo.

دوی ډاوسن ته ورسېدل، نري، ستړي او د یوې اونۍ څخه زیات آرام ته اړتیا درلوده.

Ma solo due giorni dopo ripartirono per lo Yukon.

خو یوازې دوه ورځې وروسته، دوی بیا د یوکون په لور روان شول.

Erano carichi di altre lettere dirette al mondo esterno.

دوی د بهرنۍ نړۍ لپاره د نورو لیکونو سره ډک شوي وو.

I cani erano esausti e gli uomini si lamentavano in continuazione.

سپي ستړي شوي وو او سړي په دوامداره توګه شکایت کاوه.

Ogni giorno cadeva la neve, ammorbidendo il sentiero e rallentando le slitte.

هره ورځ واوره ورېده، لاره یې نرمه کړه او د سلیجونو سرعت یې ورو کړ.

Ciò rendeva la trazione più dura e aumentava la resistenza delle guide.

دې کار د منډه وهونکو لپاره د کشولو او ډیر کشولو لپاره سخت کړ.

Nonostante ciò, i piloti si sono dimostrati leali e hanno avuto cura delle loro squadre.

سره له دې، موټر چلوونکي عادل وو او د خپلو ټیمونو پاملرنه یې کوله.

Ogni notte, i cani venivano nutriti prima che gli uomini mangiassero.

هره شپه، مخکې له دې چې سړي وخوري، سپو ته خواړه ورکول کېدل.

Nessun uomo dormiva prima di controllare le zampe del proprio cane.

هیڅ سړی د خپل سپي د پښو د معاینې څخه مخکې نه ویده کیده.

Tuttavia, i cani diventavano sempre più deboli man mano che i chilometri consumavano i loro corpi.

خو بیا هم، سپي کمزوري شول ځکه چې مایلونه یې په بدنونو ولګېدل.

Avevano viaggiato per milleottocento miglia durante l'inverno.

دوی په ژمي کې اتلس سوه میله سفر کړی و.

Percorrevano ogni miglio di quella distanza brutale trainando le slitte.

دوی د دې ظالمانه واټن په هر میل کې سلیجونه کش کړل.

Anche i cani da slitta più resistenti provano tensione dopo tanti chilometri.

حتی تر ټولو سخت سلیج سپي هم د ډیرو میلونو وروسته فشار احساسوي.

Buck tenne duro, fece sì che la sua squadra lavorasse e mantenne la disciplina.

باک ټینګ ودرېد، خپل ټیم یې کار ته وسپاره، او نظم یې وساته.

Ma Buck era stanco, proprio come gli altri durante il lungo viaggio.

خو باک ستړی و، لکه د اوږد سفر نورو په څېر.

Billee piagnucolava e piangeva nel sonno ogni notte, senza sosta.

بیلي به هره شپه په خوب کې بې له کومې ناکامۍ چیغې وهلې او ژړل به یې.

Joe diventò ancora più amareggiato e Solleks rimase freddo e distante.

جو نور هم تریخ شو، او سولیکس سړه او لرې پاتې شو.

Ma è stato Dave a soffrire di più di tutta la squadra.

خو دا ډیو وو چې د ټولې لوبډلې څخه تر ټولو ډېر زیان یې وګاټه.

Qualcosa dentro di lui era andato storto, anche se nessuno sapeva cosa.

دهغه دننه یو څه غلط شوي وو، که څه هم هیڅوک نه پوهیدل چې څه.

Divenne più lunatico e aggredì gli altri con rabbia crescente.

هغه ډېر غوسه شو او په زیاتېدونکي غوسه یې په نورو باندې چغې وهلې.

Ogni notte andava dritto al suo nido, in attesa di essere nutrito.

هره شپه به هغه مستقیم خپلې ځالې ته تللو، د خوړو په تمه به.

Una volta a terra, Dave non si alzò più fino al mattino.

کله چې هغه ښکته شو، ډیو تر سهاره بیا نه و پاڅېد.

Sulle redini, gli improvvisi strattoni o sussulti lo facevano gridare di dolore.

په بام کې، ناڅاپه ټکانونه یا ټکانونه هغه د درد له امله چیغې وهلې.

L'autista ha cercato di capirne la causa, ma non ha trovato ferite.

دهغه موټر چلوونکي د لامل په لټه کې شو، خو په هغه کې کوم ټپي ونه موند.

Tutti gli autisti cominciarono a osservare Dave e a discutere del suo caso.

ټولو موټر چلوونکو د ډیو لیدل پیل کړل او د هغه د قضیې په اړه یې بحث وکړ.

Parlarono durante i pasti e durante l'ultima sigaretta della giornata.

دوی د ډوډۍ پر مهال او د ورځې د وروستي سګرټ څکولو پر مهال خبرې کولې.

Una notte tennero una riunione e portarono Dave al fuoco.

یوه شپه دوی یوه غونډه وکړه او ډیو یې اور ته راوست.

Gli premevano e palpavano il corpo e lui gridava spesso.

هغوی د هغه جسد فشار ورکړ او معاینه یې وکړه، او هغه ډېر ځله چیغې وهلې.

Era evidente che qualcosa non andava, anche se non sembrava esserci nessuna frattura.

په څرګنده توګه، یو څه غلط وو، که څه هم هیڅ هډوکی مات شوی نه ښکاریده.

Quando arrivarono al Cassiar Bar, Dave stava cadendo.

کله چې دوی کاسیر بار ته ورسېدل، ډیو غورځېدلی و.

Il meticcio scozzese impose uno stop e rimosse Dave dalla squadra.

دسکاچ نیم نسل لوبه ودروله او ډیو یې له تیم څخه لرې کړ.

Fissò Solleks al posto di Dave, il più vicino possibile alla parte anteriore della slitta.

هغه سولیکس د ډیو په ځای کې، د سلیج مخې ته نږدې ودراوه.

Voleva lasciare che Dave riposasse e corresse libero dietro la slitta in movimento.

هغه غوښتل چې ډیو ته اجازه ورکړي چې آرام وکړي او د حرکت کونکي سلیج شاته آزاد منډه وکړي۔

Ma nonostante la malattia, Dave odiava che gli venisse tolto il lavoro che aveva ricoperto.

خو حتی ناروغه، ډیو له دې څخه کرکه کوله چې له خپلې دندې څخه دې وایستل شي۔

Ringhiò e piagnucolò quando gli strapparono le redini dal corpo.

هغه چیغه کړه او چیغه یې کړه کله چې د هغه له بدن څخه یې بامونه ایستل شول۔

Quando vide Solleks al suo posto, pianse disperato.

کله چې هغه سولیکس په خپل ځای ولید، نو د مات زړه درد سره یې ژړل۔

L'orgoglio per il lavoro sui sentieri era profondo in Dave, anche quando la morte si avvicinava.

دلارې د کار ویاړ د ډیو په زړه کې ژور و، حتی که مرګ نږدې شو۔

Mentre la slitta si muoveva, Dave arrancava nella neve soffice vicino al sentiero.

لکه څنګه چې سلیج حرکت وکړ، ډیو د لارې سره نږدې د نرمې واورې له لارې وغورځېد۔

Attaccò Solleks, mordendolo e spingendolo giù dal lato della slitta.

هغه په سولیکس برید وکړ، د سلیج له اړخ څخه یې وویشت او ټېل وهل۔

Dave cercò di saltare nell'imbracatura e di riprendersi il suo posto di lavoro.

ډیو هڅه وکړه چې په هارنس کې توپ ووهي او خپل د کار ځای بیرته ترلاسه کړي۔

Lui guaiva, si lamentava e piangeva, diviso tra il dolore e l'orgoglio del parto.

هغه چیغې وهلې، چیغې وهلې او ژړل یې، د درد او د زیږون په ویاړ کې راګیر و۔

Il meticcio usò la frusta per cercare di allontanare Dave dalla squadra.

نیم نسل خپل څټک وکاراوه ترڅو ډیو له ټیم څخه لرې کړي۔

Ma Dave ignorò la frustata e l'uomo non riuscì a colpirlo più forte.
خو ډېو د وهلو له پامه وغورځاوه، او سړی يې نور سخت ونه شو وهلی.
Dave rifiutò il sentiero più facile dietro la slitta, dove la neve era compatta.
ډېو د سلېج تر شا اسانه لاره رد کړه، چېرته چې واوره ډکه وه.
Invece, si ritrovò a lottare nella neve profonda, ai lati del sentiero, in preda alla miseria.
پر ځای يې، هغه د لارې تر څنګ په ژوره واوره کې په بدبختۍ کې مبارزه وکړه.
Alla fine Dave crollò, giacendo sulla neve e urlando di dolore.
بالاخره، ډېو ولوېد، په واوره کې پروت و او له درده يې چيغې وهلې.
Lanciò un grido mentre la lunga fila di slitte gli passava accanto una dopo l'altra.
هغه چيغه کړه کله چې د سليجونو اوږده ريل ګاډی يو په يو له هغه څخه تير شو.
Tuttavia, con le poche forze che gli rimanevano, si alzò e barcollò dietro di loro.
بيا هم، په هغه څه سره چې پاتې وو، هغه پورته شو او د دوی وروسته يې ټکر وکړ.
Quando il treno si fermò di nuovo, lo raggiunse e trovò la sua vecchia slitta.
کله چې اورګاډی بيا ودرېد، هغه يې ونيو او خپله زوړ سليج يې وموند.
Superò con difficoltà le altre squadre e tornò a posizionarsi accanto a Solleks.
هغه د نورو ټيمونو څخه مخکې شو او بيا د سوليکس تر څنګ ودرېد.
Mentre l'autista si fermava per accendere la pipa, Dave colse l'ultima occasione.
کله چې موټر چلوونکي د پايپ د روښانه کولو لپاره ودرېد، ډېو خپل وروستی چانس واخيست.
Quando l'autista tornò e urlò, la squadra non avanzò.
کله چې موټر چلوونکی بيرته راغی او چيغه يې کړه، ټيم مخ په وړاندې لاړ نه شو.
I cani avevano girato la testa, confusi dall'improvviso arresto.

سپیو خپل سرونه ګرځولي وو، د ناڅاپي دریدو له امله مغشوش شوي وو.
Anche il conducente era scioccato: la slitta non si era mossa di un centimetro in avanti.
موټر چلوونکی هم حیران شو - سلیج یو انچ هم مخ په وړاندې نه و تللی.
Chiamò gli altri perché venissero a vedere cosa era successo.
هغه نورو ته غږ وکړ چې راشي او وګوري چې څه پیښ شوي دي.
Dave aveva masticato le redini di Solleks, spezzandole entrambe.
ډیو د سولیکس باندونه ژوولي وو، او دواړه یې سره جلا کړي وو.
Ora era di nuovo in piedi davanti alla slitta, nella sua giusta posizione.
اوس هغه د سلیج مخې ته ولاړ و، بیرته په خپل سم موقعیت کې.
Dave alzò lo sguardo verso l'autista, implorandolo silenziosamente di restare al passo.
ډیو موټر چلوونکي ته وکتل، په خاموشۍ سره یې وغوښتل چې په لارو کې پاتې شي.
L'autista era perplesso e non sapeva cosa fare per il cane in difficoltà.
موټر چلوونکی حیران و، نه پوهېده چې د دې مبارزه کوونکي سپي لپاره څه وکړي.
Gli altri uomini parlavano di cani morti perché li avevano portati fuori.
نورو سړیو د هغو سپو په اړه خبرې وکړې چې د ایستلو له امله مړه شوي وو.
Raccontavano di cani vecchi o feriti il cui cuore si era spezzato quando erano stati abbandonati.
دوی د هغو زړو یا ټپي شویو سپیو په اړه وویل چې زړونه یې د پریښودو پر مهال ماتېدل.
Concordarono che era un atto di misericordia lasciare che Dave morisse mentre era ancora imbrigliato.
دوی موافقه وکړه چې دا رحم و چې ډیو ته اجازه ورکړل شي چې په خپل زنجیر کې مړ شي.
Fu rimesso in sicurezza sulla slitta e Dave tirò con orgoglio.
هغه بیرته په سلیج باندې وتړل شو، او ډیو په ویاړ سره کش کړ.
Anche se a volte gridava, lavorava come se il dolore potesse essere ignorato.

کـه څه هم هغه کله ناکله چیغې وهلې، خو داسې يې کار کاوه لکه درد
چې له پامه غورځول شي۔
Più di una volta cadde e fu trascinato prima di rialzarsi.
څو ځله هغه ولوېد او بيا پورته کېدو دمخه يې کش کړ۔
A un certo punto la slitta gli rotolò addosso e da quel momento in poi zoppicò.
ىو ځل، سليج پر هغه وګرځېد، او له هغې شيبې څخه وروسته هغه په
ګوډ ګوډ شو۔
Nonostante ciò, lavorò finché non raggiunse l'accampamento e poi si sdraiò accanto al fuoco.
بـيا هم، هغه تر هغه وخته پورې کار کاوه چې کمپ ته ورسېد، او بيا د
اور په غاړه پروت و۔
Al mattino Dave era troppo debole per muoversi o anche solo per stare in piedi.
سهار پورې، ډېو ډېر کمزورى و چې سفر يې نه شو کولاى يا حتى
مستقيم ودرېداى هم نه شواى۔
Al momento di allacciare l'imbracatura, cercò di raggiungere il suo autista con sforzi tremanti.
دزنګ وهلو په وخت کې، هغه هڅه وکړه چې په لړزونکې هڅې سره
خپل موټر چلوونکي ته ورسيږي۔
Si sforzò di rialzarsi, barcollò e crollò sul terreno innevato.
هغه ځان په زور پورته کړ، تکان يې وخوړ، او په واوره پوښلې ځمکه
ولوېد۔
Utilizzando le zampe anteriori, trascinò il suo corpo verso la zona dell'imbracatura.
هغه د خپلو مخکينيو پښو په کارولو سره خپل بدن د زنګ وهلو ساحې ته
کش کړ۔
Si fece avanti, centimetro dopo centimetro, verso i cani da lavoro.
هغه ځان د کار کوونکو سپو په لور، انچ په انچ مخته وخوځاوه۔
Le forze gli cedettero, ma continuò a muoversi nel suo ultimo disperato tentativo.
دهغه ځواک له منځه لاړ، خو هغه په خپل وروستي نا اميده فشار کې
حرکت ته دوام ورکړ۔
I suoi compagni di squadra lo videro ansimare nella neve, ancora desideroso di unirsi a loro.

دهغه د تیم ملګرو هغه ولید چې په واوره کې ساه اخلي، او لا هم د دوی سره د یوځای کیدو لپاره لیواله و.
Lo sentirono urlare di dolore mentre si lasciavano alle spalle l'accampamento.
کله چې دوی له کمپ څخه ووتل، دوی د هغه د ژړا غږ واورېد چې له غمه یې کاوه.
Mentre la squadra svaniva tra gli alberi, il grido di Dave risuonava dietro di loro.
کله چې تیم په ونو کې ورک شو، د ډیو چیغې د دوی تر شا غږېدلې.
Il treno delle slitte si fermò brevemente dopo aver attraversato un tratto di fiume ricco di boschi.
دسلیج ریل ګاډی د سیند د لرګیو له یوې برخې څخه د تیریدو وروسته د لنډ وخت لپاره ودرېد.
Il meticcio scozzese tornò lentamente verso l'accampamento alle sue spalle.
دسکاچ نیم نسل ورو ورو د کمپ شاته په لور روان شو.
Gli uomini smisero di parlare quando lo videro scendere dal treno delle slitte.
کله چې یې هغه د سلیج ریل ګاډي څخه د وتلو په حال کې ولید، نو سړیو خبرې ودرولې.
Poi un singolo colpo di pistola risuonò chiaro e netto attraverso il sentiero.
بیا د لارې په اوږدو کې د ډزو یو واضح او تیز غږ راغی.
L'uomo tornò rapidamente e prese il suo posto senza dire una parola.
سړی په چټکۍ سره راستون شو او پرته له کومې خبرې څخه په خپل ځای کېناست.
Le fruste schioccavano, i campanelli tintinnavano e le slitte avanzavano sulla neve.
څپې ماتې شوې، زنګونه غږېدل، او سلېجونه د واورې له لارې ګرځېدل.
Ma Buck sapeva cosa era successo, come tutti gli altri cani.
خو بک پوهیده چې څه پیښ شوي دي - او همداسې نورو سپیانو هم پوهیده.

La fatica delle redini e del sentiero
د لګاو او لارې زحمت

Trenta giorni dopo aver lasciato Dawson, la Salt Water Mail raggiunse Skaguay.
دډاوسن له وتلو دېرش ورځې وروسته، د مالګې اوبو میل سکاګوای ته ورسېد.
Buck e i suoi compagni di squadra presero il comando e arrivarono in condizioni pietose.
باک او د هغه ټیم ملګرو مخکښ رول ولوباوه، او په خواشینونکي حالت کې راورسېدل.
Buck era sceso da 140 a 150 chili.
باک له یو سل څلوېښت پونډو څخه یو سل پنځلس پونډو ته راټیټ شوی و.
Gli altri cani, sebbene più piccoli, avevano perso ancora più peso corporeo.
نور سپي، که څه هم کوچني وو، خو د بدن وزن یې نور هم کم شوی و.
Pike, che una volta zoppicava fingendo, ora trascinava dietro di sé una gamba veramente ferita.
پایک، چې یو وخت جعلي ګوند وه، اوس یې یوه رښتیا ټپي پښه شاته کش کړه.
Solleks zoppicava gravemente e Dub aveva una scapola slogata.
سولیکس په سختۍ سره ګوډ ګوډ روان و، او د دوب اوږه یې ماته شوې وه.
Tutti i cani del team avevano i piedi doloranti a causa delle settimane trascorse sul sentiero ghiacciato.
دټیم هر سپی د څو اونیو راهیسې په کنګل شوې لاره کې د پښو درد کاوه.
Non avevano più slancio nei loro passi, solo un movimento lento e trascinato.
ددوی په قدمونو کې هیڅ پسرلی نه و پاتې، یوازې ورو، کشونکی حرکت.
I loro piedi colpivano il sentiero con forza e ogni passo aggiungeva ulteriore sforzo al loro corpo.

ددوی پښې په لاره کې سختې ولګېدې، هر ګام د دوی په بدنونو کې نور فشار اضافه کړ.

Non erano malati, erano solo stremati oltre ogni possibile guarigione naturale.

دوی ناروغه نه وو، یوازې د طبیعي رغیدو څخه بهر ستړي شوي وو.

Non si trattava della stanchezza di una giornata faticosa, curata con una notte di riposo.

دا د یوې سختې ورځې ستړیا نه وه، چې د شپې د آرام سره روغه شوې وه.

Era una stanchezza accumulata lentamente attraverso mesi di sforzi estenuanti.

دا ستړیا وه چې د میاشتو سختو هڅو په پایله کې ورو ورو رامینځته شوې وه.

Non era rimasta alcuna riserva di forze: avevano esaurito ogni energia a loro disposizione.

هیڅ ډول ریزرف ځواک پاتې نه و - دوی هر هغه څه چې درلودل یې ختم کړي وو.

Ogni muscolo, fibra e cellula del loro corpo era consumato e usurato.

ددوی په بدن کې هر عضلات، فایبر او حجرات مصرف شوي او خراب شوي وو.

E c'era un motivo: avevano percorso duemilacinquecento miglia.

او یو دلیل وو - دوی پنځه ویشت سوه میله مزل کړی وو.

Si erano riposati solo cinque giorni durante le ultime milleottocento miglia.

دوی په تیرو اتلس سوه میله کې یوازې پنځه ورځې آرام کړی و.

Quando giunsero a Skaguay, sembrava che riuscissero a malapena a stare in piedi.

کله چې دوی سکاګوای ته ورسېدل، نو داسې ښکارېدل چې دوی په سختۍ سره د مستقیم ودریدو توان درلود.

Facevano fatica a tenere le redini strette e a restare davanti alla slitta.

دوی هڅه وکړه چې باګونه ټینګ وساتي او د سلیج څخه مخکې پاتې شي.

Nei pendii in discesa riuscivano solo a evitare di essere investiti.

په ښکته غرونو کې، دوی یوازې وکولی شول چې د دوبیدو څخه ځان وژغوري.
"Continuate a marciare, poveri piedi doloranti", disse l'autista mentre zoppicavano.
موټر چلوونکي په داسې حال کې چې دوی په ګوډ ګوډ روان وو، وویل : "لاړ شه، بېچاره پښې دې درد کوي."
"Questo è l'ultimo tratto, poi ci prenderemo tutti un lungo riposo, di sicuro."
"""دا وروستۍ مرحله ده، بیا موږ ټول یو اوږد آرام ترلاسه کوو، یقینا.
"Un riposo davvero lungo", promise, guardandoli barcollare in avanti.
"یوه ریښتیا اوږده استراحت، "هغه ژمنه وکړه، او دوی یې مخ په وړاندې ودرېدل.
Gli autisti si aspettavano una lunga e necessaria pausa.
موټر چلوونکو تمه درلوده چې اوس به دوی ته یوه اوږده او اړینه وقفه ورکړل شي.
Avevano percorso milleduecento miglia con solo due giorni di riposo.
دوی یوازې د دوو ورځو آرام سره دولس سوه میله سفر کړی و.
Per correttezza e ragione, ritenevano di essersi guadagnati un po' di tempo per rilassarsi.
دانصاف او دلیل له مخې، دوی احساس کاوه چې دوی د آرام کولو لپاره وخت ترلاسه کړی دی.
Ma troppi erano giunti nel Klondike e troppo pochi erano rimasti a casa.
خو ډېر خلک کلونډیک ته راغلي وو، او ډېر لږ خلک په کور کې پاتې شوي وو.
Le lettere delle famiglie continuavano ad arrivare, creando pile di posta in ritardo.
دکورنیو څخه لیکونه راغلل، چې د ځنډول شویو پوستونو ډېرې یې جوړې کړې.
Arrivarono gli ordini ufficiali: i nuovi cani della Hudson Bay avrebbero preso il sopravvento.
رسمي امرونه راغلل - د هډسن خلیج نوي سپي به ځای ونیسي.
I cani esausti, ormai considerati inutili, dovevano essere eliminati.

سړي سپي، چې اوس بې ارزښته بلل کېږي، باید له منځه یوړل شي.
Poiché i soldi erano più importanti dei cani, venivano venduti a basso prezzo.
ځکه چې پیسې د سپو په پرتله ډیرې مهمې وې، نو دوی به په ارزانه بیه وپلورل شي.
Passarono altri tre giorni prima che i cani si accorgessero di quanto fossero deboli.
درې نورې ورځې تېرې شوې مخکې لدې چې سپي احساس وکړي چې څومره کمزوري دي.
La quarta mattina, due uomini provenienti dagli Stati Uniti acquistarono l'intera squadra.
په څلورم سهار، د متحده ایالاتو څخه دوو کسانو ټوله لوبډله واخیسته.
La vendita comprendeva tutti i cani e le loro imbracature usate.
په خرڅلاو کې ټول سپي شامل وو، او د هغوی اغوستل شوي زنګونه هم شامل وو.
Mentre concludevano l'affare, gli uomini si chiamavano tra loro "Hal" e "Charles".
دمعاملې د بشپړولو په وخت کې، سړیو یو بل ته "هال "او "چارلس " وویل.
Charles era un uomo di mezza età, pallido, con labbra molli e folti baffi.
چارلس د منځني عمر درلود، رنګ یې رنګ یې رنګه و، شونډې یې نرمې او برېتونه یې سخت وو.
Hal era un giovane, forse diciannove anni, che indossava una cintura imbottita di cartucce.
هال یو ځوان سړی و، شاید نولس کلن و، د کارتوس ډک کمربند یې اغوستی و.
Nella cintura erano contenuti un grosso revolver e un coltello da caccia, entrambi inutilizzati.
په کمربند کې یو لوی تومانچه او د ښکار چاقو وه، چې دواړه نه کارول شوي وو.
Dimostrava quanto fosse inesperto e inadatto alla vita nel Nord.
دا وښودله چې هغه د شمالي ژوند لپاره څومره بې تجربې او نا مناسب و.
Nessuno dei due uomini viveva in natura; la loro presenza sfidava ogni ragionevolezza.

هیڅ انسان په ځنګل کې نه و؛ د دوی شتون تول دلیلونه رد کړل.
Buck osservava lo scambio di denaro tra l'acquirente e l'agente.
بک د پیرودونکي او اجنټ ترمنځ د پیسو تبادله ولیدله.
Sapeva che i conducenti dei treni postali stavano abbandonando la sua vita come tutti gli altri.
هغه پوهیده چې د پوستي ریل ګاډي چلوونکي د نورو په څیر د هغه ژوند پریږدي.
Seguirono Perrault e François, ormai scomparsi.
دوی پیرولټ او فرانسوا تعقیب کړل، چې اوس د یادولو څخه بهر دي.
Buck e la squadra vennero condotti al disordinato accampamento dei loro nuovi proprietari.
باک او تیم یې د خپلو نویو مالکینو بې خونده کمپ ته بوتلل شول.
La tenda cedeva, i piatti erano sporchi e tutto era in disordine.
خیمه لوېدلې وه، لوښي چټل وو، او هرڅه ګډوډ پراته وو.
Anche Buck notò una donna lì: Mercedes, moglie di Charles e sorella di Hal.
بک هلته یوه ښځه هم ولیده - مرسدیز، د چارلس میرمن او د هال خور.
Formavano una famiglia completa, anche se erano tutt'altro che adatti al sentiero.
دوی یوه بشپړه کورنۍ جوړه کړه، که څه هم د لارې سره مناسب نه وه.
Buck osservava nervosamente mentre il trio iniziava a impacchettare le provviste.
باک په ویره سره وکتل کله چې درې واړو د توکو بسته کول پیل کړل.
Lavoravano duro ma senza ordine, solo confusione e sforzi sprecati.
دوی سخت کار وکړ خو پرته له نظم څخه - یوازې ګډوډي او ضایع شوې هڅې.
La tenda era arrotolata fino a formare una sagoma ingombrante, decisamente troppo grande per la slitta.
خیمه په یوه غټ شکل کې تاو شوې وه، د سلیج لپاره ډیره لویه وه.
I piatti sporchi venivano imballati senza essere stati né lavati né asciugati.
چټل لوښي پرته له دې چې پاک یا وچ شي، بسته شوي وو.
Mercedes svolazzava in giro, parlando, correggendo e intromettendosi in continuazione.

مرسديز ګرځېده، په دوامداره توګه يې خبرې کولې، اصلاح يې کوله او مداخله يې کوله.
Quando le misero un sacco davanti, lei insistette perché lo mettesse dietro.
کله چې يوه کڅوړه مخې ته کېښودل شوه، هغې ټينګار وکړ چې دا په شا کې کېښودل شي.
Mise il sacco in fondo e un attimo dopo ne ebbe bisogno.
هغې کڅوړه په بېخ کې دکه کړه، او بله شيبه يې ورته اړتيا درلوده.
Quindi la slitta venne disimballata di nuovo per raggiungere quella specifica borsa.
نو سليج بيا خلاص شو ترڅو يوې ځانګړې کڅوړې ته ورسيږي.
Lì vicino, tre uomini stavano fuori da una tenda e osservavano la scena che si svolgeva.
نږدې، درې سړي د خيمې بهر ولاړ وو، او د پيښې ننداره يې کوله.
Sorrisero, ammiccarono e sogghignarono di fronte all'evidente confusione dei nuovi arrivati.
دوی د نويو راغلو کسانو په ښکاره ګډوډۍ موسکا وکړه، سترګې يې وغړولې او موسکا يې وکړه.
"Hai già un carico parecchio pesante", disse uno degli uomini.
ی"و سړي وويل" :تاسو لا دمخه يو ښه درونډ بار لرئ.
"Non credo che dovresti portare quella tenda, ma la scelta è tua."
"زه فکر نه کوم چې ته بايد دا خيمه له ځان سره ولرې، خو دا ستا انتخاب دی."
"Impensabile!" esclamò Mercedes, alzando le mani in segno di disperazione.
"بې خوبه."مرسديز چيغه کړه، په نا اميدۍ يې لاسونه پورته کړل.
"Come potrei viaggiare senza una tenda sotto cui dormire?"
"''څنګه کولی شم پرته له خيمې څخه سفر وکړم چې لاندې پاتې شم؟
«È primavera, non vedrai più il freddo», rispose l'uomo.
سړي ځواب ورکړ" :د پسرلي موسم دی - ته به بيا سړه هوا ونه ګورې."
Ma lei scosse la testa e loro continuarono ad accumulare oggetti sulla slitta.

خو هغې سر وخوځاوه، او دوی په سلیج باندې د شیانو راټولولو ته دوام ورکړ.
Il carico era pericolosamente alto mentre aggiungevano gli ultimi oggetti.
کله چې دوی وروستي شیان اضافه کړل، بار په خطرناکه توګه لوړ شو.
"Pensi che la slitta andrà avanti?" chiese uno degli uomini con aria scettica.
"فکر کوې چې سلیج به سپور شي؟ "یو له هغو کسانو څخه چې شکمن نظر یې درلود وپوښتل.
"E perché non dovrebbe?" ribatté Charles con netto fastidio.
"ولې باید نه وي؟ "چارلس په سخت غوسه ځواب ورکړ.
"Oh, va bene", disse rapidamente l'uomo, evitando di offendersi.
"هو، دا سمه ده، "سړي په چټکۍ سره وویل، له تیری څخه شاته شو.
"Mi chiedevo solo: mi sembrava un po' troppo pesante nella parte superiore."
""زه یوازې فکر کوم - دا ماته یو څه ډیر درون ښکاریده.
Charles si voltò e legò il carico meglio che poté.
چارلس مخ واړاوه او بار یې تر هغه ځایه چې امکان یې درلود وتړلو.
Ma le legature erano allentate e l'imballaggio nel complesso era fatto male.
خو د وهلو ټکولو ځایونه خلاص وو او بسته بندي یې په ټولیزه توګه خرابه وه.
"Certo, i cani tireranno così tutto il giorno", disse sarcasticamente un altro uomo.
"هو، سپي به ټوله ورځ دا کش کړي، "یو بل سړي په طنزیه دول وویل.
«Certamente», rispose Hal freddamente, afferrando il lungo timone della slitta.
"البته، "هال په سړه سینه ځواب ورکړ، د سلیج اوږده ګی پول یې ونیولو.
Tenendo una mano sul palo, faceva roteare la frusta nell'altra.
په یوه لاس یې په ستنه کې، په بل لاس کې یې کوته وخوځوله.
"Andiamo!" urlò. "Muovetevi!", incitando i cani a partire.
ه‌غه چیغه کړه" :راځئ چې لاړ شو." "لرې یې کړئ." "سپي یې وهڅول چې پیل وکړي.
I cani si appoggiarono all'imbracatura e si sforzarono per qualche istante.

سپي په زنګون تکیه وکړه او د خو شیبو لپاره یې فشار ورکړ.
Poi si fermarono, incapaci di spostare di un centimetro la slitta sovraccarica.
بیا دوی ودرېدل، د ډېر بار شوي سلیج یو انچ هم نه شوای ګرځېدلی.
"Quei fannulloni!" urlò Hal, alzando la frusta per colpirli.
"لټ څناور. "هال چیغه کړه، د هغوی د وهلو لپاره یې کوټه پورته کړه.
Ma Mercedes si precipitò dentro e strappò la frusta dalle mani di Hal.
خو مرسدیز په منډه راغی او د هال له لاسونو څخه یې کوپی ونیوله.
«Oh, Hal, non osare far loro del male», gridò allarmata.
ه"غې په ژړا چیغه کړه" :او، هال، ته د هغوی د ټپي کولو جرئت مه کوه.
"Promettimi che sarai gentile con loro, altrimenti non farò un altro passo."
"ژمنه وکړه چې ته به ورسره مهربانه یې، که نه نو زه به بل ګام هم پورته نه کړم."
"Non sai niente di cani", scattò Hal contro la sorella.
هال په خپلې خور باندې په غوسه وویل" :ته د سپیو په اړه هیڅ نه پوهېږې."
"Sono pigri e l'unico modo per smuoverli è frustarli."
""دوی سست دي، او د دوی د حرکت کولو یوازینی لار د دوی وهل دي.
"Chiedi a chiunque, chiedi a uno di quegli uomini laggiù se dubiti di me."
"له هر چا پوښتنه وکړه - که ته زما په اړه شک لرې نو له هغو کسانو څخه یو یې وپوښته."
Mercedes guardò gli astanti con occhi imploranti e pieni di lacrime.
مرسدیز لیدونکو ته په زاریو او اوښکو ډکو سترګو وکتل.
Il suo viso rivelava quanto odiasse la vista di qualsiasi dolore.
دهغې مخ ښودله چې هغه د هر ډول درد لیدلو څخه څومره کرکه لري.
"Sono deboli, tutto qui", ha detto un uomo. "Sono sfiniti."
ی"و سړي وویل" :دوی کمزوري دي، بس. دوی ستړي شوي دي.
"Hanno bisogno di riposare: hanno lavorato troppo a lungo senza una pausa."
"دوی آرام ته اړتیا لري - دوی د اوږدې مودې لپاره پرته له وقفې کار کړی دی."

«Che il resto sia maledetto», borbottò Hal arricciando il labbro.

"لعنت دې وي، "هال په غوټه شونډه سره وخندل.

Mercedes sussultò, visibilmente addolorata per le parole volgari pronunciate da lui.

مرسډیز ساه واخیسته، په څرګنده توګه د هغه د بدې خبرې له امله دردمنه وه.

Ciononostante, lei rimase leale e difese immediatamente il fratello.

بیا هم، هغه وفاداره پاتې شوه او سمدلاسه یې د خپل ورور دفاع وکړه.

"Non badare a quell'uomo", disse ad Hal. "Sono i nostri cani."

ه"غې هال ته وویل" :هغه سړی مه ګڼه. دوی زموږ سپي دي.

"Li guidi come meglio credi: fai ciò che ritieni giusto."

"تاسو هغه څنګه چې مناسب ګڼئ چلوئ - هغه څه وکړئ چې تاسو یې "سم ګڼئ.

Hal sollevò la frusta e colpì di nuovo i cani senza pietà.

هال یو ځل بیا کوټه پورته کړه او بې رحمه یې سپي ووهل.

Si lanciarono in avanti, con i corpi bassi e i piedi che affondavano nella neve.

دوی مخ په وړاندې توپونه وهل، بدنونه یې ښکته وو، پښې یې په واورو کې اچولې وې.

Tutta la loro forza era concentrata nel traino, ma la slitta non si muoveva.

ددوی ټول ځواک په کشولو ولګېد، خو سلیج حرکت نه کاوه.

La slitta rimase bloccata, come un'ancora congelata nella neve compatta.

سلیج داسې بند پاتې شو، لکه لنګر چې په واوره کې کنګل شوی وي.

Dopo un secondo tentativo, i cani si fermarono di nuovo, ansimando forte.

ددوهمې هڅې وروسته، سپي بیا ودرېدل، په زوره یې ساه ورکړه.

Hal sollevò di nuovo la frusta, proprio mentre Mercedes interferiva di nuovo.

هال یو ځل بیا د وهلو تکی پورته کړه، لکه څنګه چې مرسډیز بیا مداخله وکړه.

Si lasciò cadere in ginocchio davanti a Buck e gli abbracciò il collo.

هغه د باک مخې ته په زنګونونو کېناسته او د هغه غاړه يې غېږ کې ونيوله.
Le lacrime le riempivano gli occhi mentre implorava il cane esausto.
کله چې هغې سترې سپې ته زارۍ کولې، ستر ګې يې اوښکې ډکې شوې.
"Poveri cari", disse, "perché non tirate più forte?"
ه"غې وويل" :تاسو غريبو عزيزانو، ولې نور سخت نه کشوئ؟
"Se tiri, non verrai frustato così."
""که ته کش کړې، نو بيا به داسې په وهلو نه شې.
A Buck non piaceva Mercedes, ma ormai era troppo stanco per resisterle.
باک مرسډيز نه خوښاوه، خو اوس ډېر ستړی شوی و چې د هغې په وړاندې مقاومت ونه کړي.
Lui accettò le sue lacrime come se fossero solo un'altra parte di quella giornata miserabile.
هغه د هغې اوښکې د بدبختۍ ورځې د يوې بلې برخې په توګه ومنلې.
Uno degli uomini che osservavano, dopo aver represso la rabbia, finalmente parlò.
ی‌و له ليدونکو څخه بالاخره د خپل غوسې له کنټرولولو وروسته خبرې وکړې.
"Non mi interessa cosa succede a voi, ma quei cani sono importanti."
""زه پروا نه لرم چې ستاسو سره څه کيږي، مګر دا سپي مهم دي.
"Se vuoi aiutare, stacca quella slitta: è ghiacciata e innevata."
"که غواړې مرسته وکړې، نو هغه سليج خلاص کړه - دا تر واورې پورې کنګل شوی دی."
“Spingi con forza il palo della luce, a destra e a sinistra, e rompi il sigillo di ghiaccio.”
"په ګي پول باندې په ښي او چپ اړخ کې سخت ټک ورکړئ، او د يخ مهر مات کړئ."
Fu fatto un terzo tentativo, questa volta seguendo il suggerimento dell'uomo.
دريمه هڅه وشوه، دا ځل د سړي د وړانديز په تعقيب.
Hal fece oscillare la slitta da una parte all'altra, facendo staccare i pattini.

هال سلیج له یوې خوا بلې خوا ته وخوځاوه، او مندې وهونکي یې خلاص کړل.
La slitta, benché sovraccarica e scomoda, alla fine sobbalzò in avanti.
سلیج، که څه هم ډیر بار او عجیب و، بالاخره مخ په وړاندې وخوځېد.
Buck e gli altri tirarono selvaggiamente, spinti da una tempesta di frustate.
باک او نورو په بې رحمی سره حرکت وکړ، د څپې وهلو طوفان لخوا وهل شوی.
Un centinaio di metri più avanti, il sentiero curvava e scendeva in pendenza verso la strada.
سل گزه وړاندې، لاره کږه شوه او کوڅې ته راښکته شوه.
Ci sarebbe voluto un guidatore esperto per tenere la slitta in posizione verticale.
دسلیج د مستقیم ساتلو لپاره به یو ماهر چلوونکي ته اړتیا وه.
Hal non era abile e la slitta si ribaltò mentre svoltava.
هال ماهر نه و، او سلیج د کږې شاوخوا گرځېدو سره سم سر وخوځاوه.
Le cinghie allentate cedettero e metà del carico si rovesciò sulla neve.
خلاصې وهل شوې وه، او نیم بار یې په واورې باندې وغورځېد.
I cani non si fermarono; la slitta più leggera continuò a procedere su un fianco.
سپي ونه درېدل؛ سپک سلیج یې په څنگ کې الوتنه وکړه.
I cani, furiosi per i maltrattamenti e per il peso del carico, corsero più veloci.
دناوړه چلند او دروند بار څخه په غوسه، سپي گړندي منده کړه.
Buck, infuriato, si lanciò a correre, seguito dalla squadra.
باک په غوسه کې منډه وکړه، او تیم یې شاته شو.
Hal urlò "Whoa! Whoa!" ma la squadra non gli prestò attenzione.
هال چیغه کړه "واه. واه." خو تیم ورته هیڅ پام ونه کړ.
Inciampò, cadde e fu trascinato a terra dall'imbracatura.
هغه وغورځېد، ولوېد، او د زنگ په واسطه په ځمکه کې راښکته شو.
La slitta rovesciata lo travolse mentre i cani continuavano a correre avanti.
کله چې سپي مخکې مندې وهلې، نو غورځېدلی سلیج یې پر سر ولگېد.

Il resto delle provviste è sparso lungo la trafficata strada di Skaguay.

پاتې توکي د سکاگوای په گڼه گوڼه کوڅه کې خپاره شوي دي.

Le persone di buon cuore si precipitarono a fermare i cani e a raccogliere l'attrezzatura.

مهربانه خلک د سپو د درولو او د وسایلو د راټولولو لپاره منډه کړه.

Diedero anche consigli schietti e pratici ai nuovi viaggiatori.

دوی نویو مسافرو ته هم واضح او عملي مشورې ورکړې.

"Se vuoi raggiungere Dawson, prendi metà del carico e raddoppia i cani."

""که غواړې ډاوسن ته ورسیږې، نو نیم بار واخله او سپي دوه چنده کړه.

Hal, Charles e Mercedes ascoltarono, anche se non con entusiasmo.

هال، چارلس او مرسډیز غوږ ونیو، که څه هم په لیوالتیا سره نه.

Montarono la tenda e cominciarono a sistemare le loro provviste.

هغوی خپله خیمه ودروله او د خپلو توکو په ترتیبولو یې پیل وکړ.

Ne uscirono dei cibi in scatola, che fecero ridere a crepapelle gli astanti.

ډبې شوي توکي راووتل، چې لیدونکي یې په لوړ غږ وخندل.

"Roba in scatola sul sentiero? Morirai di fame prima che si sciolga", disse uno.

"په لاره کې کنډ شوي شیان؟ مخکې لدې چې هغه اوبه شي، تاسو به وږي شئ، "یو وویل.

"Coperte d'albergo? Meglio buttarle via tutte."

""د هوټل کمپلې؟ غوره ده چې ټول یې وغورځوئ.

"Togli anche la tenda e qui nessuno laverà più i piatti."

""خیمه هم وباسه، او دلته څوک لوښي نه مینځي.

"Pensi di viaggiare su un treno Pullman con dei servitori a bordo?"

""ته فکر کوې چې د پلمن ریل ګاډي کې د نوکرانو سره سپاره یې؟

Il processo ebbe inizio: ogni oggetto inutile venne gettato da parte.

پروسه پیل شوه - هر بې ګټې شی یوې خوا ته وغورځول شو.

Mercedes pianse quando le sue borse furono svuotate sul terreno innevato.

مرسدیز ژړل کله چې د هغې کڅوړې په واوره پوښل شوې ځمکې خالي شوې.
Singhiozzava per ogni oggetto buttato via, uno per uno, senza sosta.
هغې په هر غورځول شوي شي باندې ژړل، پرته له ځنډه.
Giurò di non fare un altro passo, nemmeno per dieci Charles.
هغې ژمنه وکړه چې یو ګام هم نور نه پورته کوي - حتی د لسو چارلس لپاره هم نه.
Pregò ogni persona vicina di lasciarle conservare le sue cose preziose.
هغې له نږدې هر کس څخه وغوښتل چې خپل قیمتي شیان وساتي.
Alla fine si asciugò gli occhi e cominciò a gettare via anche i vestiti più importanti.
بالاخره، هغې خپلې سترګې پاکې کړې او حتی مهمې جامې یې وغورځولې.
Una volta terminato il suo, cominciò a svuotare le scorte degli uomini.
کله چې یې خپل کار پای ته ورساوه، هغې د سړیو د توکو خالي کول پیل کړل.
Come un turbine, fece a pezzi gli effetti personali di Charles e Hal.
دطوفان په څیر، هغې د چارلس او هال سامانونه څیرې کړل.
Sebbene il carico fosse dimezzato, era comunque molto più pesante del necessario.
که څه هم بار نیمایي ته راټیټ شو، خو بیا هم د اړتیا په پرتله ډیر دروند و.
Quella notte, Charles e Hal uscirono e comprarono sei nuovi cani.
په هغه شپه، چارلس او هال بهر لاړل او شپږ نوي سپي یې واخیستل.
Questi nuovi cani si unirono ai sei originali, più Teek e Koona.
دا نوي سپي د اصلي شپږو سپو سره یوځای شول، د تیک او کونا سره یوځای شول.
Insieme formarono una squadra di quattordici cani attaccati alla slitta.
دوی په ګډه د څوارلسو سپو یوه ډله جوړه کړه چې سلیج ته یې تړلي وو.

Ma i nuovi cani erano inadatti e poco addestrati per il lavoro con la slitta.

خو نوي سپي د سليج کار لپاره نا مناسب او په سمه توګه روزل شوي نه وو.

Tre dei cani erano cani da caccia a pelo corto, mentre uno era un Terranova.

درې سپي لنډ ويښتان لرونکي وو، او يو يې د نيوفونډلينډ وو.

Gli ultimi due cani erano meticci senza alcuna razza o scopo ben definito.

وروستي دوه سپي د هيڅ روښانه نسل يا هدف پرته غوټې وو.

Non capivano il percorso e non lo imparavano in fretta.

دوی لاره نه پوهيده، او دوی يې ژر زده نه کړه.

Buck e i suoi compagni li osservavano con disprezzo e profonda irritazione.

باک او د هغه ملګرو دوی ته په سپکاوي او ژور خپګان سره کتل.

Sebbene Buck insegnasse loro cosa non fare, non poteva insegnare loro il dovere.

که څه هم باک هغوی ته دا ورزده کړه چې څه ونه کړي، خو هغه وظيفه نه شو ورزده کولی.

Non amavano la vita sui sentieri né la trazione delle redini e delle slitte.

دوی د ژوند تعقيب يا د بامونو او سليجونو کشولو سره ښه نه و.

Soltanto i bastardi cercarono di adattarsi, e anche a loro mancava lo spirito combattivo.

يوازې مغرورو هڅه کوله چې تطابق وکړي، او حتی دوی د جګړې روحيه نه درلوده.

Gli altri cani erano confusi, indeboliti e distrutti dalla loro nuova vita.

نور سپي د خپل نوي ژوند له امله مغشوش، کمزوري او مات شوي وو.

Con i nuovi cani all'oscuro e i vecchi esausti, la speranza era flebile.

نوي سپي بې خبره او زاړه ستړي شوي وو، نو هيله کمزورې وه.

La squadra di Buck aveva percorso duemilacinquecento miglia di sentiero accidentato.

دباک ټيم پنځه ويشت سوه ميله سخته لاره وهلې وه.

Ciononostante, i due uomini erano allegri e orgogliosi della loro grande squadra di cani.

بیا هم، دواړه سړي خوشحاله وو او د خپل لوی سپي تیم څخه ویاړي.
Pensavano di viaggiare con stile, con quattordici cani al seguito.
دوی فکر کاوه چې دوی په ستایل سره سفر کوي، د څوارلسو سپو سره.
Avevano visto delle slitte partire per Dawson e altre arrivarne.
دوی د ډاوسن لپاره سلیجونه لیدلي وو، او نور له هغه ځایه راځي.
Ma non ne avevano mai vista una trainata da ben quattordici cani.
خو دوی هیڅکله داسې یو نه دی لیدلی چې د څوارلسو سپو لخوا کش شوی وي.
C'era un motivo per cui squadre del genere erano rare nelle terre selvagge dell'Artico.
یو دلیل وو چې دا ډول تیمونه په شمالي قطبي دښته کې نادر وو.
Nessuna slitta poteva trasportare cibo sufficiente a sfamare quattordici cani per l'intero viaggio.
هیڅ سلیج دومره خواړه نه شي لیږدولی چې د سفر لپاره څوارلس سپي وخوري.
Ma Charles e Hal non lo sapevano: avevano fatto i calcoli.
خو چارلس او هال دا نه پوهېدل - دوی محاسبه کړې وه.
Hanno pianificato la razione di cibo: una certa quantità per cane, per un certo numero di giorni, fatta.
دوی خواړه په قلم سره ولیکل :د هر سپي لپاره دومره ډیر، په ډیرو ورځو کې، بشپړ شول.
Mercedes guardò i numeri e annuì come se avessero senso.
مرسدیز د دوی شمېرو ته وکتل او سر یې داسې وخوځاوه لکه دا چې معنی ولري.
Tutto le sembrava molto semplice, almeno sulla carta.
دا ټول هغې ته ډېر ساده ښکارېدل، لږ تر لږه په کاغذ باندې.

La mattina seguente, Buck guidò lentamente la squadra lungo la strada innevata.
بله ورځ سهار، باک تیم ورو ورو د واورې پوښلي کوڅې ته پورته کړ.
Non c'era né energia né spirito in lui e nei cani dietro di lui.
په هغه یا د هغه تر شا سپو کې هیڅ انرژي یا روح نه و.
Erano stanchi morti fin dall'inizio: non avevano più riserve.

دوی له پیل څخه ستړي وو - هیڅ ذخیره نه وه پاتې.
Buck aveva già fatto quattro viaggi tra Salt Water e Dawson.
بک لا دمخه د سالټ واټر او ډاوسن ترمنځ څلور سفرونه کړي وو.
Ora, di fronte alla stessa pista, non provava altro che amarezza.
اوس، چې بیا له ورته لارې سره مخ شو، هغه له تریخوالي پرته بل څه احساس نه کړل.
Il suo cuore non c'era, e nemmeno quello degli altri cani.
دهغه زړه په کې نه و، او نه هم د نورو سپو زړونه په کې وو.
I nuovi cani erano timidi e gli husky non si fidavano per niente.
نوي سپي ډارن وو، او هسکي تول باور نه درلود.
Buck capì che non poteva fare affidamento su quei due uomini o sulla loro sorella.
باک احساس وکړ چې هغه په دې دوو سړیو یا د دوی په خور تکیه نشي کولی.
Non sapevano nulla e non mostravano alcun segno di apprendimento lungo il percorso.
دوی هیڅ نه پوهېدل او په لاره کې یې د زده کړې هیڅ نښه نه وه ښودلې.
Erano disorganizzati e privi di qualsiasi senso di disciplina.
دوی بې نظمه وو او د نظم او ضبط هیڅ احساس یې نه درلود.
Ogni volta impiegavano metà della notte per allestire un accampamento malmesso.
دوی هر ځل نیمه شپه وخت ونیو چې یو بې نظمه کمپ جوړ کړي.
E metà della mattina successiva la trascorsero di nuovo armeggiando con la slitta.
او د بلې سهار نیمايي برخه یې بیا د سلیج سره په ټکر کې تیره کړه.
Spesso a mezzogiorno si fermavano solo per sistemare il carico irregolare.
تر غرمې پورې، دوی ډیری وخت یوازې د نا مساوي بار د سمولو لپاره ودرېدل.
In alcuni giorni percorsero meno di dieci miglia in totale.
په ځینو ورځو کې، دوی په ټولیزه توګه له لسو میلو څخه لږ سفر وکړ.
Altri giorni non riuscivano proprio ad abbandonare l'accampamento.
په نورو ورځو کې، دوی په هیڅ ډول له کمپ څخه د وتلو توان نه درلود.

Non sono mai riusciti a coprire la distanza alimentare prevista.

دوی هیڅکله د پلان شوي خوراکي توکو واټن پوره کولو ته نږدې نه شول.

Come previsto, il cibo per i cani finì molto presto.

لکه څنګه چې تمه کېده، دوی د سپو لپاره ډېر ژر خواړه کم کړل.

Nei primi tempi hanno peggiorato ulteriormente la situazione con l'eccesso di cibo.

دوی په لومړیو ورځو کې د ډېر خوراک کولو سره وضعیت نور هم خراب کړ.

Ciò rendeva la carestia sempre più vicina, con ogni razione disattenta.

دې کار د هرې بې پروایۍ سره لوږه نږدې کړه.

I nuovi cani non avevano ancora imparato a sopravvivere con molto poco.

نوي سپي په ډېر لږ څه ژوندي پاتې کېدل زده نه کړل.

Mangiarono avidamente, con un appetito troppo grande per il sentiero.

دوی په لوږه وخوړل، د لارې لپاره يې اشتها ډېره وه.

Vedendo i cani indebolirsi, Hal pensò che il cibo non fosse sufficiente.

دسپو د کمزورې کېدو په لیدلو سره، هال باور وکړ چې خواړه کافي نه دي.

Raddoppiò le razioni, peggiorando ulteriormente l'errore.

هغه خوراکونه دوه چنده کړل، چې تېروتنه يې نوره هم خرابه کړه.

Mercedes aggravò il problema con le sue lacrime e le sue suppliche sommesse.

مرسډیز د اوښکو او نرمې زارۍ سره ستونزه نوره هم زیاته کړه.

Quando non riuscì a convincere Hal, diede da mangiare ai cani di nascosto.

کله چې هغې هال قانع نه کړ، نو په پټه يې سپیو ته خواړه ورکړل.

Rubò il pesce dai sacchi e glielo diede alle spalle.

هغې د کبانو له کڅوړو څخه غلا وکړه او د هغه تر شا يې ورته ورکړه.

Ma ciò di cui i cani avevano veramente bisogno non era altro cibo: era riposo.

خو هغه څه چې سپو ته په رښتیا هم اړتیا وه نور خواړه نه وو - دا آرام وو.

Nonostante la loro scarsa velocità, la pesante slitta continuava a procedere.

دوی ډېر وخت تېروه، خو درنه سلېج لا هم دوام درلود.

Quel peso da solo esauriva ogni giorno le loro forze rimanenti.

یوازې همدغه وزن هره ورځ د دوی پاتې ځواک کماوه.

Poi arrivò la fase della sottoalimentazione, quando le scorte scarseggiavano.

بیا د کم خوراک مرحله راغله ځکه چې اکمالات کم شول.

Una mattina Hal si accorse che metà del cibo per cani era già finito.

هال یوه سهار پوه شو چې د سپي نیمایي خواړه لا دمخه ختم شوي دي.

Avevano percorso solo un quarto della distanza totale del sentiero.

دوی د ټولې لارې یوازې څلورمه برخه سفر کړی و.

Non si poteva più comprare cibo, a qualunque prezzo.

نور خواړه نشو اخیستلی، مهمه نه ده چې په کومه بیه ورکړل شوې وې.

Ridusse le porzioni dei cani al di sotto della razione giornaliera standard.

هغه د سپو د خوړو برخه د معیاري ورځني خوراک څخه کمه کړه.

Allo stesso tempo, chiese di viaggiare più a lungo per compensare la perdita.

په ورته وخت کې، هغه د زیان د جبران لپاره د اوږد سفر غوښتنه وکړه.

Mercedes e Charles appoggiarono questo piano, ma fallirono nella sua realizzazione.

مرسډیز او چارلس د دې پلان ملاتړ وکړ، خو په پلي کولو کې پاتې راغلل.

La loro pesante slitta e la mancanza di abilità rendevano il progresso quasi impossibile.

ددوی درنې سلیج او د مهارت نشتوالي پرمختګ تقریبا ناممکن کړ.

Era facile dare meno cibo, ma impossibile forzare uno sforzo maggiore.

لږ خواړه ورکول اسانه وو، خو د ډیرو هڅو مجبورول ناممکن وو.

Non potevano partire prima, né viaggiare per ore extra.

دوی نه شوای کولی چې ژر پیل وکړي، او نه هم د اضافي ساعتونو لپاره سفر کولی شي.

Non sapevano come gestire i cani, e nemmeno loro stessi, a dire il vero.

دوی نه پوهېدل چې څنګه سپي کار وکړي، او نه هم پخپله.

Il primo cane a morire fu Dub, lo sfortunato ma laborioso ladro.

لومړنی سپی چې مړ شو ډوب و، هغه بدبخته خو محنتي غل و.

Sebbene spesso punito, Dub aveva fatto la sua parte senza lamentarsi.

که څه هم ډېری وخت سزا ورکول کېده، ډوب پرته له شکایت څخه خپل وزن پورته کړ.

La sua spalla ferita peggiorò se non ricevette cure adeguate e non ebbe bisogno di riposo.

دهغه ټپي اوږه د پاملرنې یا اړتیا پرته خرابه شوه.

Alla fine, Hal usò la pistola per porre fine alle sofferenze di Dub.

په پای کې، هال د ډوب د کړاو د پای ته رسولو لپاره له تومانچې څخه کار واخیست.

Un detto comune afferma che i cani normali muoiono se vengono nutriti con razioni di husky.

یوه عامه خبره دا وه چې عادي سپي په هسکي راشنونو مري.

I sei nuovi compagni di Buck avevano ricevuto solo metà della quota di cibo riservata all'husky.

دباک شپږو نویو ملګرو د هسکي د خوړو یوازې نیمایي برخه درلوده.

Il Terranova morì per primo, seguito dai tre cani da caccia a pelo corto.

لومړی نیوفونډلینډ مړ شو، بیا درې لنډ ویښتان لرونکي پوائنټران.

I due bastardi resistettero più a lungo ma alla fine morirono come gli altri.

دوه وحشیان ډېر وخت دوام وکړ خو بالاخره د نورو په څېر له منځه لاړل.

Ormai tutti i comfort e la gentilezza del Southland erano scomparsi.

په دې وخت کې، د ساوت لینډ ټولې اسانتیاوې او نرمښت ورک شوي وو.

Le tre persone avevano perso le ultime tracce della loro educazione civile.

دغو دریو کسانو د خپل متمدن پالنې وروستۍ نښې له لاسه ورکړې وې.

Spogliato di glamour e romanticismo, il viaggio nell'Artico è diventato brutalmente reale.

دښکلا او رومانس څخه بې برخې، د ارکتیک سفر په وحشیانه توګه ریښتینی شو.

Era una realtà troppo dura per il loro senso di virilità e femminilità.

دا یو حقیقت وو چې د دوی د نارینه وو او ښځینه وو د احساس لپاره خورا سخت وو.

Mercedes non piangeva più per i cani, ma piangeva solo per se stessa.

مرسډیز نور د سپیو لپاره نه ژړل، مګر اوس یوازې د ځان لپاره ژړل.

Trascorreva il tempo piangendo e litigando con Hal e Charles.

هغې خپل وخت د هال او چارلس سره په ژړا او شخړه کې تېر کړ.

Litigare era l'unica cosa per cui non si stancavano mai.

شخړه یوازینی شی و چې دوی یې هیڅکله د کولو لپاره ستړي نه وو.

La loro irritabilità derivava dalla miseria, cresceva con essa e la superava.

ددوی خپګان له بدبختۍ څخه راغلی، ورسره وده وکړه، او له هغې څخه یې تیر شو.

La pazienza del cammino, nota a coloro che faticano e soffrono con generosità, non è mai arrivata.

دلارې صبر، هغه کسانو ته چې په مهربانۍ سره زحمت او کړاو ګالي، هیڅکله نه دی رسیدلی.

Quella pazienza che rende dolce la parola nonostante il dolore, era a loro sconosciuta.

هغه صبر، چې د درد په منځ کې خبرې خوږې ساتي، دوی ته نا اشنا وو.

Non avevano alcun briciolo di pazienza, nessuna forza derivante dalla sofferenza con grazia.

دوی د صبر هیڅ نښه نه درلوده، او نه هغه ځواک چې له کړاو څخه یې په فضل سره ترلاسه کاوه.

Erano irrigiditi dal dolore: dolori nei muscoli, nelle ossa e nel cuore.

دوی د درد څخه سخت وو - په عضلاتو، هډوکو او زړونو کې درد.

Per questo motivo, divennero taglienti nella lingua e pronti a pronunciare parole dure.

له همدې امله، دوی ژبه تېزه او په سختو الفاظو کې چټک شول.

Ogni giorno iniziava e finiva con voci arrabbiate e lamentele amare.

هره ورځ د غوسې او ترخو شکايتونو سره پيل او پای ته ورسېده.

Charles e Hal litigavano ogni volta che Mercedes ne dava loro l'occasione.

هرکله چې مرسديز ورته موقع ورکوله، چارلس او هال به يې سره شخړه کوله.

Ogni uomo credeva di aver fatto più del dovuto.

هر سړي باور درلود چې هغه د کار له خپلې عادلانه برخې ښخه ډېر کار کړی دی.

Nessuno dei due ha mai perso l'occasione di dirlo, ancora e ancora.

دواړو هيڅکله د دې ويلو فرصت له لاسه ورنکړ، بيا بيا.

A volte Mercedes si schierava con Charles, a volte con Hal.

کله کله مرسديز د چارلس پلوي کوله، کله کله د هال.

Ciò portò a una grande e infinita lite tra i tre.

دا د درې واړو ترمنځ د يوې لويې او نه ختميدونکې شخړې لامل شو.

La disputa su chi dovesse tagliare la legna da ardere divenne incontrollabile.

ددې په اړه شخړه چې څوک بايد لرګي پرې کړي، له کنترول ښخه بهر شوه.

Ben presto vennero nominati padri, madri, cugini e parenti defunti.

ډېر ژر، د پلرونو، مورګانو، د تره زامنو او د مړو خپلوانو نومونه واخيستل شول.

Le opinioni di Hal sull'arte o sulle opere teatrali di suo zio divennero parte della lotta.

دهنر يا د هغه د تره د ډرامو په اړه د هال نظرونه د جګړې برخه شوه.

Anche le convinzioni politiche di Carlo entrarono nel dibattito.

دچارلس سياسي باورونه هم په بحث کې شامل شول.

Per Mercedes, perfino i pettegolezzi della sorella del marito sembravano rilevanti.

مرسديز ته، حتی د هغې د ميره د خور خبرې هم اړونده ښکارېدې.

Espresse la sua opinione su questo e su molti dei difetti della famiglia di Charles.

هغې په دې او د چارلس د کورنۍ د ډېرو نیمګړتیاوو په اړه نظرونه څپاره کړل.
Mentre discutevano, il fuoco rimase spento e l'accampamento mezzo allestito.
پداسې حال کې چې دوی په شخړه کې وو، اور نه روښانه پاتې شو او کمپ نیم سوځېدلی و.
Nel frattempo i cani erano rimasti infreddoliti e senza cibo.
په عین حال کې، سپي ساړه پاتې شول او پرته له خوړو څخه.
Mercedes nutriva un risentimento che considerava profondamente personale.
مرسدیز یوه شکایت درلوده چې هغې یې ژوره شخصي ګڼله.
Si sentiva maltrattata in quanto donna e le venivano negati i suoi gentili privilegi.
هغې د یوې ښځې په توګه ناوړه چلند احساس کړ، د هغې نرم امتیازات یې رد کړل.
Era carina e gentile, e per tutta la vita era stata abituata alla cavalleria.
هغه ښکلې او نرمه وه، او ټول عمر یې له زړورتیا سره عادت درلود.
Ma suo marito e suo fratello ora la trattavano con impazienza.
خو اوس یې میړه او ورور ورسره بې صبري کوله.
Aveva l'abitudine di comportarsi in modo impotente e loro cominciarono a lamentarsi.
دهغې عادت دا و چې بې وسه عمل وکړي، او دوی شکایت پیل کړ.
Offesa da ciò, rese loro la vita ancora più difficile.
له دې څخه په غوسه شوې، هغې د دوی ژوند نور هم ستونزمن کړ.
Ignorò i cani e insistette per guidare lei stessa la slitta.
هغې سپي له پامه وغورځول او ټینګار یې وکړ چې پخپله په سلیج کې سپاره شي.
Sebbene sembrasse esile, pesava centoventi libbre (circa quaranta chili).
که څه هم په ظاهره کې سپکه وه، خو وزن یې یو سل او شل پونډه وو.
Quel peso aggiuntivo era troppo per i cani affamati e deboli.
دا اضافه بار د وږو او کمزورو سپیو لپاره ډېر زیات و.
Nonostante ciò, continuò a cavalcare per giorni, finché i cani non crollarono nelle redini.

بیا هم، هغې څو ورځې موټر چلاوه، تر هغه چې سپي يې په بام کې راپرېوتل.
La slitta si fermò e Charles e Hal la implorarono di proseguire a piedi.
سلیج ولاړ و، او چارلس او هال هغې ته د تګ غوښتنه وکړه.
Loro la implorarono e la scongiurarono, ma lei pianse e li definì crudeli.
هغوی زارۍ او زارۍ وکړې، خو هغې ژړل او هغوی يې ظالمان وبلل.
In un'occasione, la tirarono giù dalla slitta con pura forza e rabbia.
په یوه موقع، دوی په ډېر زور او غوسه هغه له سلیج څخه راښکته کړه.
Dopo quello che accadde quella volta non ci riprovarono più.
دوی هیڅکله بیا هڅه ونه کړه چې له هغه وخت وروسته څه پیښ شول.
Si accasciò come una bambina viziata e si sedette nella neve.
هغه د خراب شوي ماشوم په څیر ګندل شوه او په واوره کې کښېناست.
Continuarono a muoversi, ma lei si rifiutò di alzarsi o di seguirli.
دوی مخکې لاړل، خو هغې له پورته کېدو یا شاته تګ څخه انکار وکړ.
Dopo tre miglia si fermarono, tornarono indietro e la riportarono indietro.
له درې میله مزل وروسته، دوی ودرېدل، بیرته راغلل او هغه يې بیرته یوړه.
La ricaricarono sulla slitta, usando ancora una volta la forza bruta.
دوی هغه بیا په سلیج کې بار کړه، بیا يې د وحشي ځواک په کارولو سره.
Nella loro profonda miseria, erano insensibili alla sofferenza dei cani.
په خپل ژور غم کې، دوی د سپیو د کړاو په وړاندې بې رحمه وو.
Hal credeva che fosse necessario indurirsi e impose questa convinzione agli altri.
هال په دې باور وو چې یو څوک باید سخت شي او دا باور په نورو باندې تحمیل کړي.
Inizialmente ha cercato di predicare la sua filosofia a sua sorella
هغه لومړی هڅه وکړه چې خپله فلسفه خپلې خور ته وعظ کړي
e poi, senza successo, predicò al cognato.

او بیا، پرته له بریالیتوبه، هغه خپل ورور ته وعظ وکړ.
Ebbe più successo con i cani, ma solo perché li ferì.
هغه د سپیو سره ډیر بریالیتوب درلود، مګر یوازې د دې لپاره چې هغه دوی ته زیان ورساوه.
Da Five Fingers, il cibo per cani è rimasto completamente vuoto.
په پنځه ګوتو کې، د سپي خواړه په بشپړه توګه ختم شول.
Una vecchia squaw sdentata vendette qualche chilo di pelle di cavallo congelata
یو بې غاښه زوړ اسکوا څو پونده کنګل شوي آس پوستکی وپلورل
Hal scambiò la sua pistola con la pelle di cavallo secca.
هال خپل تومانچه د وچې آس د پوستکي په بدل کې ورکړه.
La carne proveniva dai cavalli affamati di allevatori di bovini, morti mesi prima.
غوښه څو میاشتې وړاندې د څارویو د وږو اسونو څخه راغلې وه.
Congelata, la pelle era come ferro zincato: dura e immangiabile.
کنګل شوی، پوستکی د ګالوانیز اوسپنې په څیر و؛ سخت او د خوړلو وړ نه و.
Per riuscire a mangiarla, i cani dovevano masticare la pelle senza sosta.
سپي اړ وو چې د خوړلو لپاره یې په دوامداره توګه پوتکی ژوي.
Ma le corde coriacee e i peli corti non erano certo un nutrimento.
خو د چرمي تارونه او لنډ ویښتان یې په سختۍ سره تغذیه کېدل.
La maggior parte della pelle era irritante e non era cibo in senso stretto.
دپوستکي ډېره برخه خورونکې وه، او په ریښتینې معنی کې خواړه نه وو.
E nonostante tutto, Buck barcollava davanti a tutti, come in un incubo.
او د دې ټولو په اوږدو کې، باک په مخ کې ودرېد، لکه د یو خوب په څیر.
Quando poteva, tirava; quando non poteva, restava lì finché non veniva sollevato dalla frusta o dal bastone.

کله چې به يې توان درلود، نو کش به يې کاوه؛ کله چې به يې توان نه درلود، نو تر هغه وخته پورې پروت و چې متروکه یا دنده به يې پورته کړه.

Il suo pelo fine e lucido aveva perso tutta la rigidità e la lucentezza di un tempo.

دهغه نازک، ځلیدونکی کوټ ټول هغه سختوالی او ځلا چې یو وخت یې درلوده له لاسه ورکړې وه.

I suoi capelli erano flosci, spettinati e pieni di sangue rappreso a causa dei colpi.

دهغه ویښتان نرم، کش شوي او د وهلو له امله د وچو وینو سره لخته شوي وو.

I suoi muscoli si ridussero a midolli e i cuscinetti di carne erano tutti consumati.

دهغه عضلات په تارونو بدل شول، او د غوښې پیډونه یې ټول خراب شول.

Ogni costola, ogni osso erano chiaramente visibili attraverso le pieghe della pelle rugosa.

هره پښتۍ، هر هډوکی د غوړو شویو پوستکي له لارې په ځرګنده توګه ښکاریده.

Fu straziante, ma il cuore di Buck non riuscì a spezzarsi.

دا زړه ماتوونکی و، خو د باک زړه مات نشو.

L'uomo con il maglione rosso lo aveva testato e dimostrato molto tempo prima.

هغه سړي چې سور سویټر یې اغوستی و، دا ازموینه کړې وه او ډېر وخت یې ثابته کړې وه.

Così come accadde a Buck, accadde anche a tutti i suoi compagni di squadra rimasti.

لکه څنګه چې د باک سره وه، همداسې د هغه د پاتې ټولو ټیم ملګرو سره هم وه.

Ce n'erano sette in totale, ognuno uno scheletro ambulante di miseria.

ټولټال اووه کسان وو، هر یو یې د بدبختۍ یو روان کنکال و.

Erano diventati insensibili alle fruste e sentivano solo un dolore distante.

دوی بې حسه شوي وو چې په وهلو وهلو بوخت وو، یوازې لرې درد یې احساس کاوه.

Anche la vista e i suoni li raggiungevano debolmente, come attraverso una fitta nebbia.
حتی لید او غږ دوی ته په لږ څه ډول رسیدلی، لکه د یوې ګڼې دوړې له لارې.
Non erano mezzi vivi: erano ossa con deboli scintille al loro interno.
دوی نیم ژوندي نه وو - دوی هډوکي وو چې دننه یې تیاره څراغونه وو.
Una volta fermati, crollarono come cadaveri, con le scintille quasi del tutto spente.
کله چې ودرول شول، دوی د مړو په څیر راپرېوتل، د دوی څراغونه تقریبا ورک شول.
E quando la frusta o il bastone colpivano di nuovo, le scintille sfarfallavano debolmente.
او کله چې به کوړه یا ډنډه بیا ووهله، نو سپرغۍ به په کمزوري ډول وخوځېدې.
Poi si alzarono, barcollarono in avanti e trascinarono le loro membra in avanti.
بیا دوی پورته شول، ودرېدل، او خپل پښې یې مخ په وړاندې کش کړې.
Un giorno il gentile Billee cadde e non riuscì più a rialzarsi.
یوه ورځ مهربانه بېلي ولوېده او نور یې نشوای پورته کېدای.
Hal aveva scambiato la sua pistola con quella di Billee, così decise di ucciderla con un'ascia.
هال خپل تومانچه تبادله کړې وه، نو پرځای یې هغه د تبر څخه کار واخیست ترڅو بیلی ووژني.
Lo colpì alla testa, poi gli tagliò il corpo e lo trascinò via.
هغه یې په سر وواهه، بیا یې بدن پرې کړ او په کشولو یې لرې کړ.
Buck se ne accorse, e così fecero anche gli altri: sapevano che la morte era vicina.
باک دا ولیدل، او نورو هم ولیدل؛ دوی پوهیدل چې مرګ نږدې دی.
Il giorno dopo Koona se ne andò, lasciando solo cinque cani nel gruppo affamato.
بله ورځ کونا لاړه، او په لوږه ډله کې یې یوازې پنځه سپي پریښودل.
Joe, non più cattivo, era ormai troppo fuori di sé per rendersi conto di nulla.
جو، نور بدبین نه دی، دومره لرې تللی و چې د ډیر څه په اړه یې معلومات نه درلودل.

Pike, ormai non fingeva più di essere ferito, era appena cosciente.

پایک، نور د خپل تپ دعوا نه کوله، په سختۍ سره هوش درلود.

Solleks, ancora fedele, si rammaricava di non avere più la forza di dare.

سولیکس، چې لا هم وفادار و، غمجن و چې د ورکولو توان یې نه درلود.

Teek fu battuto più di tutti perché era più fresco, ma stava calando rapidamente.

ټیک تر ټولو ډېر وهل شوی و ځکه چې هغه تازه و، خو ژر مړاوی شو.

E Buck, ancora in testa, non mantenne più l'ordine né lo fece rispettare.

او باک، چې لا هم په مشرۍ کې و، نور یې نظم نه دی ساتلی او نه یې پلي کړی دی.

Mezzo accecato dalla debolezza, Buck seguì la pista solo a tentoni.

باک د کمزورۍ سره نیم ړوند و، او د یوازیتوب احساس سره یې لاره تعقیب کړه.

Era una bellissima primavera, ma nessuno di loro se ne accorse.

دپسرلي موسم ډېر ښکلی و، خو هیچا یې پام ونه کړ.

Ogni giorno il sole sorgeva prima e tramontava più tardi.

هره ورځ لمر د پخوا په پرتله مخکې راپورته کېده او وروسته لوېده.

Alle tre del mattino era già spuntata l'alba; il crepuscolo durò fino alle nove.

دسهار په درېیو بجو سهار شو؛ ماښام تر نهو بجو پورې دوام وکړ.

Le lunghe giornate erano illuminate dal sole primaverile.

اوږدې ورځې د پسرلي د لمر له بشپړې رڼا ډکې وې.

Il silenzio spettrale dell'inverno si era trasformato in un caldo mormorio.

دژمي ارواحي چوپتیا په ګرم غږ بدله شوې وه.

Tutta la terra si stava svegliando, animata dalla gioia degli esseri viventi.

ټوله ځمکه راویښه شوه، د ژوندیو شیانو په خوښۍ سره ژوندۍ وه.

Il suono proveniva da ciò che era rimasto morto e immobile per tutto l'inverno.

غړ له هغه څه څخه راغی چې مړ پروت و او د ژمي په اوږدو کې لا هم پاتې و.
Ora quelle cose si mossero di nuovo, scrollandosi di dosso il lungo sonno del gelo.
اوس، هغه شیان بیا حرکت وکړ، د یخنی اوږده خوب یې لرې کړ.
La linfa saliva attraverso i tronchi scuri dei pini in attesa.
دانتظار کوونکو صنوبر ونو د تیاره ډډونو له لارې ساپ راپورته شو.
Salici e pioppi tremuli fanno sbocciare giovani gemme luminose su ogni ramoscello.
دونې او اسپین ونې په هره څانګه کې روښانه ځواني غوټۍ راټوکوي.
Arbusti e viti si tingono di un verde fresco mentre il bosco si anima.
بوټي او تاکونه تازه شنه شول څکه چې ځنګلونه ژوندي شول.
Di notte i grilli cantavano e di giorno gli insetti strisciavano nella luce del sole.
دشپې به چرګان چغې وهلې، او حشرات به د ورځې په رڼا کې په خزندګانو ګرځېدل.
Le pernici gridavano e i picchi picchiavano in profondità tra gli alberi.
ټیترونه ګړنګونه وهل، او لرګین په ونو کې ژور وټکول.
Gli scoiattoli chiacchieravano, gli uccelli cantavano e le oche starnazzavano per richiamare l'attenzione dei cani.
ګـلبنۍ چغې وهلې، مرغۍ سندرې ویلې، او قاز د سپو پر سر هارن وهلې.
Gli uccelli selvatici arrivavano a cunei affilati, volando in alto da sud.
وحشي مرغۍ په تیزو څنډو کې راغله، له جنوب څخه پورته الوتنه وکړه.
Da ogni pendio giungeva la musica di ruscelli nascosti e impetuosi.
دهرې غونډۍ څخه د پټو او تېزو ویالو موسیقي راغله.
Tutto si scongelava e si spezzava, si piegava e ricominciava a muoversi.
ټول شیان ویل شول او ټوټې ټوټې شول، کږ شول او بیرته حرکت ته راغلل.
Lo Yukon si sforzò di spezzare le fredde catene del ghiaccio ghiacciato.
یوکون هڅه وکړه چې د کنګل شوي یخ سړې زنځیرونه مات کړي.

Il ghiaccio si scioglieva sotto, mentre il sole lo scioglieva dall'alto.

یخ لاندې ویلې شو، پداسې حال کې چې لمر هغه له پورته څخه ویلې کړه.

Si aprirono dei buchi, si allargarono delle crepe e dei pezzi caddero nel fiume.

دهوا سوري خلاص شول، درزونه خپاره شول، او ټوټې یې په سیند کې ولوېدې.

In mezzo a tutta questa vita sfrenata e sfrenata, i viaggiatori barcollavano.

ددې ټول سوځېدلي او سوځېدلي ژوند په منځ کې، مسافر ټکان وخوړ.

Due uomini, una donna e un branco di husky camminavano come morti.

دوه سړي، یوه ښځه، او د هسکیانو یوه کڅوړه د مړو په څیر گرځېدل.

I cani cadevano, Mercedes piangeva, ma continuava a guidare la slitta.

سپي لوېدل، مرسدیز ژړل، خو بیا هم په سلیج کې سپور و.

Hal imprecò debolmente e Charles sbatté le palpebre con gli occhi lacrimanti.

هال په کمزوري ډول لعنت ووایه، او چارلس د اوښکو ډکو سترگو له لارې سترگې پټې کړې.

Si imbatterono nell'accampamento di John Thornton, nei pressi della foce del White River.

دوی د وایټ سیند د خولې له لارې د جان تورنتن کمپ ته ننوتل.

Quando si fermarono, i cani caddero a terra, come se fossero stati tutti colpiti a morte.

کله چې دوی ودرېدل، سپي په ځمکه وغورځېدل، لکه ټول مړه شوي وي.

Mercedes si asciugò le lacrime e guardò John Thornton.

مرسدیز خپلې اوښکې پاکې کړې او جان تورنتن ته یې وکتل.

Charles si sedette su un tronco, lentamente e rigidamente, dolorante per il sentiero.

چارلس په لرگي ناست و، ورو او په کلکه، د لارې له امله درد کاوه.

Hal parlava mentre Thornton intagliava l'estremità del manico di un'ascia.

هال خبرې کولې پداسې حال کې چې تورنتون د تبر د لاستې پای پرې کاوه.

Tagliò il legno di betulla e rispose con frasi brevi e decise.
ەغه د برچ لرگي سپین کړل او په لنډو او ټینګو ځوابونو سره یې ځواب ورکړ.
Quando gli veniva chiesto, dava un consiglio, certo che non sarebbe stato seguito.
کله چې ترې وپوښتل شول، هغه مشوره ورکړه، ډاډه وه چې دا به تعقیب نشي.
Hal spiegò: "Ci avevano detto che il ghiaccio lungo la pista si stava staccando".
ه"ال تشریح کړه، "دوی موږ ته ویل چې د لارې یخ تویېږي.
"Ci avevano detto che dovevamo restare fermi, ma siamo arrivati a White River."
"دوی ویل چې موږ باید هلته پاتې شو - مګر موږ وایټ سیند ته ورسیدو."
Concluse con un tono beffardo, come per cantare vittoria nelle difficoltà.
ەغه په مسخره غږ سره پای ته ورساوه، لکه څنګه چې په سختۍ کې د بریا ادعا کوي.
"E ti hanno detto la verità", rispose John Thornton a bassa voce ad Hal.
"او دوی تاسو ته ریښتیا ویل، "جان تورنټن هال ته په خاموشۍ سره ځواب ورکړ.
"Il ghiaccio potrebbe cedere da un momento all'altro: è pronto a staccarsi."
"""یخ ممکن په هره شیبه کې لاره ورکړي - دا چمتو ده چې وغورځېږي.
"Solo la fortuna cieca e gli sciocchi avrebbero potuto arrivare vivi fin qui."
""" یوازې ړانده بخت او احمقان کولی شي تر دې حده ژوندي راشي.
"Te lo dico senza mezzi termini: non rischierei la vita per tutto l'oro dell'Alaska."
"زه تاسو ته په څرګنده توګه وایم، زه به د الاسکا د سرو زرو لپاره خپل ژوند په خطر کې ونه اچوم."
"Immagino che tu non sia uno stupido", rispose Hal.
ه"ال ځواب ورکړ" :دا ځکه چې ته احمق نه یې، زه فکر کوم.
"Comunque, andiamo avanti con Dawson." Srotolò la frusta.
"په هرصورت، موږ به ډاوسن ته لاړ شو. "هغه خپل متریک خلاص کړ.
"Sali, Buck! Ehi! Alzati! Forza!" urlò con voce roca.

"هلته پورته شه، بک. سلام. پورته شه. لاړ شه. "هغه په زوره چیغه کړه.
Thornton continuò a intagliare, sapendo che gli sciocchi non volevano sentire ragioni.
تورنتون په غوسه غړېده، پوهېده چې احمقان به عقل نه اوري.
Fermare uno stupido era inutile, e due o tre stupidi non cambiavano nulla.
دیو احمق بندول بې ګټې وو - او دوه یا درې احمقانو هیڅ بدلون نه دی راوستی.
Ma la squadra non si mosse al suono del comando di Hal.
خو ټیم د هال د امر په غږ سره حرکت ونه کړ.
Ormai solo i colpi potevano farli sollevare e avanzare.
تر اوسه پورې، یوازې ګوزارونه کولی شي دوی پورته او مخ په وړاندې وخوځوي.
La frusta schioccava ripetutamente sui cani indeboliti.
څټک بیا بیا په کمزورو سپیو ولګېد.
John Thornton strinse forte le labbra e osservò in silenzio.
جان تورنتن خپلې شونډې په کلکه کېښودې او په چوپتیا یې کتل.
Solleks fu il primo a rialzarsi sotto la frusta.
سولیکس لومړنی کس و چې د څټک لاندې یې پښو ته وخوځېد.
Poi Teek lo seguì, tremando. Joe urlò mentre barcollava.
بیا ټیک ورپسې راغی، لړزېده. جو چیغه کړه کله چې هغه ودرېد.
Pike cercò di alzarsi, fallì due volte, poi alla fine si rialzò barcollando.
پایک هڅه وکړه چې پورته شي، دوه ځله ناکام شو، بیا بالاخره بې ثباته ودرېد.
Ma Buck rimase lì dov'era caduto, senza muoversi affatto.
خو بک هلته پروت و چې غورځېدلی و، دا ځل یې هیڅ حرکت نه کاوه.
La frusta lo colpì più volte, ma lui non emise alcun suono.
څټک هغه څو ځله وواهه، خو هغه هیڅ غږ ونه کړ.
Lui non sussultò né oppose resistenza, rimase semplicemente immobile e in silenzio.
هغه نه ټکان وخوړ او نه یې مقاومت وکړ، یوازې ارام او غلی پاتې شو.
Thornton si mosse più di una volta, come per dire qualcosa, ma non lo fece.
تورنتن څو ځله وخوځېد، لکه څنګه چې خبرې کول غواړي، خو ونه شو.

I suoi occhi si inumidirono, ma la frusta continuava a schioccare contro Buck.

سترګې يې لوند شوې، او بيا هم د باک په وړاندې ختک مات شو.

Alla fine Thornton cominciò a camminare lentamente, incerto sul da farsi.

بالاخره، تورنتون ورو ورو حرکت پيل کړ، نه پوهېده چې څه وکړي.

Era la prima volta che Buck falliva e Hal si infuriò.

دا لومړی ځل و چې بک ناکام شو، او هال په غوسه شو.

Gettò via la frusta e prese al suo posto il pesante manganello.

هغه کوټه و غورځوله او پر ځای يې درنه ډنډه پورته کړه.

La mazza di legno colpì con violenza, ma Buck non si alzò per muoversi.

دلرګيو ډنډ په زور سره ښکته شو، خو بک لا هم د حرکت لپاره پورته نه شو.

Come i suoi compagni di squadra, era troppo debole, ma non solo.

دخپلو ملګرو په څېر، هغه ډېر کمزوری و - خو له دې هم ډېر.

Buck aveva deciso di non muoversi, qualunque cosa accadesse.

باک پريکړه کړې وه چې حرکت ونه کړي، مهمه نه ده چې بل څه راشي.

Sentì qualcosa di oscuro e sicuro incombere proprio davanti a sé.

هغه يو څه تياره او ډاډمن احساس کړ چې يوازې مخکې ولاړ دی.

Quel terrore lo aveva colto non appena aveva raggiunto la riva del fiume.

هغه وېره هغه ته راغله کله چې هغه د سيند غاړې ته ورسېد.

Quella sensazione non lo aveva abbandonato da quando aveva sentito il ghiaccio assottigliarsi sotto le zampe.

دا احساس له هغه څخه نه و وتلی ځکه چې هغه د خپلو پنجو لاندې يخ نری احساس کړ.

Qualcosa di terribile lo stava aspettando: lo sentiva proprio lungo il sentiero.

يو څه وحشتناکه انتظار کاوه - هغه دا د لارې په اوږدو کې احساس کړ.

Non avrebbe camminato verso quella cosa terribile davanti a lui

هغه به د دې وحشتناک شی په لور مخکې نه ځي
Non avrebbe obbedito a nessun ordine che lo avrebbe condotto a quella cosa.
هغه به د هیڅ هغه امر اطاعت ونه کړي چې هغه دې کار ته اړ باسي.
Ormai il dolore dei colpi non lo sfiorava più: era troppo stanco.
دوهلو درد اوس هغه ته په سختۍ سره رسیدلی و - هغه ډیر لړې تللی و.
La scintilla della vita tremolava lentamente, affievolita da ogni colpo crudele.
دژوند څرک د هرې ظالمانه ضربې لاندې کم او تیاره شو.
Gli arti gli sembravano distanti; tutto il corpo sembrava appartenere a un altro.
دهغه پښې لرې احساس شوې؛ د هغه ټول بدن داسې ښکاریده لکه د بل چا پورې اړه ولري.
Sentì uno strano torpore mentre il dolore scompariva completamente.
هغه یو عجیب بې حسي احساس کړه ځکه چې درد په بشپړه توګه ورک شو.
Da lontano, sentiva che lo stavano picchiando, ma non se ne rendeva conto.
له لرې څخه، هغه احساس کاوه چې وهل کیږي، خو په سختۍ سره پوهېده.
Poteva udire debolmente i tonfi, ma ormai non gli facevano più male.
هغه د ټکانونو غږونه په کمه اندازه اورېدل، خو نور یې په ریښتیا سره درد نه کاوه.
I colpi andarono a segno, ma il suo corpo non sembrava più il suo.
ګوزارونه وشول، خو د هغه بدن نور د هغه خپل نه ښکاریده.
Poi, all'improvviso, senza alcun preavviso, John Thornton lanciò un grido selvaggio.
بیا ناڅاپه، پرته له خبرتیا، جان تورنټن یو وحشي چیغه وکړه.
Era inarticolato, più il grido di una bestia che di un uomo.
دا بې معنی وه، د انسان په پرتله د حیوان چیغه وه.
Si lanciò sull'uomo con la mazza e fece cadere Hal all'indietro.
هغه د لرګي سره سړي ته ټوپ وواهه او هال یې شاته وغورځاوه.

Hal volò come se fosse stato colpito da un albero, atterrando pesantemente al suolo.

هال داسې الوتنه وکړه لکه څنګه چې د ونې سره ټکر شوی وي، په ځمکه باندې په کلکه راښکته شو.

Mercedes urlò a gran voce in preda al panico e si portò le mani al viso.

مرسډيز په ويره کې په لوړ غږ چيغه کړه او د هغې مخ يې ونيو.

Charles si limitò a guardare, si asciugò gli occhi e rimase seduto.

چارلس يوازې ورته کتل، سترګې يې پاکې کړې، او ناست پاتې شو.

Il suo corpo era troppo irrigidito dal dolore per alzarsi o contribuire alla lotta.

دهغه بدن د درد له امله دومره سخت و چې پورته کېدلی نه شو يا په جګړه کې مرسته نه شو کولی.

Thornton era in piedi davanti a Buck, tremante di rabbia, incapace di parlare.

تورنتن د باک تر څنګ ولاړ و، له غوسې لړزېده، او د خبرو کولو توان يې نه درلود.

Tremava di rabbia e lottò per trovare la voce.

هغه له غوسې ولړزېد او د خپل غږ د موندلو لپاره يې مبارزه وکړه.

"Se colpisci ancora quel cane, ti uccido", disse infine.

ه"غه بالاخره وويل": که ته بيا هغه سپی ووهې، زه به دې ووژنم.

Hal si asciugò il sangue dalla bocca e tornò avanti.

هال له خولې څخه وينه پاکه کړه او بيا مخ ته راغی.

"È il mio cane", borbottò. "Togliti di mezzo o ti sistemo io."

هغه وخندل، "دا زما سپی دی." "له لارې لرې شه، که نه نو زه به دې سم "کړم.

"Vado da Dawson e tu non mi fermerai", ha aggiunto.

ه"غه زياته کړه" :زه ډاوسن ته ځم، او ته ما نه منع کوې.

Thornton si fermò tra Buck e il giovane arrabbiato.

تورنتن د بک او غوسه شوي ځوان تر منځ ټينګ ولاړ و.

Non aveva alcuna intenzione di farsi da parte o di lasciar passare Hal.

هغه هيڅ اراده نه درلوده چې يو طرف شي يا هال پرېږدي.

Hal tirò fuori il suo coltello da caccia, lungo e pericoloso nella sua mano.

هال خپله د ښکار چاقو راوویستله، چې اوږده او خطرناکه وه او په لاس کې وه.
Mercedes urlò, poi pianse, poi rise in preda a un'isteria selvaggia.
مرسدیز چیغه کړه، بیا یې ژړل، بیا یې په وحشي جنون کې وخندل.
Thornton colpì la mano di Hal con il manico dell'ascia, con forza e rapidità.
تورنتون د هال لاس د خپل تبر په لاس سخت او ګړندی وواهه.
Il coltello si liberò dalla presa di Hal e volò a terra.
چاقو د هال له منګولو څخه خلاص شو او په ځمکه ولوېد.
Hal cercò di raccogliere il coltello, ma Thornton gli batté di nuovo le nocche.
هال هڅه وکړه چې چاقو پورته کړي، او تورنتون بیا د هغه ګوتې ووهلې.
Poi Thornton si chinò, afferrò il coltello e lo tenne fermo.
بیا تورنتون ښکته شو، چاقو یې واخیست او ونیوله.
Con due rapidi colpi del manico dell'ascia, tagliò le redini di Buck.
دتبر د لاستی په دوو چټکو توتو سره، هغه د باک لګاوونه پرې کړل.
Hal non aveva più voglia di combattere e si allontanò dal cane.
هال په خپل وجود کې هیڅ جګړه نه درلوده او له سپي څخه شاته شو.
Inoltre, ora Mercedes aveva bisogno di entrambe le braccia per restare in piedi.
سربېره پردې، مرسدیز اوس دواړو لاسونو ته اړتیا درلوده ترڅو هغه سمه وساتي.
Buck era troppo vicino alla morte per poter nuovamente tirare la slitta.
باک مرګ ته ډېر نږدې و چې بیا د سلیج کشولو لپاره کار تري وانخیست.
Pochi minuti dopo, ripartirono, dirigendosi verso il fiume.
څو دقیقې وروسته، دوی راووتل، د سیند په لور روان شول.
Buck sollevò debolmente la testa e li guardò lasciare la banca.
باک په کمزوري ډول خپل سر پورته کړ او د بانک څخه د دوی د وتلو ننداره یې وکړه.
Pike guidava la squadra, con Solleks dietro al volante.
پایک د ټیم مشري کوله، او سولیکس د ویل ځای په شا کې و.

Joe e Teek camminavano in mezzo, zoppicando entrambi per la stanchezza.

جو او تیک د دواړو ترمنځ روان وو، دواړه د ستړیا له امله په ګوډ ګوډ روان وو.

Mercedes si sedette sulla slitta e Hal afferrò la lunga pertica.

مرسدیز په سلیج کې کښېناست، او هال اوږده جې پول په لاس کې ونیوه.

Charles barcollava dietro di lui, con passi goffi e incerti.

چارلس شاته وغورځېد، ګامونه یې بې خونده او ناڅرګند وو.

Thornton si inginocchiò accanto a Buck e tastò delicatamente per vedere se aveva ossa rotte.

تورنټن د باک تر څنګ زنګون ووهه او په نرمۍ سره یې د ماتو هډوکو احساس وکړ.

Le sue mani erano ruvide, ma si muovevano con gentilezza e cura.

لاسونه یې سخت وو خو په مهربانۍ او پاملرنې سره یې حرکت کاوه.

Il corpo di Buck era pieno di lividi, ma non presentava lesioni permanenti.

دباک بدن ټپونه وو خو دایمي ټپ یې نه درلود.

Ciò che restava era una fame terribile e una debolezza quasi totale.

هغه څه چې پاتې وو هغه سخته لوږه او تقریبا بشپړه کمزوري وه.

Quando la situazione fu più chiara, la slitta era già andata molto a valle.

کله چې دا څرګنده شوه، سلیج ډېر ښکته سیند ته تللی و.

L'uomo e il cane osservavano la slitta avanzare lentamente sul ghiaccio che si rompeva.

سړي او سپي د یخ د درزیدو په سر د سلیج ورو ورو ختل ولیدل.

Poi videro la slitta sprofondare in una cavità.

بیا، دوی ولیدل چې سلیج په یوه کنده کې ډوب شو.

La pertica volò in alto, ma Hal vi si aggrappò ancora invano.

دګیو قطب پورته پورته شو، هال لا هم بې ګټې ودرېد.

L'urlo di Mercedes li raggiunse attraverso la fredda distanza.

دمرسډیز چیغه د سړې فاصلې له لارې دوی ته ورسېده.

Charles si voltò e fece un passo indietro, ma era troppo tardi.

چارلس وګرځېد او شاته ولاړ - خو ډېر ناوخته و.

Un'intera calotta di ghiaccio cedette e tutti precipitarono.

یوه تولګه یخ پانه وغورځېده، او ټول یې وغورځېدل.

Cani, slitte e persone scomparvero nelle acque nere sottostanti.

سپي، سليج، او خلک لاندې تورو اوبو کې ورک شول.

Nel punto in cui erano passati era rimasto solo un largo buco nel ghiaccio.

په هغه ځای کې چې دوی تېر شوي وو يوازې په يخ کې يوه پراخه سوري پاتې وه.

Il fondo del sentiero era crollato, proprio come aveva previsto Thornton.

دلارې ښکته برخه غورځېدلې وه - لکه څنګه چې تورنتون خبرداری ورکړی و.

Thornton e Buck si guardarono l'un l'altro, in silenzio per un momento.

تورنتن او بک يو بل ته وکتل، د يوې شيبې لپاره چوپ وو.

"Povero diavolo", disse Thornton dolcemente, e Buck gli leccò la mano.

تورنتن په نرمۍ سره وويل" :ته بېچاره شيطانه، "او بک يې لاس څټ کړ.

Per amore di un uomo

د يو سړي د مينې لپاره

John Thornton si congelò i piedi per il freddo del dicembre precedente.

جان تورنتن د تیر دسمبر په یخنی کې خپلې پښې کنګل کړې.

I suoi compagni lo fecero sentire a suo agio e lo lasciarono guarire da solo.

دهغه ملګرو هغه آرام کړ او هغه يې يوازې پريښود چې روغ شي.

Risalirono il fiume per raccogliere una zattera di tronchi da sega per Dawson.

دوی د سیند غاړې ته لاړل ترڅو د ډاوسن لپاره د لرګيو يوه بيړۍ راټوله کړي.

Zoppicava ancora leggermente quando salvò Buck dalla morte.

کله چې هغه بک له مرګ څخه وژغوره، هغه لا هم لږ څه ګوډ ګوډ روان و.

Ma con il persistere del caldo, anche quella zoppia è scomparsa.

خو د ګرمې هوا په دوام سره، هغه نرمښت هم ورک شو.

Sdraiato sulla riva del fiume durante le lunghe giornate primaverili, Buck si riposò.

دپسرلي په اوږدو ورځو کې د سیند په غاړه پروت، باک استراحت کاوه.

Osservava l'acqua che scorreva e ascoltava gli uccelli e gli insetti.

هغه بهېدونکي اوبه وکتلې او د مرغیو او حشراتو غږ يې واورېد.

Lentamente Buck riacquistò le forze sotto il sole e il cielo.

ورو ورو، باک د لمر او اسمان لاندې خپل ځواک بیرته ترلاسه کړ.

Dopo aver viaggiato tremila miglia, riposarsi è stato meraviglioso.

ددرې زره میله سفر وروسته آرام ډېر ښه احساس شو.

Buck diventò pigro man mano che le sue ferite guarivano e il suo corpo si riempiva.

باک سست شو ځکه چې د هغه ټپونه روغ شول او بدن يې ډک شو.

I suoi muscoli si rassodarono e la carne tornò a ricoprire le sue ossa.

دهغه عضلات قوي شول، او غوښه بیرته راغله او هدوکي يې پوښل.

Stavano tutti riposando: Buck, Thornton, Skeet e Nig.
دوی ټول استراحت کاوه — باک، تورنټن، سکیټ، او نیګ.
Aspettarono la zattera che li avrebbe portati a Dawson.
دوی د هغه بیړۍ انتظار کاوه چې دوی به ډاوسن ته وړي.
Skeet era un piccolo setter irlandese che fece amicizia con Buck.
سکیټ یو کوچنی ایرلینډي سیټر و چې له بک سره یې ملګرتیا وکړه.
Buck era troppo debole e malato per resisterle al loro primo incontro.
باک ډېر کمزوری او ناروغ و چې په لومړۍ ناسته کې یې مقاومت ونه کړ.
Skeet aveva la caratteristica di guaritore che alcuni cani possiedono per natura.
سکیټ هغه شفا ورکوونکي ځانګړتیا درلوده چې ځینې سپي یې په طبیعي ډول لري.
Come una gatta, leccò e pulì le ferite aperte di Buck.
دمور پیشو په څیر، هغې د باک خام ټپونه چاټ کړل او پاک کړل.
Ogni mattina, dopo colazione, ripeteva il suo attento lavoro.
هره سهار د ناشتې وروسته، هغې خپل محتاط کار تکرار کړ.
Buck finì per aspettarsi il suo aiuto tanto quanto quello di Thornton.
باک د تورنټون په څېر د هغې د مرستې تمه درلوده.
Anche Nig era amichevole, ma meno aperto e meno affettuoso.
نګ هم دوستانه و، خو لږ خلاص او لږ مینه ناک و.
Nig era un grosso cane nero, in parte segugio e in parte levriero.
نګ یو لوی تور سپی و، یوه برخه یې د وینې ښکار او یوه برخه یې د هوسۍ ښکار وه.
Aveva occhi sorridenti e un'infinita bontà d'animo.
هغه خندونکې سترګې او په روح کې یې بې پایه ښه طبیعت درلود.
Con sorpresa di Buck, nessuno dei due cani mostrò gelosia nei suoi confronti.
دباک د حیرانتیا لپاره، هیڅ سپي د هغه په وړاندې کینه ونه ښوده.
Sia Skeet che Nig condividevano la gentilezza di John Thornton.
سکیټ او نیګ دواړو د جان تورنټن مهربانۍ شریکه کړه.

Man mano che Buck diventava più forte, lo attiravano in stupidi giochi da cani.

لکه څنګه چې بک پیاوړی شو، دوی هغه د سپو احمقانه لوبو ته وهڅول.

Anche Thornton giocava spesso con loro, incapace di resistere alla loro gioia.

تورنتن ډیری وخت د دوی سره لوبې کولې، او د دوی د خوښۍ مقاومت یې نشو کولی.

In questo modo giocoso, Buck passò dalla malattia a una nuova vita.

په دې خوندور ډول، باک له ناروغۍ څخه نوي ژوند ته لاړ.

L'amore, quello vero, ardente e passionale, era finalmente suo.

مینه - ریښتینې، سوځېدونکې، او جذباتي مینه - بالاخره د هغه وه.

Non aveva mai conosciuto questo tipo di amore nella tenuta di Miller.

هغه هیڅکله د میلر په جایداد کې دا ډول مینه نه وه لیدلې.

Con i figli del giudice aveva condiviso lavoro e avventure.

د قاضي د زامنو سره، هغه کار او ساہسک شریک کړی و.

Nei nipoti notò un orgoglio rigido e vanitoso.

د لمسیانو سره، هغه سخت او مغرور غرور ولید.

Con lo stesso giudice Miller aveva un rapporto di rispettosa amicizia.

هغه پخپله د قاضي میلر سره یوه درناوي وړ ملګرتیا درلوده.

Ma l'amore che era fuoco, follia e adorazione era ciò che accadeva con Thornton.

خو مینه چې اور، لیونتوب او عبادت وو د تورنتن سره راغله.

Quest'uomo aveva salvato la vita di Buck, e questo di per sé significava molto.

دې سړي د باک ژوند وژغوره، او یوازې دا ډېر مهم و.

Ma più di questo, John Thornton era il tipo ideale di maestro.

خو له دې څخه زیات، جان تورنتن د مثالي ډول ماستر وو.

Altri uomini si prendevano cura dei cani per dovere o per necessità lavorative.

نورو نارینه وو د دندې یا سوداګریزې اړتیا له مخې د سپیو پالنه کوله.

John Thornton si prendeva cura dei suoi cani come se fossero figli.

جان تورنتن د خپلو سپو پالنه داسې کوله لکه څنګه چې د هغه ماشومان وي۔
Si prendeva cura di loro perché li amava e semplicemente non poteva farne a meno.
ههغه د دوی پاملرنه کوله ځکه چې هغه ورسره مینه درلوده او په ساده ډول يې مرسته نشو کولی۔
John Thornton vide molto più lontano di quanto la maggior parte degli uomini riuscisse mai a vedere.
جان تورنتن د هغه څه څخه ډېر څه ولیدل چې ډېری نارینه يې هیڅکله نشي لیدلی۔
Non dimenticava mai di salutarli gentilmente o di pronunciare una parola di incoraggiamento.
ههغه هیڅکله هیر نه کړ چې هغوی ته په مهربانی سره سلام وکړي یا د خوښی کلمه ووایی۔
Amava sedersi con i cani per fare lunghe chiacchierate, o "gassy", come diceva lui.
ههغه د سپو سره د اوږدو خبرو اترو لپاره ناست خوښاوه، یا لکه څنګه چې هغه وویل "ګیسي"۔
Gli piaceva afferrare bruscamente la testa di Buck tra le sue mani forti.
ههغه خوښېده چې د باک سر په خپلو قوي لاسونو کې په کلکه ونیسي۔
Poi appoggiò la testa contro quella di Buck e lo scosse delicatamente.
بیا يې خپل سر د باک په سر کېښود او په نرمی سره يې وخوځاوه۔
Nel frattempo, chiamava Buck con nomi volgari che per lui significavano affetto.
په دې ټولو وختونو کې، هغه باک ته بد نومونه ویل چې د باک لپاره د مینې معنی لري۔
Per Buck, quell'abbraccio rude e quelle parole portarono una gioia profonda.
دباک لپاره، هغه سخت غېږ او دې خبرو ژوره خوښي راوړه۔
A ogni movimento il suo cuore sembrava sussultare di felicità.
دهغه زړه په هر حرکت کې د خوښی څخه لړزېده۔
Quando poi balzò in piedi, la sua bocca sembrava ridere.
کله چې هغه وروسته پورته شو، نو خوله يې داسې ښکارېده لکه خندل۔

I suoi occhi brillavano intensamente e la sua gola tremava per una gioia inespressa.

سترګې يې په روښانه ډول ځلېدلې او ستونی يې د ناڅرګندې خوښۍ له امله لړزېده.

Il suo sorriso rimase immobile in quello stato di emozione e affetto ardente.

دهغه موسکا د احساساتو او ځليدونکي مينې په حالت کې ولاړه وه.

Allora Thornton esclamò pensieroso: "Dio! Riesce quasi a parlare!"

ب"یا تورنتن په سوچ سره وویل" :خدایه. هغه تقريبا خبرې کولی شي.

Buck aveva uno strano modo di esprimere l'amore che quasi gli causava dolore.

باک د مينې د څرګندولو يوه عجيبه لاره درلوده چې تقريبا يې درد درلود.

Spesso stringeva forte la mano di Thornton tra i denti.

هغه ډيری وخت د تورنتن لاس په خپلو غاښونو کې ډېر ټينګ نيولی و.

Il morso avrebbe lasciato segni profondi che sarebbero rimasti per qualche tempo.

چیچلو به ژورې نښې پرېښودې چې د یو څه وخت لپاره وروسته پاتې شوې.

Buck credeva che quei giuramenti fossero amore, e Thornton la pensava allo stesso modo.

باک باور درلود چې دا قسمونه مينه وه، او تورنتن هم دا خبره پوهيده.

Il più delle volte, l'amore di Buck si manifestava in un'adorazione silenziosa, quasi silenziosa.

ډيری وختونه، د باک مينه په خاموش، تقريبا خاموش عبادت کې ښکاره شوه.

Sebbene fosse emozionato quando veniva toccato o gli si parlava, non cercava attenzione.

که څه هم کله چې لمس کېده يا ورسره خبرې کېدې نو ډېر خوشحاله کېده، خو پاملرنه يې نه غوښتله.

Skeet spinse il naso sotto la mano di Thornton finché lui non la accarezzò.

سکیټ خپله پوزه د تورنتن د لاس لاندې ټینګه کړه تر هغه چې هغه يې په لاس کې ونيوه.

Nig si avvicinò silenziosamente e appoggiò la sua grande testa sulle ginocchia di Thornton.

نګ په خاموشۍ سره پورته شو او خپل لوی سر يې د تورنټن په زنګون کېښود.
Buck, al contrario, si accontentava di amare da una rispettosa distanza.
برعکس، باک د درناوي وړ واټن څخه په مينه کولو راضي و.
Rimase sdraiato per ore ai piedi di Thornton, vigile e attento.
هغه د تورنټن پښو ته په ساعتونو ساعتونو دروغ ووېل، هوښيار او له نږدې يې څارل.
Buck studiò ogni dettaglio del volto del suo padrone, perfino il più piccolo movimento.
باک د خپل مالک د مخ هر جزئيات او لږ حرکت مطالعه کړ.
Oppure sdraiati più lontano, studiando in silenzio la sagoma dell'uomo.
يا لرې پروت و، په خاموشۍ سره د سړي شکل مطالعه کول.
Buck osservava ogni piccolo movimento, ogni cambiamento di postura o di gesto.
باک هر کوچنی حرکت، د حالت يا اشارې هر بدلون څاره.
Questo legame era così potente che spesso catturava lo sguardo di Thornton.
دا اړيکه دومره قوي وه چې ډيری وخت به يې د تورنټن سترګې ځان ته اړولې.
Incontrò lo sguardo di Buck senza dire parole, e il suo amore traspariva chiaramente.
هغه د باک سترګو ته پرته له خبرو وکتل، مينه يې په څرګنده توګه ځليده.
Per molto tempo dopo essere stato salvato, Buck non perse mai di vista Thornton.
دژغورل کېدو وروسته د اوږدې مودې لپاره، باک هيڅکله تورنټن له سترګو پټ نه کړ.
Ogni volta che Thornton usciva dalla tenda, Buck lo seguiva da vicino all'esterno.
هر کله چې تورنټن له خيمې ووت، باک به يې له نږدې تعقيباوه.
Tutti i severi padroni delle Terre del Nord avevano fatto sì che Buck non riuscisse più a fidarsi.
په شمالي لېنډ کې ټولو سختو بادارانو باک د باور کولو څخه ويره درلوده.
Temeva che nessun uomo potesse restare suo padrone se non per un breve periodo.

ه‌غه وېرېده چې هيڅ سړی د لند وخت څخه زيات د هغه مالک نشي پاتې کېدای.
Temeva che John Thornton sarebbe scomparso come Perrault e François.
ه‌غه وېره درلوده چې جان تورنټن به د پيرولټ او فرانسوا په څېر ورک شي.
Anche di notte, la paura di perderlo tormentava il sonno agitato di Buck.
حتی د شپې، د هغه د لاسه ورکولو ويره د باک بې خوبه خوب ځوروي.
Quando Buck si svegliò, si trascinò fuori al freddo e andò nella tenda.
کله چې باک له خوبه راويښ شو، هغه په يخنی کې راووت او خيمې ته لاړ.
Ascoltò attentamente il leggero suono del suo respiro interiore.
ه‌غه د دننه د تنفس نرم غږ ته په دقت سره غوږ ونيو.
Nonostante il profondo amore di Buck per John Thornton, la natura selvaggia sopravvisse.
سره له دې چې د جان تورنټن سره د بک ژوره مينه وه، خو وحشي ژوندی پاتې شو.
Quell'istinto primitivo, risvegliatosi nel Nord, non scomparve.
ه‌غه ابتدايي غريزه، چې په شمال کې را ويښ شوه، ورکه نه شوه.
L'amore portava devozione, lealtà e il caldo legame attorno al fuoco.
مينې عقيدت، وفاداري، او د اور د غاړې گرمه اړيکه راوړه.
Ma Buck mantenne anche i suoi istinti selvaggi, acuti e sempre all'erta.
خو باک هم خپل وحشي غريزونه، تيز او تل هوښيار ساتل.
Non era solo un animale domestico addomesticato proveniente dalle dolci terre della civiltà.
ه‌غه يوازې د تمدن د نرمو ځمکو څخه يو پالل شوی څاروی نه و.
Buck era un essere selvaggio che si era seduto accanto al fuoco di Thornton.
باک يو وحشي مخلوق وو چې د تورنټن د اور تر څنګ کېناست.
Sembrava un cane del Southland, ma in lui albergava la natura selvaggia.

هغه د ساوت لینډ سپي په خیر ښکاریده، مګر وحشیتوب یې دننه ژوند کاوه.
Il suo amore per Thornton era troppo grande per permettersi un furto da parte di quell'uomo.
دتورنټن سره د هغه مینه دومره زیاته وه چې د سړي څخه یې غلا ته اجازه نه ورکوله.
Ma in qualsiasi altro campo ruberebbe con audacia e senza esitazione.
خو په بل هر کمپ کې به هغه په زړورتیا او پرته له ځنډه غلا کوله.
Era così abile nel rubare che nessuno riusciva a catturarlo o accusarlo.
هغه په غلا کې دومره هوښیار و چې هیڅوک یې نشو نیولی یا یې تورنولی نشي.
Il suo viso e il suo corpo erano coperti di cicatrici dovute a molti combattimenti passati.
دهغه مخ او بدن د ډیرو تیرو جګړو له امله په ټپونو پوښل شوي وو.
Buck continuava a combattere con ferocia, ma ora lo faceva con maggiore astuzia.
باک لا هم په کلکه جګړه کوله، خو اوس یې په ډیر هوښیارۍ سره جګړه وکړه.
Skeet e Nig erano troppo docili per combattere, ed erano di Thornton.
سکیټ او نګ د جګړې لپاره ډېر نرم وو، او دوی د تورنټن وو.
Ma qualsiasi cane estraneo, non importa quanto forte o coraggioso, cedeva.
خو هر عجیب سپی، که هر څومره قوي یا زړور وي، لاره یې ورکړه.
Altrimenti, il cane si ritrovò a combattere contro Buck, lottando per la propria vita.
که نه نو، سپی ځان د بک سره په جګړه کې وموند؛ د خپل ژوند لپاره مبارزه کوي.
Buck non ebbe pietà quando decise di combattere contro un altro cane.
کله چې باک د بل سپي سره د جګړې پریکړه وکړه، نو هغه هیڅ رحم ونه کړ.
Aveva imparato bene la legge del bastone e della zanna nel Nord.
هغه په شمالي لینډ کې د کلب او فنګ قانون ښه زده کړی و.

Non ha mai rinunciato a un vantaggio e non si è mai tirato indietro dalla battaglia.

هغه هیڅکله هم ګټه له لاسه ورنکړه او هیڅکله یې له جګړې څخه شاته نه شو.

Aveva studiato Spitz e i cani più feroci della polizia e della posta.

هغه د سپیتز او د پوستي او پولیسو تر ټولو وحشي سپو په اړه زده کړه کړې وه.

Sapeva chiaramente che non esisteva via di mezzo in un combattimento selvaggio.

هغه په څرګنده توګه پوهیده چې په وحشي جګړه کې هیڅ منځنی لاره نشته.

Doveva governare o essere governato; mostrare misericordia significava mostrare debolezza.

هغه باید حکومت وکړي یا واکمن شي؛ د رحم ښودلو معنی د کمزورۍ ښودل دي.

La pietà era sconosciuta nel mondo crudo e brutale della sopravvivenza.

رحم د بقا په خام او ظالمانه نړۍ کې نامعلوم و.

Mostrare pietà era visto come un atto di paura, e la paura conduceva rapidamente alla morte.

رحم ښودل د ویرې په توګه ګڼل کېده، او ویره په چټکۍ سره د مرګ لامل کېده.

La vecchia legge era semplice: uccidere o essere uccisi, mangiare o essere mangiati.

زوړ قانون ساده وو :ووژنئ یا ووژل شئ، وخورئ یا وخوړل شئ.

Quella legge proveniva dalle profondità del tempo e Buck la seguì alla lettera.

دا قانون د وخت له ژورو څخه راغلی و، او بک په بشپړ ډول دا تعقیب کړ.

Buck era più vecchio dei suoi anni e del numero dei suoi respiri.

باک د خپلو کلونو او د هغو ساه اخیستلو شمیر څخه لوی و.

Collegava in modo chiaro il passato remoto con il momento presente.

هغه په څرګنده توګه لرغونی ماضي له اوسني شیبې سره وصل کړ.

I ritmi profondi dei secoli si muovevano attraverso di lui come le maree.

دزمانو ژور تالونه د ځپو په څېر په هغه کې ګرځېدل.

Il tempo pulsava nel suo sangue con la stessa sicurezza con cui le stagioni muovevano la terra.

وخت د هغه په وینه کې داسې چټک حرکت کاوه لکه څنګه چې فصلونه ځمکه خوځوي.

Sedeva accanto al fuoco di Thornton, con il petto forte e le zanne bianche.

هغه د تورنټن د اور تر څنګ ناست و، قوي سینه او سپین غاښونه یې درلودل.

La sua lunga pelliccia ondeggiava, ma dietro di lui lo osservavano gli spiriti dei cani selvatici.

دهغه اوږده وېښتان ښورېدل، خو تر شا یې د وحشي سپو روحونه څارل.

Lupi mezzi e lupi veri si agitavano nel suo cuore e nei suoi sensi.

نیم لیوان او بشپړ لیوان د هغه په زړه او حواسو کې ولړزېدل.

Assaggiarono la sua carne e bevvero la stessa acqua che bevve lui.

هغوی د هغه غوښه وڅکله او هماغه اوبه یې وڅښلې چې هغه یې څښلې.

Annusarono il vento insieme a lui e ascoltarono la foresta.

دوی د هغه تر څنګ باد بوی کړ او د ځنګل غږ یې واورېد.

Sussurravano il significato dei suoni selvaggi nell'oscurità.

دوی په تیاره کې د وحشي غږونو معنی په غوږونو کې ووهله.

Modellavano il suo umore e guidavano ciascuna delle sue reazioni silenziose.

دوی د هغه مزاج ته شکل ورکړ او د هغه هر خاموش غبرګون یې رهبري کړ.

Giacevano accanto a lui mentre dormiva e diventavano parte dei suoi sogni profondi.

کله چې هغه ویده شو، دوی ورسره ویده شول او د هغه د ژورو خوبونو برخه شوه.

Sognavano con lui, oltre lui, e costituivano il suo stesso spirito.

دوی د هغه سره، له هغه هاخوا خوبونه لیدل، او د هغه روح یې جوړ کړ.

Gli spiriti della natura selvaggia chiamavano con tanta forza che Buck si sentì attratto.

دوحشي روحونو غږ دومره زورور و چې باک د کشولو احساس وکړ.
Ogni giorno che passava, l'umanità e le sue rivendicazioni si indebolivano nel cuore di Buck.
دهرې ورځې په تېرېدو سره، د باک په زړه کې انسان او د هغه ادعاوې کمزورې کېدې.
Nel profondo della foresta si stava per udire un richiamo strano ed emozionante.
دځنګله په ژوره کې، یو عجیب او په زړه پورې غږ پورته کېده.
Ogni volta che sentiva la chiamata, Buck provava un impulso a cui non riusciva a resistere.
هر کله چې به هغه زنګ واورېد، باک به یو داسې خواهش احساس کړ چې هغه یې مقاومت نشو کولی.
Avrebbe voltato le spalle al fuoco e ai sentieri battuti dagli uomini.
هغه به د اور او د وهل شویو انسانانو له لارو څخه مخ واړوي.
Stava per addentrarsi nella foresta, avanzando senza sapere il perché.
هغه غوښتل چې ځنګله ته وغورځېږي، پرته له دې چې پوه شي ولې مخکې لاړ شي.
Non mise in discussione questa attrazione, perché la chiamata era profonda e potente.
هغه د دې کشش په اړه پوښتنه ونه کړه، ځکه چې زنګ ژور او پیاوړی و.
Spesso raggiungeva l'ombra verde e la terra morbida e intatta
ډیری وخت، هغه شنه سیوري او نرمې نه لمس شوې ځمکې ته ورسید
Ma poi il forte amore per John Thornton lo riportò al fuoco.
خو بیا د جان تورنتن سره قوي مینې هغه بیرته اور ته راواړوه.
Soltanto John Thornton riuscì davvero a tenere stretto il cuore selvaggio di Buck.
یوازې جان تورنتون په ریښتیا سره د باک وحشي زړه په خپل منګولو کې ساتلی و.
Per Buck il resto dell'umanità non aveva alcun valore o significato duraturo.
دانسانانو پاتې برخه د باک لپاره هیڅ تلپاتې ارزښت یا معنی نه درلوده.
Gli sconosciuti potrebbero lodarlo o accarezzargli la pelliccia con mani amichevoli.

ن‌ا اشنا خلک ممکن د هغه ستاینه وکړي یا د دوستانه لاسونو سره د هغه ویښتان وخوري.
Buck rimase impassibile e se ne andò per eccesso di affetto.
ب‌اک بې حرکته پاتې شو او د ډېرې مینې له امله لاړ.
Hans e Pete arrivarono con la zattera che era stata attesa a lungo
هانس او پیټ د هغه بېړۍ سره راغلل چې له ډېرې مودې راهیسې یې انتظار کېده.
Buck li ignorò finché non venne a sapere che erano vicini a Thornton.
ب‌اک دوی له پامه وغورځول تر هغه چې پوه شو چې دوی تورنتن ته نږدې دي.
Da allora in poi li tollerò, ma non dimostrò mai loro tutto il suo calore.
ل‌ه هغې وروسته، هغه هغوی زغمل، خو هیڅکله یې پوره تودوخه ونه ښوده.
Accettava da loro cibo o gentilezza come se volesse fare loro un favore.
ه‌غه له هغوی څخه خواړه یا مهرباني واخیسته لکه څنګه چې یې پر هغوی احسان کاوه.
Erano come Thornton: semplici, onesti e lucidi nei pensieri.
دوی د تورنتن په څیر وو - ساده، صادق، او په فکر کې روښانه.
Tutti insieme viaggiarono verso la segheria di Dawson e il grande vortice
ټ‌ول یوځای د ډاوسن د اره کارخانې او لوی ایډي ته سفر وکړ
Nel corso del loro viaggio impararono a comprendere profondamente la natura di Buck.
پ‌ه خپل سفر کې دوی د باک طبیعت په ژوره توګه پوهیدل زده کړل.
Non cercarono di avvicinarsi come avevano fatto Skeet e Nig.
دوی هڅه ونه کړه چې د سکیټ او نیګ په څیر نږدې شي.
Ma l'amore di Buck per John Thornton non fece che aumentare con il tempo.
خ‌و د جان تورنتن سره د باک مینه د وخت په تیریدو سره ژوره شوه.
Solo Thornton poteva mettere uno zaino sulla schiena di Buck durante l'estate.

ی‌وازې تورنتون کولی شوای چې په دوبي کې د باک په شا باندې یوه کښوره کېږدي.
Buck era disposto a eseguire senza riserve qualsiasi ordine impartito da Thornton.
هر هغه څه چې تورنتون امر کاوه، باک په بشپړ ډول د ترسره کولو لپاره چمتو و.
Un giorno, dopo aver lasciato Dawson per le sorgenti del Tanana,
یوه ورځ، وروسته له هغه چې دوی د تانانا سیند د سر اوبو ته د داوسن څخه ووتل،
il gruppo era seduto su una rupe che scendeva per un metro fino a raggiungere la nuda roccia.
ډله په یوه ډبره کې ناسته وه چې درې فوټه ښکته شوه او ډبره یې خلاصه شوه.
John Thornton si sedette vicino al bordo e Buck si riposò accanto a lui.
جان تورنتن د څنډې ته نږدې ناست و، او بک د هغه تر څنګ استراحت وکړ.
Thornton ebbe un'idea improvvisa e richiamò l'attenzione degli uomini.
تورنتن ناڅاپه یو فکر وکړ او د سړیو پام یې راواړاوه.
Indicò l'altro lato del baratro e diede a Buck un unico comando.
هغه د کندې له بلې خوا اشاره وکړه او بک ته یې یو واحد امر ورکړ.
"Salta, Buck!" disse, allungando il braccio oltre il precipizio.
"توپ کړه، بک." "هغه وویل، خپل لاس یې د ښاخکي په سر وخوځاوه.
Un attimo dopo dovette afferrare Buck, che stava saltando per obbedire.
په یوه شیبه کې، هغه باید باک ونیسي، چې د اطاعت لپاره یې توپ وهلی و.
Hans e Pete si precipitarono in avanti e tirarono entrambi indietro per metterli in salvo.
هانس او پیټ مخ په وړاندې منډه کړه او دواړه یې بیرته خوندي ځای ته راوستل.
Dopo che tutto fu finito e che ebbero ripreso fiato, Pete prese la parola.

وروسته له هغه چې هرڅه پای ته ورسېدل، او دوی ساه واخيسته، پيټ
خبرې وکړې.
«È un amore straordinario», disse, scosso dalla feroce devozione del cane.
"مينه عجيبه ده، "هغه وويل، د سپي د سختې عقيدې څخه ټکان وخوړ.
Thornton scosse la testa e rispose con calma e serietà.
تورنټون سر وخوځاوه او په ارام جديت سره يې ځواب ورکړ.
«No, l'amore è splendido», disse, «ma anche terribile».
""نه، مينه ډېره ښکلې ده، "هغه وويل، "خو ډېره بده هم ده.
"A volte, devo ammetterlo, questo tipo di amore mi fa paura."
""کله ناکله، زه بايد اعتراف وکړم، دا ډول مينه ما ويره راکوي.
Pete annuì e disse: "Mi dispiacerebbe tanto essere l'uomo che ti tocca".
پيټ سر وخوځاوه او ويې ويل، "زه به له هغه سړي څخه کرکه وکړم
"چې تاته لاس اچوي.
Mentre parlava, guardava Buck con aria seria e piena di rispetto.
هغه د خبرو کولو پر مهال بک ته وکتل، جدي او له درناوي ډک.
"Py Jingo!" esclamò Hans in fretta. "Neanch'io, no signore."
""پای جينګو. "هانس په چټکۍ سره وويل. "زه هم، نه صاحب.

Prima che finisse l'anno, i timori di Pete si avverarono a Circle City.
دکال پای ته رسيدو دمخه، د پيټ ويره په سرکل ښار کې ريښتيا شوه.
Un uomo crudele di nome Black Burton attaccò una rissa nel bar.
دبليک برټن په نوم يو ظالم سړي په بار کې جګړه غوره کړه.
Era arrabbiato e cattivo, e si scagliava contro un novellino.
هغه په غوسه او کرکه لرونکی و، په يوه نوي نرم پښه يې ګوزار وکړ.
John Thornton intervenne, calmo e bonario come sempre.
جان تورنټن دننه راغی، د تل په څير ارام او ښه طبيعت درلود.
Buck giaceva in un angolo, con la testa bassa, e osservava Thornton attentamente.
باک په يوه کونج کې پروت و، سر يې ښکته و، تورنټن يې له نږدې
څاره.

Burton colpì all'improvviso e il suo pugno fece girare Thornton.

بـرټن ناڅاپه ووهه، د هغه ګوزار تورنټن ته وګرځاوه.

Solo la ringhiera della sbarra gli impedì di cadere violentemente a terra.

یوازې د بار پټلۍ هغه د ځمکې سره د سختې ټکر څخه وساته.

Gli osservatori hanno sentito un suono che non era un abbaio o un guaito

څارونکو یو غږ واورېد چې نه د غافلۍ او نه د چیغې وهلو غږ و.

Buck emise un profondo ruggito mentre si lanciava verso l'uomo.

کـله چې د سړي په لور روان شو، د باک څخه یو ژور شور راغی.

Burton alzò il braccio e per poco non si salvò la vita.

بـرټن خپل لاس پورته کړ او په سختۍ سره یې خپل ژوند وژغوره.

Buck si schiantò contro di lui, facendolo cadere a terra.

بـاک ورسره ټکر وکړ، او هغه یې په فرش وغورځاوه.

Buck gli diede un morso profondo al braccio, poi si lanciò alla gola.

بـاک د سړي په لاس کې ژوره خوله ولګوله، بیا یې د ستوني لپاره ټوپ وواهه.

Burton riuscì a parare solo in parte e il suo collo fu squarciato.

بـرټن یوازې په جزوي ډول بندولی شو، او غاړه یې پرې شوې وه.

Gli uomini si precipitarono dentro, brandendo i manganelli e allontanarono Buck dall'uomo sanguinante.

سړي ورغلل، ډنډې یې پورته کړې، او بک یې د وینې بهیدونکي سړي څخه وشړلو.

Un chirurgo ha lavorato rapidamente per impedire che il sangue fuoriuscisse.

یو جراح په چټکۍ سره کار وکړ ترڅو د وینې بهیدل ودروي.

Buck camminava avanti e indietro ringhiando, tentando di attaccare ancora e ancora.

بـاک سرعت وکړ او ګړنګ یې وکړ، هڅه یې کوله چې بیا بیا برید وکړي.

Soltanto i bastoni oscillanti gli impedirono di raggiungere Burton.

یوازې د ځرخېدو کلبونو هغه د برټن ته د رسیدو مخه ونیوله.

Proprio lì, sul posto, venne convocata una riunione dei minatori.

دکان کیندونکو یوه غونډه راوبلل شوه او په هماغه ځای کې جوړه شوه.

Concordarono sul fatto che Buck era stato provocato e votarono per liberarlo.

دوی ومنله چې بک پارول شوی و او د هغه د خوشې کولو لپاره یې رایه ورکړه.

Ma il nome feroce di Buck risuonava ormai in ogni accampamento dell'Alaska.

خو د باک وحشتناک نوم اوس د الاسکا په هر کمپ کې غږیږي.

Più tardi, quello stesso autunno, Buck salvò Thornton di nuovo in un modo nuovo.

وروسته په مني کې، بک تورنتن بیا په یوه نوي ډول وژغوره.

I tre uomini stavano guidando una lunga barca lungo delle rapide impetuose.

درې سړي د سختو څپو په اوږدو کې یوه اوږده کښتۍ رهبري کوله.

Thornton manovrava la barca, gridando indicazioni per raggiungere la riva.

ټورنتن کښتۍ چلوله، او ساحل ته یې لارښوونې کولې.

Hans e Pete correvano sulla terraferma, tenendo una corda da un albero all'altro.

هانس او پیټ په ځمکه منډه کړه، له یوې ونې څخه بلې ونې ته یې رسۍ ونیوله.

Buck procedeva a passo d'uomo sulla riva, tenendo sempre d'occhio il suo padrone.

باک د سیند په غاړه حرکت کاوه، تل یې خپل مالک ته کتل.

In un punto pericoloso, delle rocce sporgevano dall'acqua veloce.

په یوه ناوړه ځای کې، ډبرې د ګړندیو اوبو لاندې راوتلې وې.

Hans lasciò andare la cima e Thornton tirò la barca verso la larghezza.

هانس رسۍ پرېښوده، او تورنتون کښتۍ پراخه کړه.

Hans corse a percorrerla di nuovo, superando le pericolose rocce.

هانس د خطرناکو ډبرو څخه تېر شو او بیا یې د کښتۍ د نیولو لپاره منډې ووهلې.

La barca superò la sporgenza ma trovò una corrente più forte.

کښتۍ د څنډې څخه پاکه شوه خو د جریان یوې قوي برخې سره ټکر شوه.

Hans afferrò la cima troppo velocemente e fece perdere l'equilibrio alla barca.

هانس ډېر ژر رسۍ ونیوه او کښتۍ یې له توازن څخه وویسته.

La barca si capovolse e sbatté contro la riva, con la parte inferiore rivolta verso l'alto.

کښتۍ څپېړه شوه او د غاړې سره ټکر شوه، ښکته پورته.

Thornton venne scaraventato fuori e trascinato nella parte più selvaggia dell'acqua.

تورنټن بهر وغورځول شو او د اوبو تر ټولو وحشي برخې ته وغورځول شو.

Nessun nuotatore sarebbe sopravvissuto in quelle acque pericolose e pericolose.

په دې وژونکو، څځلونکو اوبو کې هیڅ لامبو وهونکی ژوندی نه شو پاتې کېدای.

Buck si lanciò all'istante e inseguì il suo padrone lungo il fiume.

باک سمدلاسه ټوپ وواهه او خپل بادار یې د سیند لاندې تعقیب کړ.

Dopo trecento metri finalmente raggiunse Thornton.

له درې سوه متره واټن وروسته، هغه بالاخره تورنټن ته ورسېد.

Thornton afferrò la coda di Buck, e Buck si diresse verso la riva.

تورنټون د باک لکۍ ونیوله، او باک د ساحل په لور وګرځېد.

Nuotò con tutte le sue forze, lottando contro la forte resistenza dell'acqua.

هغه په بشپړ ځواک سره لامبو وهله، د اوبو له وحشي کشش سره یې مبارزه وکړه.

Si spostarono verso valle più velocemente di quanto riuscissero a raggiungere la riva.

دوی د سیند د لاندې برخې ته په چټکۍ سره حرکت وکړ تر هغه چې ساحل ته ونه رسیږي.

Più avanti, il fiume ruggiva più forte, precipitando in rapide mortali.

مخکې، سیند په لوړ غږ سره شور کاوه ځکه چې دا په وژونکو چټکو څپو کې ولوېد.
Le rocce fendevano l'acqua come i denti di un enorme pettine.
ډبرې د اوبو له لارې د یوې لویې کنګبنې د غاښونو په څیر توټې توټې شوې.
La forza di attrazione dell'acqua nei pressi del dislivello era selvaggia e ineluttabile.
دڅاڅکي ته نږدې د اوبو کشش وحشي او حتمي و.
Thornton sapeva che non sarebbero mai riusciti a raggiungere la riva in tempo.
تورنتن پوهیده چې دوی هیڅکله په وخت سره ساحل ته نشي رسیدلی.
Raschiò una roccia, ne sbatté una seconda,
ه،غه په یوه ډبره کې توټه توټه کړه، په یوه ثانیه کې یې توټه توټه کړه
Poi si schiantò contro una terza roccia, afferrandola con entrambe le mani.
او بیا هغه په دریم ډبره ولګېد، او په دواړو لاسونو یې ونیو.
Lasciò andare Buck e urlò sopra il ruggito: "Vai, Buck! Vai!"
ه"غه باک پرېښود او د شور په غږ یې وویل" :لاړ شه، باک- لاړ شه-
Buck non riuscì a restare a galla e fu trascinato dalla corrente.
باک نشو کولی چې په اوبو کې پاتې شي او د اوبو د څپو له امله ډوبه شو.
Lottò con tutte le sue forze, cercando di girarsi, ma non fece alcun progresso.
هغه سخته مبارزه وکړه، د ګرځېدو لپاره یې مبارزه وکړه، خو هیڅ پرمختګ یې ونه کړ.
Poi sentì Thornton ripetere il comando sopra il fragore del fiume.
بیا یې واورېدل چې تورنتون د سیند د شور په سر امر تکراروي.
Buck si impennò fuori dall'acqua e sollevò la testa come per dare un'ultima occhiata.
باک له اوبو څخه راووت، سر یې پورته کړ لکه د وروستي ځل لپاره چې وګوري.
poi si voltò e obbedì, nuotando verso la riva con risolutezza.

بيا يي مخ واراوه او اطاعت يي وكړ، په هوډ سره د سيند په لور لامبو
وواهه.

Pete e Hans lo tirarono a riva all'ultimo momento possibile.

پيټ او هانس هغه په وروستۍ ممکنه شيبه کي ساحل ته راښکته کړ.

Sapevano che Thornton avrebbe potuto aggrapparsi alla
roccia solo per pochi minuti.

دوی پوهېدل چي تورنتن يوازي د څو دقيقو لپاره په ډبره پوري ترلى شي.

Corsero su per la riva fino a un punto molto più in alto
rispetto al punto in cui lui era appeso.

دوی بانک ته پورته شول او هغه ځای ته يي پورته کړه چي هغه پکي
ځړېدلى و.

Legarono con cura la cima della barca al collo e alle spalle di
Buck.

دوی د کښتۍ تار د باک په غاړه او اوږو پوري په احتياط سره وتړلو.

La corda era stretta ma abbastanza larga da permettere di
respirare e muoversi.

رسۍ کلکه وه خو د تنفس او حرکت لپاره کافي خلاصه وه.

Poi lo gettarono di nuovo nel fiume impetuoso e mortale.

بيا يي هغه بيا په تېز او وژونکي سيند کي وغورځاوه.

Buck nuotò coraggiosamente ma non riuscì a prendere
l'angolazione giusta per affrontare la forza della corrente.

باک په زړورتيا سره لامبو وواهه خو د سيند په زور کي يي خپله زاويه
له لاسه ورکړه.

Si accorse troppo tardi che stava per superare Thornton.

هغه ډېر ناوخته وليدل چي هغه به د تورنتون څخه تېر شي.

Hans tirò forte la corda, come se Buck fosse una barca che si
capovolge.

هانس رسۍ داسي تينگه کړه لکه بک چي يوه ډوبه کښتۍ وي.

La corrente lo trascinò sott'acqua e lui scomparve sotto la
superficie.

داوبو جريان هغه لاندي کش کړ، او هغه د سطحي لاندي ورک شو.

Il suo corpo colpì la riva prima che Hans e Pete lo tirassero
fuori.

دهغه جسد د سيند سره ولګېد مخکي لدي چي هانس او پيټ هغه
راوباسي.

Era mezzo annegato e gli tolsero l'acqua dal corpo.

هغه نيم ډوب شوى و، او هغوى له هغه څخه اوبه وبهولي.

Buck si alzò, barcollò e crollò di nuovo a terra.

باک ولاړ و، ټکان وخوړ، او بیا په ځمکه ولوېد.

Poi udirono la voce di Thornton portata debolmente dal vento.

بیا دوی د تورنټن غږ واورېد چې د باد له خوا په سپک ډول لیږدول شوی و.

Sebbene le parole non fossero chiare, sapevano che era vicino alla morte.

که څه هم الفاظ یې روښانه نه وو، خو دوی پوهېدل چې هغه مرګ ته نږدې دی.

Il suono della voce di Thornton colpì Buck come una scossa elettrica.

دتورنټن د غږ غږ په بک باندې د برېښنا د ټکان په څېر ولګېد.

Saltò in piedi e corse su per la riva, tornando al punto di partenza.

ههغه ټوپ کړ او بانک ته یې منډه کړه، او د لانچ ځای ته راستون شو.

Legarono di nuovo la corda a Buck, e di nuovo lui entrò nel fiume.

بیا یې رسی د باک سره وتړله، او هغه بیا ویالې ته ننوتل.

Questa volta nuotò direttamente e con decisione nell'acqua impetuosa.

دا ځل، هغه په مستقیم او ټینګ ډول په ګړندی اوبو کې لامبو وواهه.

Hans lasciò scorrere la corda con regolarità, mentre Pete impediva che si aggrovigliasse.

هانس رسی په دوامداره توګه خوشې کړه پداسې حال کې چې پیټ یې د ګډوډۍ څخه ساتله.

Buck nuotò con forza finché non si trovò allineato appena sopra Thornton.

باک ډېر لامبو وهله تر هغه چې د تورنټن پورته په قطار کې ودرول شو.

Poi si voltò e si lanciò verso di lui come un treno a tutta velocità.

بیا هغه وګرځېد او د اورګاډي په څېر په بشپړ سرعت سره ښکته شو.

Thornton lo vide arrivare, si preparò e gli abbracciò il collo.

تورنټون هغه ولید چې راځي، ځان یې ونیو او لاسونه یې د غاړې شاوخوا وتړل.

Hans legò saldamente la corda attorno a un albero mentre entrambi venivano tirati sott'acqua.

هانس رسی د یوې ونې شاوخوا په چټکۍ سره وتړله ځکه چې دواړه لاندې راښکته شول.

Caddero sott'acqua, schiantandosi contro rocce e detriti del fiume.

دوی د اوبو لاندې وغورځېدل، په ډبرو او د سیند په کثافاتو سره ټکر شول.

Un attimo prima Buck era in cima e un attimo dopo Thornton si alzava ansimando.

یوه شیبه چې بک پورته و، بله شیبه تورنتن ساه واخیسته.

Malconci e soffocati, si diressero verso la riva e si misero in salvo.

وهل شوي او ساه بنده شوي، دوی بانک او خوندیتوب ته مخه کړه.

Thornton riprese conoscenza mentre era sdraiato su un tronco alla deriva.

تورنتن بیرته هوش ته راغی، د یوې ځنډې لرګي ته پروت و.

Hans e Pete lavorarono duramente per riportarlo a respirare e a vivere.

هانس او پیټ هغه ته د ساه او ژوند بیرته راوستلو لپاره سخت کار وکړ.

Il suo primo pensiero fu per Buck, che giaceva immobile e inerte.

دهغه لومړی فکر د بک په اړه و، چې بې حرکته او ګوډ پروت و.

Nig ululò sul corpo di Buck e Skeet gli leccò delicatamente il viso.

نګ د باک پر بدن چیغه کړه، او سکیټ یې په نرمۍ سره مخ څټ کړ.

Thornton, dolorante e contuso, esaminò Buck con mano attenta.

تورنتن، چې ټپي او ټپي شوی و، په احتیاط سره یې باک معاینه کړ.

Ha trovato tre costole rotte, ma il cane non presentava ferite mortali.

هغه د سپي درې پښې ماتې وموندلې، خو په سپي کې یې وژونکي ټپونه نه وو.

"Questo è tutto", disse Thornton. "Ci accamperemo qui". E così fecero.

تورنتن وویل" :دا مسله حل کوي." "موږ دلته کمپ کوو. "او دوی وکړل.

Rimasero lì finché le costole di Buck non guarirono e lui
poté di nuovo camminare.

دوی تر هغه وخته پوري پاتي شول چي د باک پښلۍ روغي شوي او هغه
بیا ګرځېدلی شو۔

Quell'inverno Buck compì un'impresa che accrebbe
ulteriormente la sua fama.

په هغه ژمي کي، باک یوه داسي کارنامه ترسره کړه چي د هغه شهرت
یي نور هم لوړ کر۔

Fu un gesto meno eroico del salvataggio di Thornton, ma
altrettanto impressionante.

دا د تورنتن د ژغورلو په پرتله لږ اتلولي وه، خو هغومره اغېزمنه وه۔

A Dawson, i soci avevano bisogno di provviste per un
viaggio lontano.

په ډاوسن کي، شریکانو د لرې سفر لپاره اکمالاتو ته ارتیا درلوده۔

Volevano viaggiare verso est, in terre selvagge e
incontaminate.

دوی غوښتل چي ختيځ ته سفر وکړي، په هغو سیمو کي چي لاس نه لري۔

Quel viaggio fu possibile grazie all'impresa compiuta da
Buck nell'Eldorado Saloon.

دایلدورادو سالون کي د باک کار دا سفر ممکن کړ۔

Tutto cominciò con degli uomini che si vantavano dei loro
cani bevendo qualcosa.

دا د نارینه وو سره پیل شو چي د څښاک په اره یي د خپلو سپیو په اره
ویار کاوه۔

La fama di Buck lo rese bersaglio di sfide e dubbi.

دباک شهرت هغه د ننګونو او شکونو هدف وګرځاوه۔

Thornton, fiero e calmo, rimase fermo nel difendere il nome
di Buck.

تورنتن، ویارلی او ارام، د باک د نوم په دفاع کي تینګ ولاړ و۔

Un uomo ha affermato che il suo cane riusciva a trainare
facilmente duecentocinquanta chili.

یو سړي وویل چي د هغه سپی په اسانۍ سره پنځه سوه پونده وزن پورته
کولی شي۔

Un altro disse seicento, e un terzo si vantò di settecento.

بل وویل شپږ سوه، او دریم یي اووه سوه لاپي وهلي۔

"Pfft!" disse John Thornton, "Buck può trainare una slitta da mille libbre."

""ففف۔ "جان تورنتن وویل، "بک کولی شي زر پونده سلیج راوباسي۔

Matthewson, un Bonanza King, si sporse in avanti e lo sfidò.

میتیوسن، د بونانزا پاچا، مخ په وړاندې تکیه وکړه او هغه ته یې ننګونه ورکړه۔

"Pensi che possa spostare tutto quel peso?"

""ته فکر کوې چې هغه دومره وزن په حرکت کې اچولی شي؟

"E pensi che riesca a sollevare il peso per cento metri?"

""او ته فکر کوې چې هغه وزن پوره سل ګزه پورته کولی شي؟

Thornton rispose freddamente: "Sì. Buck è abbastanza cane da farlo."

ټورنټون په سړه سینه ځواب ورکړ، "هو. باک دومره سپی دی چې دا "کار وکړي۔

"Metterà in moto mille libbre e la tirerà per cento metri."

""هغه به زر پونډه حرکت وکړي، او سل ګزه به یې کش کړي۔

Matthewson sorrise lentamente e si assicurò che tutti gli uomini udissero le sue parole.

میتیوسن ورو ورو موسکا وکړه او ډاډ یې ترلاسه کړ چې ټول خلک د هغه خبرې اوري۔

"Ho mille dollari che dicono che non può. Eccoli."

""زه زر ډالر لرم چې وایي هغه نشي کولی۔ دا هلته دی۔

Sbatté sul bancone un sacco di polvere d'oro grande quanto una salsiccia.

هغه د ساسیج په اندازه د سرو زرو یوه کڅوړه په بار باندې وغورځوله۔

Nessuno disse una parola. Il silenzio si fece pesante e teso intorno a loro.

هیچا یوه خبره هم ونه کړه۔ د دوی شاوخوا چوپتیا درنه او کړکیچنه شوه۔

Il bluff di Thornton, se mai lo fu, era stato preso sul serio.

دتورنتون سپکاوی - که دا یو وو - په جدي توګه نیول شوی و۔

Sentì il calore salirgli al viso mentre il sangue gli affluiva alle guance.

هغه احساس کاوه چې په مخ کې یې تودوخه لوړه شوې او وینه یې ګالونو ته روانه شوه۔

In quel momento la sua lingua aveva preceduto la ragione.

په هغه شیبه کې د هغه ژبه د هغه له عقل څخه مخکې شوې وه۔

Non sapeva davvero se Buck sarebbe riuscito a spostare mille libbre.

ه‌غه په ریښتیا نه پوهیده چې آیا بک زر پونده حرکت کولی شي.

Mezza tonnellata! Solo la sua mole gli faceva sentire il cuore pesante.

نیم ټن. یوازې د دې اندازې د هغه زړه درووند کړ.

Aveva fiducia nella forza di Buck e lo riteneva capace.

ه‌غه د باک په ځواک باور درلود او فکر یې کاوه چې هغه وړ دی.

Ma non aveva mai affrontato una sfida di questo tipo, non in questo modo.

خو هغه هیڅکله له دې ډول ننګونې سره مخ نه و، نه داسې.

Una dozzina di uomini lo osservavano in silenzio, in attesa di vedere cosa avrebbe fatto.

دولس سړي په خاموشۍ سره هغه ته کتل، په دې تمه چې هغه به څه وکړي.

Lui non aveva i soldi, e nemmeno Hans e Pete.

ه‌غه پیسې نه درلودې — نه هانس او نه پیټ.

"Ho una slitta fuori", disse Matthewson in modo freddo e diretto.

م"یتیوسن په سړه سینه او مستقیم ډول وویل" :زه بهر سلیج لرم.

“È carico di venti sacchi, da cinquanta libbre ciascuno, tutti di farina.

""دا شل بوجۍ بار دي، هر یو پنځوس پونده، ټول اوړه دي.

Quindi non lasciare che la scomparsa della slitta diventi la tua scusa", ha aggiunto.

نو اوس د ورک شوي سلیج بهانه مه پریږدئ، "هغه زیاته کړه.

Thornton rimase in silenzio. Non sapeva che parole dire.

تورنتن غلی ولاړ و. هغه نه پوهیده چې کوم الفاظ ووایي کړي.

Guardò i volti intorno a sé senza vederli chiaramente.

ه‌غه شاوخوا مخونو ته وکتل پرته له دې چې په څرګنده توګه یې وویني.

Sembrava un uomo immerso nei suoi pensieri, che cercava di ripartire.

ه‌غه د یو سړي په څیر ښکاریده چې په فکر کې کنګل شوی و، هڅه یې کوله چې بیا پیل وکړي.

Poi incontrò Jim O'Brien, un amico dei tempi dei Mastodon.

بیا یې جیم اوبراین ولید، چې د ماستودون د ورځو یو ملګری و.

Quel volto familiare gli diede un coraggio che non sapeva di avere.

هغه پيژندل شوي څېرې هغه ته هغه جرئت ورکړ چې هغه يې نه پوهيده.

Si voltò e chiese a bassa voce: "Puoi prestarmi mille dollari?"

هغه مخ واړاوه او په ټيټ غږ يې وپوښتل، "ايا ته ماته زر ډالر پور "ورکولی شې؟

"Certo", disse O'Brien, lasciando cadere un pesante sacco vicino all'oro.

"هو، "اوبراين وويل، د سرو زرو سره نږدې يې يوه درنه بوجی غورځولې وه.

"Ma sinceramente, John, non credo che la bestia possa fare questo."

""خو په رښتيا، جان، زه باور نه لرم چې حيوان دا کار کولی شي.

Tutti quelli presenti all'Eldorado Saloon si precipitarono fuori per assistere all'evento.

په ايلډوراډو سالون کې ټول خلک د پېښې ليدو لپاره بهر ته ورغلل.

Lasciarono tavoli e bevande e perfino le partite furono sospese.

دوی مېزونه او څښاکونه پرېښودل، او حتی لوبې ودرول شوې.

Croupier e giocatori accorsero per assistere alla conclusione di questa audace scommessa.

سوداګر او قماربازان د دې زړور شرط پای ليدلو لپاره راغلل.

Centinaia di persone si radunarono attorno alla slitta sulla strada ghiacciata.

په سلګونو کسان د يخ وهلي خلاص سړک په شاوخوا کې د سليج شاوخوا راټول شول.

La slitta di Matthewson era carica di un carico completo di sacchi di farina.

دميتيوسن سليج د اوړو د کڅوړو ډک بار سره ولاړ و.

La slitta era rimasta ferma per ore a temperature sotto lo zero.

سليج د ساعتونو لپاره په منفي تودوخې کې ناست و.

I pattini della slitta erano congelati e incollati alla neve compatta.

دسليج منډه وهونکي د واورې له امله سخت کنګل شوي وو.

Gli uomini scommettevano due a uno che Buck non sarebbe riuscito a spostare la slitta.

سړيو دوه په يو چانس وړاندې کړ چې بک نشي کولی سليج حرکت وکړي.
Scoppiò una disputa su cosa significasse realmente "break out".
دبريک آوټ "په اصل کې د څه معنی په اړه شخړه راپورته شوه."
O'Brien ha affermato che Thornton dovrebbe allentare la base ghiacciata della slitta.
اوبراين ووېل چې تورنتون بايد د سليج کنګل شوی اساس خلاص کړي.
Buck potrebbe quindi "rompere" una partenza solida e immobile.
بیا بک کولی شي د يوې قوي، بې حرکته پيل څخه "مات شي".
Matthewson sosteneva che anche il cane doveva liberare i corridori.
میتيوسن استدلال وکړ چې سپی باید منډه وهونکي هم آزاد کړي.
Gli uomini che avevano sentito la scommessa concordavano con Matthewson.
هغه سړي چې شرط يې اوريدلی و د میتيوسن له نظر سره موافق وو.
Con questa sentenza, le probabilità contro Buck salirono a tre a uno.
ددې پريکړې سره، د باک په وړاندې چانس درې پر يو ته پورته شو.
Nessuno si fece avanti per accettare le crescenti quote di tre a uno.
هیڅوک د درې پر يو د زياتوالي احتمال د منلو لپاره مخکې لاړ نه شول.
Nessuno credeva che Buck potesse compiere la grande impresa.
هیڅ يو سړي باور نه کاوه چې بک به دا لويه بريا ترسره کړي.
Thornton era stato spinto a scommettere, pieno di dubbi.
تورنتن په بېړه شرط ته ننوتلی و، او له شکونو ډک و.
Ora guardava la slitta e la muta di dieci cani accanto ad essa.
اوس يې سليج او د هغې تر څنګ د لسو سپيو ټيم ته وکتل.
Vedere la realtà del compito lo faceva sembrare ancora più impossibile.
دکار د واقعيت ليدلو سره دا نور هم ناممکن ښکاره شو.
In quel momento Matthewson era pieno di orgoglio e sicurezza.
میتيوسن په هغه شيبه کې له وياړ او باور څخه ډک و.
"Tre a uno!" urlò. "Ne scommetto altri mille, Thornton!

هغه چیغه کړه" :درې په یو." "زه به نور زر شرط ولګوم، تورنټن.
"Cosa dici?" aggiunse, abbastanza forte da farsi sentire da tutti.
"ته څه وایې؟ "هغه زیاته کړه، دومره لوړ غږ چې ټول یې واوري.
Il volto di Thornton esprimeva i suoi dubbi, ma il suo spirito era sollevato.
دتورنټن په مخ د هغه شکونه څرګندېدل، خو روحیه یې لوړه شوې وه.
Quello spirito combattivo ignorava le avversità e non temeva nulla.
هغه جنګي روحیه له ستونزو سترګې پټې کړې او له هیڅ شي څخه نه وېرېده.
Chiamò Hans e Pete perché portassero tutti i loro soldi al tavolo.
هغه هانس او پیټ ته زنګ وواهه چې خپلې ټولې پیسې میز ته راوړي.
Non gli era rimasto molto altro: solo duecento dollari in tutto.
دوی لږ څه پاتې وو - یوازې دوه سوه ډالر ټول.
Questa piccola somma costituiva la loro intera fortuna nei momenti difficili.
دا کوچنۍ پیسې د سختو وختونو په جریان کې د دوی ټوله شتمني وه.
Ciononostante puntarono tutta la loro fortuna contro la scommessa di Matthewson.
بیا هم، دوی د میتیوسن د شرط په وړاندې ټوله شتمني پرېښوده.
La muta composta da dieci cani venne sganciata e allontanata dalla slitta.
دلسو سپو ټیم بې خطره و او له سلیج څخه لیرې شو.
Buck venne messo alle redini, indossando la sua consueta imbracatura.
باک د خپل پیژندل شوي زنګ په اغوستلو سره په بام کې کېښودل شو.
Aveva colto l'energia della folla e ne aveva percepito la tensione.
هغه د خلکو انرژي احساس کړې وه او فشار یې احساس کړ.
In qualche modo sapeva che doveva fare qualcosa per John Thornton.
په یو ډول، هغه پوهیده چې هغه باید د جان تورنټن لپاره یو څه وکړي.
La gente mormorava ammirata di fronte alla figura fiera del cane.

خلکو د سپي د ویاړلي شخصیت په ستاینه سره ګونګوسي وکړې.
Era magro e forte, senza un solo grammo di carne in più.
هغه ډنګر او قوي و، پرته له دې چې یو اونس اضافي غوښه ولري.
Il suo peso di centocinquanta chili era sinonimo di potenza e resistenza.
دهغه تول وزن چې یو سل او پنځوس پونډه وو، تول ځواک او برداشت وو.
Il mantello di Buck brillava come la seta, denso di salute e forza.
دباک کوټ د ورېښمو په څېر ځلېده، د روغتیا او ځواک څخه ډک و.
La pelliccia sul collo e sulle spalle sembrava sollevarsi e drizzarsi.
دهغه د غاړې او اوږو په اوږدو کې ویښتان پورته او خاړښ ښکارېده.
La sua criniera si muoveva leggermente, ogni capello era animato dalla sua grande energia.
دهغه د سر ویښته لږ څه حرکت کاوه، هر ویښته یې د خپلې لویې انرژۍ سره ژوندی و.
Il suo petto ampio e le sue gambe forti si sposavano bene con la sua corporatura pesante e robusta.
دهغه پراخه سینه او قوي پښې د هغه درانه او سخت بدن سره سمون خوري.
I muscoli si tesero sotto il cappotto, tesi e sodi come ferro legato.
دهغه د پوښ لاندې عضلات څپې وهلې، د تړل شوي اوسپنې په څېر کلک او ټینګ وو.
Gli uomini lo toccavano e giuravano che era fatto come una macchina d'acciaio.
سړیو هغه لمس کړ او قسم یې وکړ چې هغه د فولادو ماشین په څېر جوړ شوی دی.
Le probabilità contro il grande cane sono scese leggermente a due a uno.
دلوی سپي په وړاندې چانس یو څه دوه پر یو ته راټیټ شو.
Un uomo dei banchi di Skookum si fece avanti balbettando.
دسکوکوم بینچونو څخه یو سړی مخ په وړاندې لاړ، په ټکان سره.
"Bene, signore! Offro ottocento per lui... prima della prova, signore!"

"ښه، صاحب. زه د هغه لپاره اته سوه وړاندیز کوم - د ازموینې څخه "مخکې، صاحب.

"Ottocento, così com'è adesso!" insistette l'uomo.

"اته سوه، لکه څنګه چې هغه همدا اوس ولاړ دی. "سړي ټینګار وکړ.

Thornton fece un passo avanti, sorrise e scosse la testa con calma.

تورنټن مخ په وړاندې لاړ، موسکا یې وکړه او په ارامه یې سر وخوځاوه.

Matthewson intervenne rapidamente con tono ammonitore e aggrottando la fronte.

میتیوسن په چټکۍ سره د خبرداري غږ سره دننه راغی او خپه شو.

"Devi allontanarti da lui", disse. "Dagli spazio."

ه"غه وویل" :ته باید له هغه څخه لرې شې." "هغه ته ځای ورکړه.

La folla tacque; solo i giocatori continuavano a offrire due a uno.

ګڼه ګونه غلې شوه؛ یوازې قماربازانو لا هم دوه پر یو وړاندیز کاوه.

Tutti ammiravano la corporatura di Buck, ma il carico sembrava troppo pesante.

ټولو د باک د جوړښت ستاینه وکړه، خو بار یې ډېر ښه ښکاریده.

Venti sacchi di farina, ciascuno del peso di cinquanta libbre, sembravano decisamente troppi.

داوړو شل بوجۍ - چې هر یو یې پنځوس پونډه وزن درلود - ډېر زیات ښکاریده.

Nessuno era disposto ad aprire la borsa e a rischiare i propri soldi.

هیڅوک نه غوښتل چې خپل کڅوړه پرانیزي او خپلې پیسې په خطر کې واچوي.

Thornton si inginocchiò accanto a Buck e gli prese la testa tra entrambe le mani.

تورنټن د باک تر څنګ ودرېد او سر یې په دواړو لاسونو کې ونیو.

Premette la guancia contro quella di Buck e gli parlò all'orecchio.

هغه خپل ګال د باک په ګال کېښود او په غوږ کې یې خبرې وکړې.

Non c'erano più né scossoni giocosi né insulti affettuosi sussurrati.

اوس د لوبو لړزولو یا په غوږونو کې د مینې سپکاوی نه و.

Mormorò solo dolcemente: "Quanto mi ami, Buck."

ﻫﻐﻪ ﻳﻮﺍﺯﻱ ﭘﻪ ﻧﺮﻣﯽ ﺳﺮﻩ ﻭﺧﻨﺪﻝ، "ځومره چې ته ما سره مينه لرې،
بک."
Buck emise un gemito sommesso, trattenendo a stento la sua impazienza.
باک یو خاموش چیغه وکړه، د هغه لیوالتیا په سختۍ سره محدوده شوه.
Gli astanti osservavano con curiosità la tension che aleggiava nell'aria.
لیدونکو په لیوالتیا سره ولیدل څکه چې هوا له تاوتریخوالي ډکه وه.
Quel momento sembrava quasi irreale, qualcosa che trascendeva la ragione.
دا شیبه تقریبا غیر واقعي احساس شوه، لکه یو څه چې له عقل څخه هاخوا وي.
Quando Thornton si alzò, Buck gli prese delicatamente la mano tra le fauci.
کله چې تورنتن ولاړ شو، باک په نرمۍ سره خپل لاس په ژامو کې ونیو.
Premette con i denti, poi lasciò andare lentamente e delicatamente.
هغه په غاښونو فشار ورکړ، بیا یې ورو او په نرمۍ سره پریښود.
Fu una risposta silenziosa d'amore, non detta, ma compresa.
دا د میني یو خاموش ځواب و، نه ویل شوی، بلکې پوه شوی و.
Thornton si allontanò di molto dal cane e diede il segnale.
تورنتن د سپي څخه ډېر شاته شو او اشاره یې ورکړه.
"Ora, Buck", disse, e Buck rispose con calma concentrata.
"اوس، بک، "هغه وویل، او بک په متمرکزه ارامۍ سره ځواب ورکړ.
Buck tese le corde, poi le allentò di qualche centimetro.
باک نښې تینګې کړې، بیا یې څو انچه خلاصې کړې.
Questo era il metodo che aveva imparato; il suo modo per rompere la slitta.
دا هغه طریقه وه چې هغه زده کړې وه؛ د سلیج ماتولو لاره.
"Caspita!" urlò Thornton, con voce acuta nel silenzio pesante.
"هو. "تورنتن چیغه کړه، د هغه غږ په درنه چوپتیا کې تیز و.
Buck si girò verso destra e si lanciò con tutto il suo peso.
باک ښي خوا ته وګرځېد او د خپل ټول وزن سره یې ټوپ وواهه.
Il gioco svanì e tutta la massa di Buck colpì le timonerie strette.

سستي ورکه شوه، او د بک بشپړ دله په کلکو نښو ولګېده.
La slitta tremò e i pattini produssero un suono secco e scoppiettante.
سلیج ولړزېده، او منډه وهونکو یو کړکړا کړکړا غږ وکړ.
"Haw!" ordinò Thornton, cambiando di nuovo direzione a Buck.
"هو. "تورنتون امر وکړ، د باک لوري یې بیا بدل کړ.
Buck ripeté la mossa, questa volta tirando bruscamente verso sinistra.
باک حرکت تکرار کړ، دا ځل یې په چټکۍ سره کیڼ اړخ ته کش کړ.
La slitta scricchiolava più forte, i pattini schioccavano e si spostavano.
سلیج په لوړ غږ ودرېد، منډه وهونکي توپونه وهل او حرکت کول.
Il pesante carico scivolò leggermente di lato sulla neve ghiacciata.
درونډ بار د کنګل شوې واورې په اوږدو کې لږ څه په څنګ کې وخوځېد.
La slitta si era liberata dalla presa del sentiero ghiacciato!
سلیج د یخنۍ لارې له منګولو څخه خلاص شوی و.
Gli uomini trattennero il respiro, inconsapevoli di non stare nemmeno respirando.
سړیو خپل ساه بنده کړه، بې خبره وو چې حتی ساه نه اخلي.
"Ora, TIRA!" gridò Thornton nel silenzio glaciale.
"اوس، کش کړه. "تورنتن د کنګل شوې چوپتیا له لارې چیغه کړه.
Il comando di Thornton risuonò netto, come lo schiocco di una frusta.
دتورنتون امر په چټکۍ سره وغږېد، لکه د څټک د تکان په څېر.
Buck si lanciò in avanti con un affondo violento e violento.
باک ځان په یوه سخته او تکان ورکوونکي ضربه سره مخ ته وغورځاوه.
Tutto il suo corpo si irrigidì e si contrasse sotto l'enorme sforzo.
دهغه ټول بدن د لوی فشار لپاره تنګ او کلک شو.
I muscoli si muovevano sotto la pelliccia come serpenti che prendevano vita.
دهغه د وېښتو لاندې عضلات داسې ځپې وهلې لکه ماران چې ژوندي راشي.

Il suo grande petto era basso e la testa era protesa in avanti verso la slitta.

دهغه لویه سینه ټیټه وه، سر یې د سلیج په لور غځېدلی و.

Le sue zampe si muovevano come fulmini e gli artigli fendevano il terreno ghiacciato.

دهغه پښې د برېښنا په څېر حرکت کاوه، پنجې یې کنګل شوې ځمکه ټوټه ټوټه کوله.

I solchi erano profondi mentre lottava per ogni centimetro di trazione.

دهر انچ کشش لپاره د جګړې په وخت کې، کندې ژورې پرې شوې وې.

La slitta ondeggiò, tremò e cominciò a muoversi lentamente e in modo inquieto.

سلیج ولړزېد، لړزېده، او یو ورو، نا آرامه حرکت یې پیل کړ.

Un piede scivolò e un uomo tra la folla gemette ad alta voce.

یو پښه ښویېده، او د ګڼې ګونې څخه یو سړي په لوړ غږ چیغه کړه.

Poi la slitta si lanciò in avanti con un movimento brusco e a scatti.

بیا سلیج په یوه ټکان ورکوونکي او سخت حرکت سره مخ په وړاندې وخوځېد.

Non si fermò più: mezzo pollice...un pollice...cinque pollici in più.

بیا ونه درېده — نیم انچ... یو انچ... دوه انچه نور.

Gli scossoni si fecero più lievi man mano che la slitta cominciava ad acquistare velocità.

لکه څنګه چې سلیج سرعت ترلاسه کول پیل کړل، ټکانونه کوچني شول.

Presto Buck cominciò a tirare con una potenza fluida e uniforme.

ډېر ژر باک په نرم، مساوي، څرخېدونکي ځواک سره کش کړ.

Gli uomini sussultarono e finalmente si ricordarono di respirare di nuovo.

سړي ساه واخیسته او بالاخره یې بیا ساه اخیستل په یاد شول.

Non si erano accorti che il loro respiro si era fermato per lo stupore.

دوی پام نه و کړی چې د دوی ساه په ویره کې ودرول شوې ده.

Thornton gli corse dietro, gridando comandi brevi e allegri.

تورنتن شاته منده کړه، لنډ او خوشحاله امرونه یې وکړل.

Davanti a noi c'era una catasta di legna da ardere che segnava la distanza.

مخکې د لرګیو یوه ډېره وه چې واټن یې په نښه کاوه.

Mentre Buck si avvicinava al mucchio, gli applausi diventavano sempre più forti.

لکه څنګه چې بک ډېرې ته نږدې شو، د خوښۍ غږ نور هم لوړ شو.

Gli applausi crebbero fino a diventare un boato quando Buck superò il traguardo.

کله چې بک د پای تکې تېر کړ، نو د خوښۍ غږ په شور او غوغا بدل شو.

Gli uomini saltarono e gridarono, perfino Matthewson sorrise.

سړیو ټوپونه ووهل او چیغې یې وهلې، حتی میتیوسن هم موسکا وکړه.

I cappelli volavano in aria e i guanti venivano lanciati senza pensarci o mirare.

خولۍ په هوا کې الوتلې، دستکشې پرته له فکر کولو او هدف څخه وغورځول شوې.

Gli uomini si afferrarono e si strinsero la mano senza sapere chi.

سړیو یو بل ونیول او لاسونه یې سره ورکړل پرته له دې چې پوه شي څوک.

Tutta la folla era in delirio, in un tripudio di gioia e di entusiasmo.

ټوله ګڼه ګونه په وحشي او خوښۍ جشن کې غرېده.

Thornton cadde in ginocchio accanto a Buck con le mani tremanti.

تورنتن د بک تر څنګ په لړزېدلو لاسونو سره په زنګونونو ووت.

Premette la testa contro quella di Buck e lo scosse delicatamente avanti e indietro.

هغه خپل سر د باک په سر کېښود او په نرمۍ سره یې مخکې او وروسته وخوځاوه.

Chi si avvicinava lo sentiva maledire il cane con amore silenzioso.

هغو کسانو چې نږدې شول، هغه واورېدل چې سپي ته یې په خاموشه مینه لعنت ویل.

Imprecò a lungo contro Buck, con dolcezza, calore, emozione.

ه‌غه د اوردې مودې لپاره په باک باندې لعنت ووایه - په نرمۍ، تودې او په احساساتو سره.

"Bene, signore! Bene, signore!" esclamò di corsa il re della panchina di Skookum.

"ښه، صاحب. ښه، صاحب. "د سکوکوم بینچ پاچا په بیړه چیغه کړه.

"Le darò mille, anzi milleduecento, per quel cane, signore!"

""صاحب، زه به تاسو ته د دې سپي لپاره زر - نه، دولس سوه - درکړم.

Thornton si alzò lentamente in piedi, con gli occhi brillanti di emozione.

تورنتن ورو ورو خپلو پښو ته پورته شو، سترګې یې له احساساتو ځلیدلې.

Le lacrime gli rigavano le guance senza alcuna vergogna.

اوښکې یې په ښکاره ډول له کوم شرم پرته له مخ څخه رواني شوې.

"Signore", disse al re della panchina di Skookum, con fermezza e fermezza

"صاحب، "هغه د سکوکوم بینچ پاچا ته وویل، ثابت او ټینګ

"No, signore. Può andare all'inferno, signore. Questa è la mia risposta definitiva."

""نه، صاحب. ته دوزخ ته تللی شې، صاحب. دا زما وروستی ځواب دی.

Buck afferrò delicatamente la mano di Thornton tra le sue forti mascelle.

باک د تورنتن لاس په نرمۍ سره په خپلو قوي ژامو کې ونیو.

Thornton lo scosse scherzosamente; il loro legame era più profondo che mai.

تورنتون هغه په لوبو سره وخوځاوه، د دوی اړیکه د تل په څیر ژوره وه.

La folla, commossa dal momento, fece un passo indietro in silenzio.

ګڼه ګونه، چې په دې شیبه کې تکان وخوړ، په چوپتیا کې بیرته ولاړه.

Da quel momento in poi nessuno osò più interrompere un affetto così sacro.

له هغه وروسته، هیچا د دې مقدسې مینې د مداخلې جرئت ونه کړ.

Il suono della chiamata
د زنګ غږ

Buck aveva guadagnato milleseicento dollari in cinque minuti.

باک په پنځو دقیقو کې شپاړس سوه ډالر ګټلي وو.

Il denaro permise a John Thornton di saldare alcuni dei suoi debiti.

دې پیسو جان تورنټن ته اجازه ورکړه چې خپل ځینې پورونه ادا کړي.

Con il resto del denaro si diresse verso est insieme ai suoi soci.

دپاتې پیسو سره هغه د خپلو ملګرو سره ختیځ ته لاړ.

Cercarono una leggendaria miniera perduta, antica quanto il paese stesso.

دوی د یوې افسانوي ورکې شوې کان په لټه کې وو، چې د هیواد په څیر زوړ وي.

Molti uomini avevano cercato la miniera, ma pochi l'avevano trovata.

ډېرو سړیو د کان په لټه کې وو، خو ډېرو کمو کسانو یې موندلی و.

Molti uomini erano scomparsi durante la pericolosa ricerca.

دخطرناکې پلټنې په جریان کې له څو څخه زیات سړي ورک شوي وو.

Questa miniera perduta era avvolta nel mistero e nella vecchia tragedia.

دا ورک شوی کان په اسرار او زړې تراژیدي دواړو کې ډوب و.

Nessuno sapeva chi fosse stato il primo uomo a scoprire la miniera.

هیڅوک نه پوهېدل چې لومړنی سړی چې کان یې وموند څوک و.

Le storie più antiche non menzionano nessuno per nome.

زړې کیسې د چا نوم نه یادوي.

Lì c'era sempre stata una vecchia capanna fatiscente.

هلته تل یو لرغونی او خراب کوټه وه.

I moribondi avevano giurato che vicino a quella vecchia capanna ci fosse una miniera.

مړو کسانو قسم خوړلی و چې د هغه زاړه کوټې تر څنګ یو ماین و.

Hanno dimostrato le loro storie con un oro che non ha eguali altrove.

دوی خپلې کیسې په داسې سرو زرو ثابتې کړې لکه په بل ځای کې چې نه موندل کیږي.

Nessuna anima viva aveva mai saccheggiato il tesoro da quel luogo.

هیڅ ژوندي کس هیڅکله له هغه ځای څخه خزانه نه ده لوټ کړې.

I morti erano morti e i morti non raccontano storie.

مړي مړه وو، او مړي هیڅ کیسې نه کوي.

Così Thornton e i suoi amici si diressero verso Est.

نو تورنټن او ملګري يې ختيځ ته لاړل.

Si unirono a noi Pete e Hans, portando con sé Buck e sei cani robusti.

پیټ او هانس سره یوځای شول، بک او شپږ پیاوړي سپي يې راوړل.

Si avviarono lungo un sentiero sconosciuto dove altri avevano fallito.

دوی په یوه نامعلومه لاره روان شول چیرې چې نور ناکام شوي وو.

Percorsero in slitta settanta miglia lungo il fiume Yukon ghiacciato.

دوی د کنګل شوي یوکون سیند په اوږدو کې اویا میله پورته سلیډینګ وکړ.

Girarono a sinistra e seguirono il sentiero verso lo Stewart.

دوی چپ لوري ته وګرځېدل او د ستیوارټ په لاره پسې روان شول.

Superarono il Mayo e il McQuestion e proseguirono oltre.

دوی د مایو او مک کوشن څخه تېر شول، او نور هم مخ په وړاندې لاړل.

Lo Stewart si restringeva fino a diventare un ruscello, infilandosi tra cime frastagliate.

ستوارټ کښنتې په یوه ویاله کې رابنکته شوه، د کندې لرونکو څوکو سره يې تیریدل.

Queste vette aguzze rappresentavano la spina dorsale del continente.

دا تیزې څوکې د براعظم د ملا تیر په نښه کوي.

John Thornton pretendeva poco dagli uomini e dalla terra selvaggia.

جان تورنټن له انسانانو یا ځنګلي ځمکې څخه لږ څه غوښتل.

Non temeva nulla della natura e affrontava la natura selvaggia con disinvoltura.

هغه په طبیعت کې له هیڅ شی څخه نه وېرېده او په اسانۍ سره يې له ځنګل سره مخ شو.

Con solo del sale e un fucile poteva viaggiare dove voleva.
یوازې د مالګې او ټوپک سره، هغه کولی شي هرچیرې چې وغواړي سفر وکړي.
Come gli indigeni, durante il viaggio cacciava per procurarsi il cibo.
دځایي خلکو په څېر، هغه به د سفر پر مهال خواړه ښکار کول.
Se non prendeva nulla, continuava ad andare avanti, confidando nella fortuna che lo attendeva.
کـه هغه هیڅ ونه نیول، نو هغه به روان و، په راتلونکي بخت به یې باور درلود.
Durante questo lungo viaggio, la carne era l'alimento principale di cui si nutrivano.
پـه دې اوږده سفر کې، غوښه هغه اصلي شی و چې دوی یې خوړل.
La slitta trasportava attrezzi e munizioni, ma non c'era un orario preciso.
پـه سلیج کې وسایل او مهمات وو، خو کوم دقیق مهالویش نه وو.
Buck amava questo vagabondare, la caccia e la pesca senza fine.
بـاک له دې ګرځېدو سره مینه درلوده؛ بې پایه ښکار او کب نیول.
Per settimane viaggiarono senza sosta, giorno dopo giorno.
داونیو لپاره دوی هره ورځ په دوامداره توګه سفر کاوه.
Altre volte si accampavano e restavano fermi per settimane.
نور وختونه به یې کمپونه جوړول او د اونیو لپاره به یې ارام پاتې کېدل.
I cani riposarono mentre gli uomini scavavano nel terreno ghiacciato.
سپي آرام کول پداسې حال کې چې سړي په کنګل شوې خاوره کې کیندل.
Scaldavano le padelle sul fuoco e cercavano l'oro nascosto.
دوی په اور باندې لوښي ګرم کړل او د پټو سرو زرو په لټه کې شول.
C'erano giorni in cui pativano la fame, altri in cui banchettavano.
ځیني ورځې به یې وږي وو، او ځینې ورځې به یې میلمستیاوې کولې.
Il loro pasto dipendeva dalla selvaggina e dalla fortuna della caccia.
ددوی خواړه د ښکار او بخت پورې اړه لري.
Con l'arrivo dell'estate, uomini e cani caricavano carichi sulle spalle.

کله چې اوړی راغی، سړیو او سپیو به په خپلو شاګانو بارونه بارول.
Fecero rafting sui laghi azzurri nascosti nelle foreste di montagna.
دوی د غرونو په ځنګلونو کې پټو نیلي جهیلونو ته بېړۍ وهلې.
Navigavano su imbarcazioni sottili su fiumi che nessun uomo aveva mai mappato.
دوی په هغو سیندونو کې نرۍ کښتۍ چلولې چې هیڅ انسان یې نقشه نه وه کړې.
Quelle barche venivano costruite con gli alberi che avevano segato in natura.
دغه کښتۍ د هغو ونو څخه جوړې شوې وې چې دوی یې په ځنګل کې پرې کولې.

Passarono i mesi e loro viaggiarono attraverso terre selvagge e sconosciute.
میاشتې تېرې شوې، او دوی په وحشي نامعلومو ځمکو کې ګرځېدل.
Non c'erano uomini lì, ma vecchie tracce lasciavano intendere che alcuni di loro fossero presenti.
هلته هیڅ سړی نه وو، خو زړو نښو ښودله چې سړي هلته وو.
Se la Capanna Perduta fosse esistita davvero, allora altre persone in passato erano passate da lì.
که ورک شوی کوټه ریښتیا وای، نو نور هم یو وخت دلته راغلي وو.
Attraversavano passi alti durante le bufere di neve, anche d'estate.
دوی د واورې په طوفانونو کې هم له لوړو لارو تېرېدل، حتی د اوړي په موسم کې.
Rabbrividivano sotto il sole di mezzanotte sui pendii brulli delle montagne.
دوی د نیمې شپې لمر لاندې په لوڅو غرونو کې لړزېدل.
Tra il limite degli alberi e i campi di neve, salivano lentamente.
دونو د کرښې او د واورې د ساحو ترمنځ، دوی ورو ورو پورته شول.
Nelle valli calde, scacciavano nuvole di moscerini e mosche.
په تودو درو کې، دوی د مچانو او مچانو په وریځو باندې ډزې کولې.
Raccolsero bacche dolci vicino ai ghiacciai nel pieno della fioritura estiva.

دوی د دوبي په بشپړ غوړېدو سره د ګلخانو ته نږدې خوارہ توتان راټول کړل.
I fiori che trovarono erano belli quanto quelli del Southland.
هغه ګلان چې دوی وموندل هغومره ښکلي وو لکه د ساوت لینډ ګلان.
Quell'autunno giunsero in una regione solitaria piena di laghi silenziosi.
په هغه مني کې دوی یوې تنها سیمې ته ورسیدل چې له خاموشو جهیلونو ډکه وه.
La terra era triste e vuota, un tempo brulicava di uccelli e animali.
ځمکه غمجنه او تشه وه، یو وخت د مرغانو او حیواناتو څخه ډکه وه.
Ora non c'era più vita, solo il vento e il ghiaccio che si formava nelle pozze.
اوس ژوند نه و، یوازې باد او یخ په حوضونو کې جوړېدل.
Le onde lambivano le rive deserte con un suono dolce e lugubre.
څپې د خالي ساحلونو سره په نرم او غمجن غږ سره ټکر شوې.

Arrivò un altro inverno e loro seguirono di nuovo deboli e vecchi sentieri.
یو بل ژمی راغی، او دوی بیا په زړو او کمزورو لارو روان شول.
Erano le tracce di uomini che avevano cercato molto prima di loro.
دا د هغو انسانانو لارې وې چې له دوی څخه ډېر مخکې یې لټون کړی و.
Una volta trovarono un sentiero che si inoltrava nel profondo della foresta oscura.
یو ځل دوی په تیاره ځنګل کې ژوره لاره وموندله.
Era un vecchio sentiero e sentivano che la baita perduta era vicina.
دا یوه زړه لاره وه، او دوی احساس کاوه چې ورک شوی کوټه نږدې ده.
Ma il sentiero non portava da nessuna parte e si perdeva nel fitto del bosco.
خو لاره هیڅ ځای ته نه وه تللې او په ګڼو ځنګلونو کې ورکه شوه.
Nessuno sapeva chi avesse tracciato il sentiero e perché lo avesse fatto.
چا لاره جوړه کړه، او ولې یې جوړه کړه، هیڅوک نه پوهېدل.

Più tardi trovarono i resti di una capanna nascosta tra gli alberi.

وروسته، دوی د ونو په مینځ کې پټ شوي د یوې کوټې توټې وموندلې.

Coperte marce erano sparse dove un tempo qualcuno aveva dormito.

خرابې شوې کمپلې هلته خپرې شوې وې چېرته چې یو څوک یو وخت ویده شوی و.

John Thornton trovò sepolto all'interno un fucile a pietra focaia a canna lunga.

جان تورنتون دننه یو اوږد بیرل لرونکی چقمق وموند.

Sapeva fin dai primi tempi che si trattava di un cannone della Hudson Bay.

هغه د سوداګرۍ له لومړیو ورځو راهیسې پوهیده چې دا د هډسن خلیج توپک دی.

A quei tempi, tali armi venivano barattate con pile di pelli di castoro.

په هغو ورځو کې دا ډول توپکونه د بیور پوستکي په ډیریو کې پلورل کیدل.

Questo era tutto: non rimaneva alcuna traccia dell'uomo che aveva costruito la loggia.

بس همدا وو - د هغه سړي هیڅ نښه پاتې نه شوه چې لاج یې جوړ کړی و.

Arrivò di nuovo la primavera e non trovarono traccia della Capanna Perduta.

پسرلی بیا راغی، او دوی د ورک شوي کوټې هیڅ نښه ونه موندله.

Invece trovarono un'ampia valle con un ruscello poco profondo.

پرځای یې دوی یوه پراخه دره وموندله چې یو کم ژور ویاله یې درلوده.

L'oro si stendeva sul fondo della pentola come burro giallo e liscio.

سره زر د لوښي په تلو کې داسې پراته وو لکه نرم، ژیړ مکهن.

Si fermarono lì e non cercarono oltre la cabina.

دوی هلته ودرېدل او د کوټې نور لټون یې ونه کړ.

Ogni giorno lavoravano e ne trovavano migliaia di pezzi in polvere d'oro.

هره ورځ به يې کار کاوه او په زرګونو د سرو زرو په دوړو کې به يې موندل.
Confezionarono l'oro in sacchi di pelle di alce, da cinquanta libbre ciascuno.
دوی سره زر د موږکانو د پوستکي په کڅوړو کې ډک کړل، هر يو يې پنځوس پونډه و.
I sacchi erano accatastati come legna da ardere fuori dal loro piccolo rifugio.
کڅوړې د دوی د کوچني کور څخه بهر د لرګيو په څير ډکې شوې وې.
Lavoravano come giganti e i giorni trascorrevano veloci come sogni.
دوی د لويانو په څير کار کاوه، او ورځې د چټکو خوبونو په څير تېرېدې.
Accumularono tesori mentre gli infiniti giorni trascorrevano rapidamente.
دوی خزانې راټولې کړې لکه څنګه چې بې پايه ورځې په چټکۍ سره تېرېدې.
I cani avevano ben poco da fare, se non trasportare la carne di tanto in tanto.
سپو ته د غوښې له وړلو پرته بل څه نه وو.
Thornton cacciò e uccise la selvaggina, mentre Buck si sdraiò accanto al fuoco.
تورنتون ښکار وکړ او ښکار يې وکړ، او بک د اور په څنګ کې پروت و.
Trascorse lunghe ore in silenzio, perso nei pensieri e nei ricordi.
هغه ډېر ساعتونه په چوپتيا کې تېر کړل، په فکر او حافظه کې ورک شو.
L'immagine dell'uomo peloso tornava sempre più spesso alla mente di Buck.
دباک په ذهن کې د ويښتانو سړي انځور ډېر زيات راغی.
Ora che il lavoro scarseggiava, Buck sognava mentre sbatteva le palpebre verso il fuoco.
اوس چې کار کم و، باک د اور په سترګو کې د سترګو د رپولو په وخت کې خوب وليد.
In quei sogni, Buck vagava con l'uomo in un altro mondo.
په هغو خوبونو کې، باک د سړي سره په يوه بله نړۍ کې ګرځېده.
La paura sembrava il sentimento più forte in quel mondo lontano.

وېره په هغه لرې نړۍ کې تر ټولو قوي احساس ښکارېده.
Buck vide l'uomo peloso dormire con la testa bassa.
باک هغه ویښتان لرونکی سړی ولید چې سر یې ټیټ ویده و.
Aveva le mani giunte e il suo sonno era agitato e interrotto.
لاسونه یې کلک تړلي وو، او خوب یې بې آرامه او مات و.
Si svegliava di soprassalto e fissava il buio con timore.
هغه به په چټکۍ سره له خوبه راویښ شو او په تیاره کې به یې په وېره سره کتل.
Poi aggiungeva altra legna al fuoco per mantenere viva la fiamma.
بیا به یې اور ته نور لرګي اچول ترڅو اور روښانه وساتي.
A volte camminavano lungo una spiaggia in riva a un mare grigio e infinito.
ځینې وختونه دوی د خړ، بې پایه سمندر په غاړه د ساحل په اوږدو کې ګرځېدل.
L'uomo peloso raccolse i frutti di mare e li mangiò mentre camminava.
ویښتان لرونکي سړي د تګ په وخت کې کبان راټول کړل او وخوړل.
I suoi occhi cercavano sempre pericoli nascosti nell'ombra.
دهغه سترګې تل په سیوري کې پټ خطرونه لټوي.
Le sue gambe erano sempre pronte a scattare al primo segno di minaccia.
دهغه پښې تل د ګواښ په لومړۍ نښه کې د منډې وهلو لپاره چمتو وې.
Avanzavano furtivamente nella foresta, silenziosi e cauti, uno accanto all'altro.
دوی د ځنګله له لارې په خاموشۍ او احتیاط سره څنګ په څنګ روان وو.
Buck lo seguì alle calcagna, ed entrambi rimasero all'erta.
باک د هغه په پښو پسې لاړ، او دواړه هوښیار پاتې شول.
Le loro orecchie si muovevano e si contraevano, i loro nasi fiutavano l'aria.
ددوی غوږونه لړزېدل او حرکت یې کاوه، پوزې یې هوا بوی کوله.
L'uomo riusciva a sentire e ad annusare la foresta in modo altrettanto acuto quanto Buck.
سړی د باک په څېر په تیزۍ سره ځنګل اورېدلی او بوی کولی شو.
L'uomo peloso si lanciò tra gli alberi a velocità improvvisa.
ویښتان لرونکی سړی په ناڅاپي سرعت سره د ونو له لارې وخوځېد.

Saltava da un ramo all'altro senza mai perdere la presa.

هغه له يوې څانګې څخه بلې څانګې ته توپ وواهه، هيڅکله يې خپله ګرفت له لاسه ورنکړه.

Si muoveva con la stessa rapidità con cui si muoveva sopra e sopra il terreno.

هغه د ځمکې څخه پورته په چټکۍ سره حرکت وکړ لکه څنګه چې هغه پرې کاوه.

Buck ricordava le lunghe notti passate sotto gli alberi a fare la guardia.

باک د ونو لاندې اوږدې شپې په ياد درلودې، چې څار يې کاوه.

L'uomo dormiva appollaiato sui rami, aggrappandosi forte.

سړی په څانګو کې په ځاله کې ويده شو، کلک يې ونيو.

Questa visione dell'uomo peloso era strettamente legata al richiamo profondo.

دويښتانو سړي دا ليد د ژورې غږ سره نږدې تړلی و.

Il richiamo risuonava ancora nella foresta con una forza inquietante.

غږ لا هم په ځنګله کې د ويرونکي ځواک سره غږېده.

La chiamata riempì Buck di desiderio e di un inquieto senso di gioia.

زنګ وهلو باک له لېوالتيا او د خوښۍ له بې ثباته احساس ډک کړ.

Sentì strani impulsi e stimoli a cui non riusciva a dare un nome.

هغه عجيبې غوښتنې او تحرکات احساس کړل چې نوم يې نه شوای اخيستلی.

A volte seguiva la chiamata inoltrandosi nel silenzio dei boschi.

کله ناکله به هغه د غږ تعقيب په ارام ځنګل کې ژور کړ.

Cercava il richiamo, abbaiando piano o bruscamente mentre camminava.

هغه د غږ په لټه کې و، په نرمۍ يا تيزۍ سره يې غپا وهله کله چې هغه روان و.

Annusò il muschio e il terreno nero dove cresceva l'erba.

هغه هغه کای او توره خاوره بوی کړه چيرې چې واښه وده کوله.

Sbuffò di piacere sentendo i ricchi odori della terra profonda.

هغه د ژورې ځمکې د بدایه بویونو په لیدو سره په خوښۍ سره خوله وکړه.
Rimase accovacciato per ore dietro i tronchi ricoperti di funghi.
هغه په ساعتونو ساعتونو د هغو ډدونو شاته چې په فنګس پوښل شوي وو، کښیناست.
Rimase immobile, ascoltando con gli occhi sgranati ogni minimo rumore.
هغه غلی پاتې شو، په غټو سترګو یې هر کوچنی غږ واورېد.
Forse sperava di sorprendere la cosa che aveva emesso la chiamata.
هغه ښايي هيله درلوده چې هغه څه چې زنګ يې وهلی و، حيران کړي.
Non sapeva perché si comportava in quel modo: lo faceva e basta.
هغه نه پوهيده چې ولې يې دا ډول چلند وکړ - هغه يوازې دا کار وکړ.
Questi impulsi provenivano dal profondo, al di là del pensiero o della ragione.
غوښتني له ژورو څخه راغلي، د فکر يا دليل هاخوا.
Buck fu colto da impulsi irresistibili, senza preavviso o motivo.
بې ساري غوښتنو پرته له خبرتيا يا دليل څخه په باک باندې بريد وکړ.
A volte sonnecchiava pigramente nell'accampamento, sotto il caldo di mezzogiorno.
کله ناکله به هغه په کمپ کې د غرمې په ګرمۍ کې په سستۍ سره ویده کېده.
All'improvviso sollevò la testa e le sue orecchie si drizzarono in allerta.
ناڅاپه يې سر پورته شو او غوږونه يې په هوښیارۍ سره پورته شول.
Poi balzò in piedi e si lanciò nella natura selvaggia senza fermarsi.
بیا هغه پورته شو او پرته له ځنډه په ځنګله کې منډه ووهله.
Corse per ore attraverso sentieri forestali e spazi aperti.
هغه د ځنګلونو په لارو او خلاصو ځايونو کې ساعتونه منډې وهلې.
Amava seguire i letti asciutti dei torrenti e spiare gli uccelli sugli alberi.
هغه د وچو ويالو د بسترونو تعقيبول او په ونو کې د مرغيو جاسوسي کول خوښول.

Poteva restare nascosto tutto il giorno, osservando le pernici che si pavoneggiavano in giro.

هغه توله ورځ پټ پاتې کېدای شوای، او د تیترونو لیدل یې کول چې شاوخوا ګرځي.

Suonavano i tamburi e marciavano, ignari della presenza immobile di Buck.

دوی ډول غږاوه او مارچ یې وکړ، د باک د شتون څخه بې خبره وو.

Ma ciò che amava di più era correre al crepuscolo estivo.

خو هغه څه چې هغه یې تر ټولو ډېر خوښاوه هغه د دوبي په ماښام کې منډې وهل وو.

La luce fioca e i suoni assonnati della foresta lo riempivano di gioia.

دتیاره رڼا او د ځنګل د خوب غږونو هغه له خوښۍ ډک کړ.

Leggeva i cartelli della foresta con la stessa chiarezza con cui un uomo legge un libro.

هغه د ځنګل نښې په روښانه ډول لوستلې لکه څنګه چې یو سړی کتاب لولي.

E cercava sempre la strana cosa che lo chiamava.

او هغه تل د هغه عجیب شی په لټه کې و چې هغه یې بللی و.

Quella chiamata non si è mai fermata: lo raggiungeva sia da sveglio che nel sonno.

دا زنګ وهل هیڅکله نه ودرېدل - دا هغه ته په ویښ یا ویده حالت کې ورسېد.

Una notte si svegliò di soprassalto, con gli occhi acuti e le orecchie tese.

یوه شپه، هغه په چټکۍ سره له خوبه راویښ شو، سترګې یې تیزې او غوږونه یې لوړ وو.

Le sue narici si contrassero mentre la sua criniera si rizzava in onde.

دهغه پوزې لړزېدې څکه چې د هغه د سر غوښنه په څپو کې ولاړه وه.

Dal profondo della foresta giunse di nuovo quel suono, il vecchio richiamo.

دځنګل له ژورو څخه بیا غږ راغی، هغه زوړ غږ.

Questa volta il suono risuonò chiaro, un ululato lungo, inquietante e familiare.

دا ځل غږ په څرګنده توګه واوریدل شو، یوه اوږده، ځوروونکې، پیژندل شوې چیغه.
Era come il verso di un husky, ma dal tono strano e selvaggio.
دا د هسکي چیغې په څیر وه، مګر په غږ کې عجیب او وحشي وه.
Buck riconobbe subito quel suono: lo aveva già sentito molto tempo prima.
باک سمدلاسه غږ وپیژند - هغه ډیر وخت دمخه دقیق غږ اوریدلی و.
Attraversò con un balzo l'accampamento e scomparve rapidamente nel bosco.
هغه د کمپ له لارې توپ وواهه او په چټکۍ سره ځنګل ته ورک شو.
Avvicinandosi al suono, rallentò e si mosse con cautela.
کله چې هغه غږ ته نږدې شو، هغه ورو شو او په احتیاط سره حرکت وکړ.
Presto raggiunse una radura tra fitti pini.
ډیر ژر هغه د صنوبر د ګڼو ونو ترمنځ یوې پاکې سیمې ته ورسېد.
Lì, ritto sulle zampe posteriori, sedeva un lupo grigio alto e magro.
هلته، په خپلو ځېږونو کې ولاړ، یو اوږد، نری لړګین لیوه ناست و.
Il naso del lupo puntava verso il cielo, continuando a riecheggiare il richiamo.
دلیوه پوزه اسمان ته اشاره وکړه، او لا هم غږ یې منعکس کاوه.
Buck non aveva emesso alcun suono, eppure il lupo si fermò e ascoltò.
باک هیڅ غږ نه کاوه، خو لیوه ودرېد او غوږ یې ونیو.
Percependo qualcosa, il lupo si irrigidì e scrutò l'oscurità.
لیوه چې یو څه احساس کړل، تیاره یې لټوله، تنګ شو.
Buck si fece avanti furtivamente, con il corpo basso e i piedi ben appoggiati al terreno.
باک په پټه سترګو کې رابښکاره شو، بدن یې ټیټ و، پښې یې په ځمکه کې خاموشې وې.
La sua coda era dritta e il suo corpo era teso e teso.
لکۍ یې مستقیمه وه، بدن یې د فشار له امله کلک و.
Manifestava sia un atteggiamento minaccioso che una sorta di rude amicizia.
هغه ګواښ او یو ډول سخته ملګرتیا دواړه وښودله.
Era il saluto cauto tipico delle bestie selvatiche.

دا هغه محتاطانه سلام وو چې د وحشي ځناورو لخوا شریک شوی و.
Ma il lupo si voltò e fuggì non appena vide Buck.
خو لیوه د باک په لیدلو سره سمدلاسه مخ واړاوه او وتښتېد.
Buck si lanciò all'inseguimento, saltando selvaggiamente, desideroso di raggiungerlo.
باک تعقیب کړ، په وحشیانه ډول توپ وواهه، او د هغه د نیولو لپاره لیواله و.
Seguì il lupo in un ruscello secco bloccato da un ingorgo di tronchi.
هغه د لیوه پسې په یوه وچه ویاله کې لاړ چې د لرګیو د بندیدو له امله بنده شوې وه.
Messo alle strette, il lupo si voltò e rimase fermo.
لیوه په کونج کې وګرځېد او په خپله ځمکه ودرېد.
Il lupo ringhiò e schioccò i denti come un husky intrappolato in una rissa.
لیوه په جګړه کې د بند پاتې شوي سپي په څیر چیغې وهلې او چیغې یې وهلې.
I denti del lupo schioccarono rapidamente e il suo corpo si irrigidì per la furia selvaggia.
دلیوه غاښونه په چټکۍ سره ټکان وخوړ، بدن یې د وحشي قهر څخه ډک و.
Buck non attaccò, ma girò intorno al lupo con attenta cordialità.
باک برید ونه کړ، خو په احتیاط سره یې د لیوه شاوخوا چاپېره وګرځېد.
Cercò di bloccargli la fuga con movimenti lenti e innocui.
هغه هڅه وکړه چې د ورو او بې ضرره حرکتونو له لارې د خپل تېښتې مخه ونیسي.
Il lupo era cauto e spaventato: Buck lo superava di peso tre volte.
لیوه محتاط او وېرېدلی و - بک درې ځله له هغه څخه ډېر و.
La testa del lupo arrivava a malapena all'altezza della spalla massiccia di Buck.
دلیوه سر په سختۍ سره د باک لوی اوږې ته ورسید.
Il lupo, attento a individuare un varco, si lanciò e l'inseguimento ricominciò.
لیوه د یوې تشې په لټه کې ودرېد او تعقیب یې بیا پیل شو.
Buck lo mise alle strette più volte e la danza si ripeté.

ځو ځله باک هغه ته نږدې شو، او نښا تکرار شوه.
Il lupo era magro e debole, altrimenti Buck non avrebbe potuto catturarlo.
لېوه نری او کمزوری و، یا بک نشوای کولی هغه ونیسي.
Ogni volta che Buck si avvicinava, il lupo si girava di scatto e lo affrontava spaventato.
هر کله چې باک نږدې کېده، لیوه به ګرځېده او په ویره کې به ورسره مخامخ کېده.
Poi, alla prima occasione, si precipitò di nuovo nel bosco.
بیا په لومړي فرصت کې، هغه یو ځل بیا ځنګل ته وتښتېد.
Ma Buck non si arrese e alla fine il lupo imparò a fidarsi di lui.
خو باک تسلیم نه شو، او بالاخره لیوه په هغه باور وکړ.
Annusò il naso di Buck e i due diventarono giocosi e attenti.
هغه د باک پوزه بوی کړه، او دواړه لوبیدونکي او هوښیار شول.
Giocavano come animali selvaggi, feroci ma timidi nella loro gioia.
دوی د وحشي ځناورو په څیر لوبې کولې، په خوښۍ کې سخت خو شرمیدونکي وو.
Dopo un po' il lupo trotterellò via con calma e decisione.
یو څه وخت وروسته، لیوه په ارامه ارادې سره لاړ.
Dimostrò chiaramente a Buck che intendeva essere seguito.
هغه په څرګنده توګه باک ته وښودله چې هغه غواړي تعقیب شي.
Correvano fianco a fianco nel buio della sera.
دوی د ماښام په تیاره کې څنګ په څنګ منډه وهله.
Seguirono il letto del torrente fino alla gola rocciosa.
دوی د ویالې په غاړه پسې د ډبرینو درې ته پورته شول.
Attraversarono un freddo spartiacque nel punto in cui aveva avuto origine il fiume.
دوی له یوې سړې لارې څخه تېر شول چیرې چې جریان پیل شوی و.
Sul pendio più lontano trovarono un'ampia foresta e molti corsi d'acqua.
په لرې غره کې دوی پراخ ځنګل او ډیری ویالې ومونډلې.
Corsero per ore senza fermarsi attraverso quella terra immensa.
په دې پراخه ځمکه کې، دوی د ساعتونو لپاره پرته له ځنډه منډې وهلې.

Il sole saliva sempre più alto, l'aria si faceva calda, ma loro continuavano a correre.

لمر لوړ شو، هوا گرمه شوه، خو دوی منډه وهله.

Buck era pieno di gioia: sapeva di aver risposto alla sua chiamata.

باک له خوښۍ ډک و - هغه پوهیده چې هغه د هغه زنګ ته ځواب ورکوي.

Corse accanto al fratello della foresta, più vicino alla fonte della chiamata.

هغه د خپل ځنګلي ورور تر څنګ منډه کړه، د زنګ وهلو سرچینې ته نږدې.

I vecchi sentimenti ritornano, potenti e difficili da ignorare.

زاړه احساسات بیرته راغلل، قوي او له پامه غورځول یې گران وو.

Queste erano le verità nascoste nei ricordi dei suoi sogni.

دا د هغه د خوبونو د خاطرو تر شا حقیقتونه وو.

Tutto questo lo aveva già fatto in un mondo lontano e oscuro.

هغه دا ټول مخکې په یوه لرې او سیوري نړۍ کې کړي وو.

Questa volta lo fece di nuovo, scatenandosi con il cielo aperto sopra di lui.

اوس یې بیا دا کار وکړ، پورته خلاص اسمان ته په وحشیانه ډول منډه وهله.

Si fermarono presso un ruscello per bere l'acqua fredda che scorreva.

دوی د یوې ویالې سره ودرېدل ترڅو د سړو بهېدونکو اوبو څخه وڅښي.

Mentre beveva, Buck si ricordò improvvisamente di John Thornton.

کله چې هغه شراب څښل، نو ناڅاپه یې جان تورنټن یاد شو.

Si sedette in silenzio, lacerato dal sentimento di lealtà e dalla chiamata.

هغه په چوپتیا کې ناست و، د وفادارۍ او بلنې له امله مات شوی و.

Il lupo continuò a trottare, ma tornò indietro per incitare Buck ad andare avanti.

لیوه په پښو وخوځېد، خو بیرته راغی ترڅو بک مخکې کړي.

Gli annusò il naso e cercò di convincerlo con gesti gentili.

هغه خپله پوزه بوی کړه او هڅه یې وکړه چې په نرمو اشارو سره هغه قانع کړي.

Ma Buck si voltò e riprese a tornare indietro per la strada da cui era venuto.

خو بک شا وګرځېد او په هماغه لاره بېرته پیل وکړ چې راغلی و.

Il lupo gli corse accanto per molto tempo, guaindo piano.

لیوه د ډېر وخت لپاره د هغه تر څنګ منډه کړه، په خاموشۍ سره یې چیغې وهلې.

Poi si sedette, alzò il naso ed emise un lungo ululato.

بیا هغه کښېناست، خپله پوزه یې پورته کړه، او یوه اوږده چیغه یې وکړه.

Era un grido lugubre, che si addolcì mentre Buck si allontanava.

دا یوه غمجنه چیغه وه، چې د باک د تګ په وخت کې نرمه شوه.

Buck ascoltò mentre il suono del grido svaniva lentamente nel silenzio della foresta.

باک غوږ ونیو څکه چې د ژړا غږ ورو ورو د ځنګل په چوپتیا کې ورک شو.

John Thornton stava cenando quando Buck irruppe nell'accampamento.

جان تورنتن ډوډۍ خوړله کله چې بک کمپ ته ننوت.

Buck gli saltò addosso selvaggiamente, leccandolo, mordendolo e facendolo rotolare.

باک په بې رحمۍ سره پرې توپ وواهه، هغه یې چاټ کړ، چیچلو یې او غورځولو یې.

Lo fece cadere, gli saltò sopra e gli baciò il viso.

هغه یې وغورځاوه، په سر یې وخوځاوه، او مخ یې ښکل کړ.

Thornton lo definì con affetto "fare il buffone".

تورنتون دا په مینه سره "د عمومي احمق لوبه کول "وبلل.

Nel frattempo, imprecava dolcemente contro Buck e lo scuoteva avanti e indietro.

په دې ټولو وختونو کې، هغه په نرمۍ سره باک ته لعنت ووایه او هغه یې مخکې او وروسته وخوځاوه.

Per due interi giorni e due notti, Buck non lasciò l'accampamento nemmeno una volta.

ددوو بشپړو ورځو او شپو لپاره، باک یو ځل هم له کمپ څخه نه دی وتلی.

Si teneva vicino a Thornton e non lo perdeva mai di vista.

هغه تورنتن ته نږدې و او هیڅکله یې له خپل نظره نه پرېښود.
Lo seguiva mentre lavorava e lo osservava mentre mangiava.
هغه د کار په وخت کې د هغه تعقیب کاوه او د خوړلو پرمهال یې ورته کتل.
Di notte vedeva Thornton avvolto nelle sue coperte e ogni mattina lo vedeva uscire.
هغه تورنتن د شپې په خپلو کمپلو کې او هره سهار بهر ولید.
Ma presto il richiamo della foresta ritornò, più forte che mai.
خو ډېر ژر د ځنګل غږ بیرته راغی، د پخوا په پرتله لوړ.
Buck si sentì di nuovo irrequieto, agitato dal pensiero del lupo selvatico.
باک بیا بې هوښه شو، د وحشي لیوه په فکرونو کې ډوب شو.
Ricordava la terra aperta e le corse fianco a fianco.
هغه خلاصه ځمکه او څنګ په څنګ منډې وهل په یاد درلودل.
Ricominciò a vagare nella foresta, solo e vigile.
هغه یو ځل بیا په ځنګله کې ګرځېدل پیل کړل، یوازې او هوښیار.
Ma il fratello selvaggio non tornò e l'ululato non fu udito.
خو وحشي ورور بیرته را نه غی، او چیغې یې نه اوریدل کېدې.
Buck cominciò a dormire all'aperto, restando lontano anche per giorni interi.
باک بهر ویده کېدل پیل کړل، څو ورځې په یو وخت کې لرې پاتې کېدل.
Una volta attraversò l'alto spartiacque dove aveva origine il torrente.
یوځل چې هغه له لوړې درز څخه تیر شو چیرې چې ویاله پیل شوې وه.
Entrò nella terra degli alberi scuri e dei grandi corsi d'acqua.
هغه د تیاره لرګیو او پراخو بهیدونکو ویالو ځمکې ته ننوتل.
Vagò per una settimana alla ricerca di tracce del fratello selvaggio.
هغه د یوې اونۍ لپاره ګرځېده، د وحشي ورور نښې لټوي.
Uccideva la propria carne e viaggiava a passi lunghi e instancabili.
هغه خپله غوښه ووژله او په اوږدو او نه ستړي کېدونکو ګامونو سره یې سفر وکړ.
Pescò salmoni in un ampio fiume che arrivava fino al mare.
هغه په یوه پراخه سیند کې چې سمندر ته رسیدلی و، د سالمون کب نیول.
Lì lottò e uccise un orso nero reso pazzo dagli insetti.

ځلته، هغه د یو تور ریچھ سره جګړه وکړه او هغه یې وواژه چې د حشراتو له امله لیونی شوی و.
L'orso stava pescando e corse alla cieca tra gli alberi.
ږیره کب نیولی و او په ړانده ډول د ونو له لارې منډه وهله.
La battaglia fu feroce e risvegliò il profondo spirito combattivo di Buck.
جګړه ډېره سخته وه، د باک ژوره جنګي روحیه یې راویښ کړه.
Due giorni dopo, Buck tornò e trovò dei ghiottoni nei pressi della sua preda.
دوه ورځې وروسته، باک بیرته راستون شو ترڅو په خپل ښکار کې ولورین ومومي.
Una dozzina di loro litigarono furiosamente e rumorosamente per la carne.
ددوی څخه لسګونو کسانو په غوسه او شورماشور کې د غوښې پر سر شخړه وکړه.
Buck caricò e li disperse come foglie al vento.
باک په باد کې داسې پاڼې خورې کړې او خپرې کړې یې.
Due lupi rimasero indietro: silenziosi, senza vita e immobili per sempre.
دوه لیوان شاته پاتې شول - خاموش، بې ژونده، او د تل لپاره بې حرکته.
La sete di sangue divenne più forte che mai.
دوینې تنده تر بل هر وخت ډېره شوه.
Buck era un cacciatore, un assassino, che si nutriva di creature viventi.
باک یو ښکاری، قاتل وو، او د ژوندیو موجوداتو خواړه یې ورکول.
Sopravvisse da solo, affidandosi alla sua forza e ai suoi sensi acuti.
هغه یوازې ژوندی پاتې شو، په خپل ځواک او تیزو حواسو تکیه وکړه.
Prosperava nella natura selvaggia, dove solo i più forti potevano sopravvivere.
هغه په ځنګل کې وده وکړه، چیرې چې یوازې تر ټولو سخت خلک ژوند کولی شي.
Da ciò nacque un grande orgoglio che riempì tutto l'essere di Buck.
له دې څخه، یو لوی غرور راپورته شو او د باک ټول وجود یې ډک کړ.
Il suo orgoglio traspariva da ogni passo, dal fremito di ogni muscolo.

دهغه غرور په هر گام کې، د هر عضلاتو په څپو کې څرگند شو.
Il suo orgoglio era evidente, come si vedeva dal suo comportamento.
دهغه غرور د خبرو په څیر څرگند و، چې د هغه د چلند له مخې څرگندېده.
Persino il suo spesso mantello appariva più maestoso e splendeva di più.
حتی د هغه غټ کوټ ډېر شاندار او روښانه ښکارېده.
Buck avrebbe potuto essere scambiato per un lupo grigio gigante.
باک کېدای شي د لوی لرگیو لیوه په توگه غلط شوی وي.
A parte il marrone sul muso e le macchie sopra gli occhi.
پرته له هغه چې د هغه په خوله نسواري رنګ او د سترگو پورته داغونه وي.
E la striscia bianca di pelo che gli correva lungo il centro del petto.
او د ویښتو سپینه لیکه چې د هغه د سینې له مینځه روانه وه.
Era addirittura più grande del più grande lupo di quella feroce razza.
هغه د هغه وحشي نسل تر ټولو لوی لیوه څخه هم لوی و.
Suo padre, un San Bernardo, gli ha trasmesso la stazza e la corporatura robusta.
دهغه پلار، چې سینټ برنارډ و، هغه ته یې اندازه او درونډ بدن ورکړ.
Sua madre, una pastorella, plasmò quella mole conferendole la forma di un lupo.
دهغه مور، چې شپون وه، هغه ټولګه یې د لیوه په څیر شکل ورکړه.
Aveva il muso lungo di un lupo, anche se più pesante e largo.
دهغه خوله د لیوه په څېر اوږده وه، که څه هم درنه او پراخه وه.
La sua testa era quella di un lupo, ma di dimensioni enormi e maestose.
دهغه سر د لیوه وو، خو په یوه لویه او شانداره پیمانه جوړ شوی وو.
L'astuzia di Buck era l'astuzia del lupo e della natura selvaggia.
دباک چالاکي د لیوه او وحشي چالاکي وه.
La sua intelligenza gli venne sia dal Pastore Tedesco che dal San Bernardo.

دهغه هوښيارتيا د جرمن شيفرډ او سينټ برنارډ دواړو څخه راغلې وه.

Tutto ciò, unito alla dura esperienza, lo rese una creatura temibile.

دې ټولو، او سختو تجربو، هغه يو ډارونکی مخلوق کړ.

Era formidabile quanto qualsiasi animale che vagasse nelle terre selvagge del nord.

هغه د هر هغه حيوان په څير چې په شمالي ځنګل کې ګرځېده، ډېر خطرناک و.

Nutrendosi solo di carne, Buck raggiunse l'apice della sua forza.

باک چې يوازې په غوښه ژوند کاوه، د خپل ځواک بشپړ اوج ته ورسيد.

Trasudava potenza e forza maschile in ogni fibra del suo corpo.

هغه د خپل بدن په هره برخه کې له ځواک او نارينه ځواک څخه ډک و.

Quando Thornton gli accarezzò la schiena, i peli brillarono di energia.

کله چې تورنتن خپل شا ته لاس ورکړ، ويښتان يې له انرژۍ څخه ځلېدل.

Ogni capello scricchiolava, carico del tocco di un magnetismo vivente.

هر ويښتان ټک وهل، د ژوندي مقناطيسي لمس سره چارج شوي.

Il suo corpo e il suo cervello erano sintonizzati sulla tonalità più fine possibile.

دهغه بدن او دماغ د غوره ممکنه انداز سره سمون درلود.

Ogni nervo, ogni fibra e ogni muscolo lavoravano in perfetta armonia.

هر اعصاب، ريشې او عضلات په بشپړ همغږۍ کې کار کاوه.

A qualsiasi suono o visione che richiedesse un intervento, rispondeva immediatamente.

هر هغه غږ يا ليد ته چې عمل ته اړتيا ولري، هغه سمدلاسه ځواب ورکړ.

Se un husky saltava per attaccare, Buck poteva saltare due volte più velocemente.

که چيرې يو هوسکی د بريد لپاره کودتا وکړي، بک کولی شي دوه چنده ګړندی کودتا وکړي.

Reagì più rapidamente di quanto gli altri potessero vedere o sentire.

هغه د نورو په پرتله چټک غبرګون ښود، حتی چې نور يې ليدلی يا اوريدلی هم شو.
Percezione, decisione e azione avvennero tutte in un unico, fluido istante.
ادراک، پريکړه، او عمل ټول په يوه ناڅاپي شيبه کې راغلل.
In realtà si tratta di atti separati, ma troppo rapidi per essere notati.
په حقيقت کې، دا کړنې جلا وې، مګر د پام وړ نه وې.
Gli intervalli tra questi atti erano così brevi che sembravano uno solo.
ددې کړنو ترمنځ واټن دومره لنډ وو، چې يو شان ښکاريده.
I suoi muscoli e il suo essere erano come molle strettamente avvolte.
دهغه عضلات او وجود د کلکو تاو شويو چينو په څير وو.
Il suo corpo traboccava di vita, selvaggia e gioiosa nella sua potenza.
دهغه بدن د ژوند سره په جوش کې و، په خپل ځواک کې وحشي او خوشحاله.
A volte aveva la sensazione che la forza stesse per esplodere completamente dentro di lui.
کله ناکله به هغه داسې احساس کاوه چې ځواک به يې په بشپړه توګه له منځه لاړ شي.
"Non c'è mai stato un cane simile", disse Thornton un giorno tranquillo.
ت"ورنټن يوه خاموشه ورځ وويل" :هيڅکله داسې سپی نه و.
I soci osservarono Buck uscire fiero dall'accampamento.
ملګرو يې بک وليد چې په وياړ سره له کمپ څخه وځي.
"Quando è stato creato, ha cambiato il modo in cui un cane può essere", ha detto Pete.
پيټ وويل" :کله چې هغه جوړ شو، هغه بدل کړ چې سپی څه شی کيدی شي."
"Per Dio! Lo penso anch'io", concordò subito Hans.
"په عيسی قسم. زه پخپله هم داسې فکر کوم، "هانس ژر موافقه وکړه.
Lo videro allontanarsi, ma non il cambiamento che avvenne dopo.
دوی هغه وليد چې روان شو، خو هغه بدلون نه چې وروسته راغی.

Non appena entrò nel bosco, Buck si trasformò completamente.

کله چې باک ځنګل ته ننوت، نو په بشپړه توګه بدل شو.

Non marciava più, ma si muoveva come uno spettro selvaggio tra gli alberi.

هغه نور حرکت نه کاوه، بلکې د ونو په منځ کې د وحشي روح په څیر حرکت کاوه.

Divenne silenzioso, come un gatto, un bagliore che attraversava le ombre.

هغه غلی شو، د پیشو په څېر، یو ځلیدونکی ځراغ چې له سیوري څخه تیریږي.

Usava la copertura con abilità, strisciando sulla pancia come un serpente.

هغه په مهارت سره د ځان ساتنه کوله، د مار په څېر په ګېډه ګرځېده.

E come un serpente, sapeva balzare in avanti e colpire in silenzio.

او د مار په څیر، هغه کولی شي مخ په وړاندې توپ ووهي او په خاموشۍ سره ووهي.

Potrebbe rubare una pernice bianca direttamente dal suo nido nascosto.

هغه کولی شي یو پټ مرغۍ د هغې له پټ ځالي څخه مستقیم غلا کړي.

Uccideva i conigli addormentati senza emettere alcun suono.

هغه ویده سویان پرته له کوم غږ ووژل.

Riusciva a catturare gli scoiattoli a mezz'aria anche se fuggivano troppo lentamente.

هغه کولی شوای چې چیمنکونه په هوا کې ونیسي ځکه چې دوی ډېر ورو تښتیدل.

Nemmeno i pesci nelle pozze riuscivano a sfuggire ai suoi attacchi improvvisi.

حتی په حوضونو کې کبان هم د هغه د ناڅاپي ګوزارونو څخه خلاص نشول.

Nemmeno i furbi castori impegnati a riparare le dighe erano al sicuro da lui.

حتی هغه هوښیار بیورونه چې د بندونو رغونه یې کوله، له هغه څخه خوندي نه وو.

Uccideva per nutrirsi, non per divertirsi, ma preferiva uccidere le proprie vittime.

هغه د خوړو لپاره وژل، نه د تفریح لپاره - خو د خپلو وژلو سره یې ډېره مینه درلوده.

Eppure, un umorismo subdolo permeava alcune delle sue cacce silenziose.

بیا هم، د هغه په ځینو خاموش ښکارونو کې یو مکار طنز روان و.

Si avvicinò furtivamente agli scoiattoli, solo per lasciarli scappare.

هغه د غویي مرغانو ته نږدې شو، یوازې یې پرېښودل چې وتښتي.

Stavano per fuggire tra gli alberi, chiacchierando con rabbia e paura.

دوی غوښتل چې ونو ته وتښتي، په ویره کې غوسه او چغې وهي.

Con l'arrivo dell'autunno, le alci cominciarono ad apparire in numero maggiore.

لکه څنګه چې منې راغله، موږک په زیات شمیر کې راڅرګندیدل پیل کړل.

Si spostarono lentamente verso le basse valli per affrontare l'inverno.

دوی د ژمي د تېرېدو لپاره ورو ورو ټیټو درې ته لاړل.

Buck aveva già abbattuto un giovane vitello randagio.

باک لا دمخه یو کوچنی، بې کوره خوسکی غورځولی و.

Ma lui desiderava ardentemente affrontare prede più grandi e pericolose.

خو هغه د لوی او خطرناک ښکار سره د مخامخ کېدو لېوالتیا درلوده.

Un giorno, sul crinale, alla sorgente del torrente, trovò la sua occasione.

یوه ورځ د ویالي په غاړه، د ویالي په سر کې، هغه خپل چانس وموند.

Una mandria di venti alci era giunta da terre boscose.

دشلو موږکانو یوه ډله له ځنګلي ځمکو څخه را اوښتي وه.

Tra loro c'era un possente toro, il capo del gruppo.

ددوی په منځ کې یو پیاوړی غویی هم و؛ د ډلې مشر.

Il toro era alto più di due metri e mezzo e appariva feroce e selvaggio.

غويی له شپږو فوټو څخه زیات لوړ و او ډېر وحشتناک او وحشي ښکارېده.

Lanciò le sue grandi corna, le cui quattordici punte si diramavano verso l'esterno.

هغه خپل پراخ ښکرونه وغورځول، څوارلس تکي یې بهر ته ځانګي درلودې.
Le punte di quelle corna si estendevano per due metri.
دهغو ښکرونو څوکې اووه فوټه غځېدلې وې.
I suoi piccoli occhi ardevano di rabbia quando vide Buck lì vicino.
کله چې هغه نږدې باک ولید، د هغه کوچنۍ سترګې له غوسې ډکې شوې.
Emise un ruggito furioso, tremando di rabbia e dolore.
هغه یو قهرجن چیغه ووهله، له قهر او درد څخه لړزېده.
Vicino al suo fianco spuntava la punta di una freccia, appuntita e piumata.
دغشي پای یې د څنډې ته نږدې و، بڼکې او تېز.
Questa ferita contribuì a spiegare il suo umore selvaggio e amareggiato.
دې ټپ د هغه د وحشي او ترخې مزاج په تشریح کې مرسته وکړه.
Buck, guidato dall'antico istinto di caccia, fece la sua mossa.
باک، د لرغوني ښکار غریزې په لارښوونه، خپل حرکت وکړ.
Il suo obiettivo era separare il toro dal resto della mandria.
هغه موخه دا وه چې غویی د نورو رمو څخه جلا کړي.
Non era un compito facile: richiedeva velocità e una grande astuzia.
دا اسانه کار نه و - سرعت او سخت چالاکۍ ته اړتیا وه.
Abbaiava e danzava vicino al toro, appena fuori dalla sua portata.
هغه غویي ته نږدې وخندل او نڅا یې وکړه، چې له حده بهر و.
L'alce si lanciò con enormi zoccoli e corna mortali.
موږک د لویو سومونو او وژونکو ښکرونو سره توپونه وهل.
Un colpo avrebbe potuto porre fine alla vita di Buck in un batter d'occhio.
یوه ضربه کولی شي د باک ژوند په یوه تکان کې پای ته ورسوي.
Incapace di abbandonare la minaccia, il toro si infuriò.
غویی د ګواښ پرېښودو توان نه درلود، او په غوسه شو.
Lui caricava con furia, ma Buck riusciva sempre a sfuggirgli.
هغه په غوسه کې برید وکړ، خو بک تل له ځانه سره وتښتېد.
Buck finse di essere debole, allontanandosi ulteriormente dalla mandria.

باک د کمزورۍ بنه وکړه، او هغه یې له رمې څخه لرې وغځاوه.
Ma i giovani tori sarebbero tornati alla carica per proteggere il capo.
ځو ځوان غوایان به د مشر د ساتنې لپاره بیرته برید وکړي.
Costrinsero Buck a ritirarsi e il toro a ricongiungersi al gruppo.
دوی بک مجبور کړ چې شاته شي او غویی دې ته اړ کړ چې بیرته له ډلې سره یوځای شي.
C'è una pazienza nella natura selvaggia, profonda e inarrestabile.
په ځنګل کې یو صبر شته، ژور او نه دریدلی.
Un ragno resta immobile nella sua tela per innumerevoli ore.
یوه غنه په خپل جال کې بې حرکته بې شمیره ساعتونه انتظار کوي.
Un serpente si avvolge su se stesso senza contrarsi e aspetta il momento giusto.
مار پرته له دې چې وخوځیږي، څرخیږي، او تر هغه وخته پورې انتظار کوي چې وخت راشي.
Una pantera è in agguato, finché non arriva il momento.
یو پنتر په کمین کې پروت دی، تر هغه چې شیبه راشي.
Questa è la pazienza dei predatori che cacciano per sopravvivere.
دا د هغو ښکاریانو صبر دی چې د ژوندي پاتې کیدو لپاره ښکار کوي.
La stessa pazienza ardeva dentro Buck mentre gli restava accanto.
په باک کې هماغه صبر سوځېده څکه چې هغه نږدې و.
Rimase vicino alla mandria, rallentandone la marcia e incutendo timore.
هغه د رمې سره نږدې پاتې شو، د هغوی تګ یې ورو کړ او ویره یې راوپاروله.
Provocava i giovani tori e molestava le mucche madri.
هغه ځوان غوایان ځورول او د مور غواګانې یې ځورولې.
Spinse il toro ferito in una rabbia ancora più profonda e impotente.
هغه ټپي غویی په ژور او بې وسه غوسه کې وغورځاوه.
Per mezza giornata il combattimento si trascinò senza alcuna tregua.
دنیمې ورځې لپاره، جګړه پرته له کوم آرام څخه روانه وه.

Buck attaccò da ogni angolazione, veloce e feroce come il vento.

باک له هرې زاويې برید وکړ، د باد په څیر ګړندی او سخت.

Impedì al toro di riposare o di nascondersi con la mandria.

هغه غویي د آرام کولو یا د هغې د رمې سره د پټیدو څخه منع کړ.

Buck logorò la volontà dell'alce più velocemente del suo corpo.

باک د موږک اراده د هغه د بدن په پرتله ګړندی له منځه یوړه.

Il giorno passò e il sole tramontò basso nel cielo a nord-ovest.

ورځ تېره شوه او لمر په شمال لویدیځ اسمان کې ښکته ډوبه شو.

I giovani tori tornarono più lentamente per aiutare il loro capo.

ځوان غوایان د خپل مشر سره د مرستې لپاره ورو ورو راستانه شول.

Erano tornate le notti autunnali e il buio durava ormai sei ore.

دمني شپې بیرته راغلي وې، او تیاره اوس شپږ ساعته دوام وکړ.

L'inverno li spingeva verso valli più sicure e calde.

ژمی دوی د خوندي او تودو درو په لور ښکته خوا ته اړ ایستل.

Ma non riuscirono comunque a sfuggire al cacciatore che li tratteneva.

خو بیا هم دوی د هغه ښکار څخه چې دوی یې نیولي وو، وتښتېدل.

Era in gioco solo una vita: non quella del branco, ma quella del loro capo.

یوازې د یو چا ژوند په خطر کې و - د رمې نه، یوازې د دوی د مشر.

Ciò rendeva la minaccia lontana e non una loro preoccupazione urgente.

دې کار ګواښ لرې کړ او د دوی بیړنی اندیښنه یې نه وه.

Col tempo accettarono questo prezzo e lasciarono che Buck prendesse il vecchio toro.

په وخت سره، دوی دا لګښت ومانه او بک ته یې اجازه ورکړه چې زوړ غویی واخلي.

Mentre calava il crepuscolo, il vecchio toro rimase in piedi con la testa bassa.

کله چې ماښام شو، زوړ غویی خپل سر ښکته ودرېد.

Guardò la mandria che aveva guidato svanire nella luce morente.

هغه هغه دله ولیده چې هغه یې رهبري کړې وه او د تیاره رنا په لور ورکه شوه.
C'erano mucche che aveva conosciuto, vitelli che un tempo aveva generato.
هغه غواګانې پیژندلې، هغه خوسکي چې یو وخت یې زیږولي وو.
C'erano tori più giovani con cui aveva combattuto e che aveva dominato nelle stagioni passate.
په تیرو فصلونو کې هغه ځوان غوایان سره جګړه کړې او حکومت یې کړی و.
Non poteva seguirli, perché davanti a lui era di nuovo accovacciato Buck.
هغه نشو کولی چې دوی تعقیب کړي - ځکه چې مخکې له دې چې هغه بیا باک ته تکان ورکړي.
Il terrore spietato e zannuto gli bloccava ogni via che potesse percorrere.
بې رحمه وحشت هره لاره چې هغه یې اخیستلی شي بنده کړه.
Il toro pesava più di trecento chili di potenza densa.
دغويي وزن د درې سوه څخه زیات د کثافت ځواک درلود.
Aveva vissuto a lungo e lottato duramente in un mondo di difficoltà.
هغه ډېر وخت ژوند کړی و او د مبارزې په نړۍ کې یې سخته مبارزه کړې وه.
Eppure, alla fine, la morte gli venne commessa da una bestia molto più bassa di lui.
خو اوس، په پای کې، مرګ د هغه څخه ډېر ښکته د یو ځناور څخه راغی.
La testa di Buck non arrivò nemmeno alle enormi ginocchia noccate del toro.
دباک سر حتی د غويي د لویو ګوندو زنګونونو ته هم پورته نه شو.
Da quel momento in poi, Buck rimase con il toro notte e giorno.
له هغې شیبې وروسته، باک شپه او ورځ د غويي سره پاتې شو.
Non gli dava mai tregua, non gli permetteva mai di brucare o bere.
هغه هیڅکله هغه ته آرام نه ورکاوه، هیڅکله یې د څړولو یا څښاک اجازه نه ورکوله.

Il toro cercò di mangiare giovani germogli di betulla e foglie di salice.

غويی هڅه وکړه چې د برچ ځواني ځانګي او د ولو پاني وخوري۔

Ma Buck lo scacciò, sempre all'erta e sempre all'attacco.

خو باک هغه وشړلو، تل هوښيار او تل بريد کوونکی۔

Anche nei torrenti che scorrevano, Buck bloccava ogni assetato tentativo.

حتی په بهيدونکو ويالو کې، بک د هرې تږې هڅې مخه ونيوله۔

A volte, in preda alla disperazione, il toro fuggiva a tutta velocità.

ځيني وختونه، په نا اميدۍ کې، غويی په بشپړ سرعت سره وتښتېد۔

Buck lo lasciò correre, avanzando tranquillamente dietro di lui, senza mai allontanarsi troppo.

باک هغه ته اجازه ورکړه چې منډه وکړي، په ارامه توګه شاته وګرځي، هيڅکله لرې نه۔

Quando l'alce si fermò, Buck si sdraiò, ma rimase pronto.

کله چې موږک ودرېد، باک پرېووت، خو چمتو پاتې شو۔

Se il toro provava a mangiare o a bere, Buck colpiva con tutta la sua furia.

که غويی هڅه کوله چې وخوري يا وڅښي، باک به په بشپړ قهر سره وواهه۔

La grande testa del toro si abbassava sotto le enormi corna.

دغويي لوی سر د خپلو لويو ښکرونو لاندې ښکته شو۔

Il suo passo rallentò, il trotto divenne pesante, un'andatura barcollante.

دهغه سرعت ورو شو، قدم وهل دروند شو؛ د ګوزار خوړلو وړ۔

Spesso restava immobile con le orecchie abbassate e il naso rivolto verso il terreno.

هغه به ډېر ځله په ځمکه کې د غوږونو او پوزې په ښکته کولو سره ولاړ و۔

In quei momenti Buck si prese del tempo per bere e riposare.

په دې شيبو کې، باک د څښاک او آرام کولو لپاره وخت واخيست۔

Con la lingua fuori e gli occhi fissi, Buck sentì che la terra stava cambiando.

ژبه يې راوويسته، سترګې يې تينګې وې، باک احساس وکړ چې ځمکه بدليږي۔

Sentì qualcosa di nuovo muoversi nella foresta e nel cielo.

هغه د ځنګل او اسمان له لارې يو څه نوی حرکت احساس کړ.
Con il ritorno delle alci tornarono anche altre creature selvatiche.
لکه څنګه چې موږک راستون شو، نو د ځنګل نور مخلوقات هم راستانه شول.
La terra sembrava viva di una presenza invisibile ma fortemente nota.
ځمکه د شتون سره ژوندۍ احساس شوه، نه ليدل کيده مګر په کلکه پيژندل شوې وه.
Buck non lo sapeva tramite l'udito, la vista o l'olfatto.
باک دا نه د غږ، نه د ليد او نه هم د بوی له امله پوهيده.
Un sentimento più profondo gli diceva che nuove forze erano in movimento.
ژور احساس هغه ته وويل چې نوي ځواکونه په حرکت کې دي.
Una strana vita si agitava nei boschi e lungo i corsi d'acqua.
په ځنګلونو او د ويالو په اوږدو کې عجيب ژوند روان و.
Decise di esplorare questo spirito una volta completata la caccia.
هغه هوډ وکړ چې د ښکار له بشپړېدو وروسته به دا روح وپلټي.
Il quarto giorno, Buck riuscì finalmente a catturare l'alce.
په څلورمه ورځ، باک بالاخره موږک راوويست.
Rimase nei pressi della preda per un giorno e una notte interi, nutrendosi e riposandosi.
هغه ټوله ورځ او شپه د وژل شوي ځای سره نږدې پاتې شو، خواړه يې وركول او آرام يې کاوه.
Mangiò, poi dormì, poi mangiò ancora, finché non fu forte e sazio.
هغه وخوړل، بيا ويده شو، بيا يې وخوړل، تر هغه چې هغه قوي او مړ شو.
Quando fu pronto, tornò indietro verso l'accampamento e Thornton.
کله چې هغه چمتو شو، هغه بيرته د کمپ او تورنتن په لور وګرځيد.
Con passo costante iniziò il lungo viaggio di ritorno verso casa.
په ثابت سرعت سره، هغه کور ته د راستنيدو اوږد سفر پيل کړ.
Correva con la sua andatura instancabile, ora dopo ora, senza mai smarrirsi.

هغه په خپل نه ستړي کېدونکي مزل کې ساعت په ساعت منډې وهلې، او یو ځل هم بې لارې نه شو.

Attraverso terre sconosciute, si muoveva dritto come l'ago di una bussola.

هغه د نامعلومو ځمکو له لارې د کمپاس ستنې په څېر مستقيم حرکت وکړ.

Il suo senso dell'orientamento faceva sembrare deboli, al confronto, l'uomo e la mappa.

دهغه د لاربښوونې حس انسان او نقشه د پرتله کولو له مخې کمزوري ښکاره کړل.

Mentre Buck correva, sentiva sempre più forte l'agitazione nella terra selvaggia.

لکه څنګه چې باک منډه کړه، هغه په ځنګلي ځمکه کې شور او غوغا په شدت سره احساس کړه.

Era un nuovo tipo di vita, diverso da quello dei tranquilli mesi estivi.

دا د اوړي د ارامو مياشتو برعکس، يو نوی ډول ژوند و.

Questa sensazione non giungeva più come un messaggio sottile o distante.

دا احساس نور د يو پټ يا لرې پيغام په توګه نه و راغلی.

Ora gli uccelli parlavano di questa vita e gli scoiattoli chiacchieravano.

اوس مرغانو د دې ژوند په اړه خبرې کولې، او غومبسو يې په اړه خبرې کولې.

Persino la brezza sussurrava avvertimenti tra gli alberi silenziosi.

حتی باد د خاموشو ونو له لارې خبرداری ورکړ.

Più volte si fermò ad annusare l'aria fresca del mattino.

څو ځله هغه ودرېد او د سهار تازه هوا يې بوی کړه.

Lì lesse un messaggio che lo fece fare un balzo in avanti più velocemente.

هغه هلته يو پيغام ولوست چې هغه يې په چټکۍ سره مخ په وړاندې توپ کړ.

Fu pervaso da un forte senso di pericolo, come se qualcosa fosse andato storto.

دخطر يو دروند احساس هغه ډک کړ، لکه يو څه غلط شوي وي.

Temeva che la calamità stesse per arrivare, o che fosse già arrivata.

ههغه وېرېده چې مصيبت راځي - يا لا دمخه راغلی و.

Superò l'ultima cresta ed entrò nella valle sottostante.

ههغه د وروستۍ څوکې څخه تېر شو او لاندې درې ته ننوتل.

Si muoveva più lentamente, attento e cauto a ogni passo.

ههغه په هر ګام کې ورو، هوښيار او محتاط حرکت وکړ.

Dopo tre miglia trovò una pista fresca che lo fece irrigidire.

درې ميله لرې هغه يوه تازه لاره وموندله چې هغه يې سخت کړ.

I peli sul collo si rizzarono e si rizzarono in segno di allarme.

دهغه د غاړې ويښتان په خطر کې څپې وهلې او ځلېدل.

Il sentiero portava dritto all'accampamento dove Thornton aspettava.

لاره مستقيم د هغه کمپ په لور روانه وه چېرې چې تورنتن انتظار کاوه.

Buck ora si muoveva più velocemente, con passi silenziosi e rapidi.

باک اوس ډېر ګړندی حرکت وکړ، د هغه قدمونه خاموش او ګړندي وو.

I suoi nervi si irrigidirono mentre leggeva segnali che altri non avrebbero notato.

دهغه اعصاب سخت شول کله چې هغه هغه نښې ولولې چې نور به يې له لاسه ورکړي.

Ogni dettaglio del percorso raccontava una storia, tranne l'ultimo pezzo.

دلارې هر تفصيل يوه کيسه بيانوله — پرته له وروستۍ ټوټې څخه.

Il suo naso gli raccontò della vita che aveva trascorso lì.

دهغه پوزه هغه ته د هغه ژوند په اړه وويل چې پدې لاره کې تير شوی و.

L'odore gli fornì un'immagine mutevole mentre lo seguiva da vicino.

کله چې هغه نږدې شاته روان و، بوی ورته يو بدليدونکی انځور ورکړ.

Ma la foresta stessa era diventata silenziosa, innaturalmente immobile.

خو ځنګل پخپله غلی شوی و؛ په غير طبيعي ډول ارام.

Gli uccelli erano scomparsi, gli scoiattoli erano nascosti, silenziosi e immobili.

مرغان ورک شوي وو، غومبسې پټې وې، خاموشې او ارامې وې.

Vide solo uno scoiattolo grigio, sdraiato su un albero morto.

ٶغه یوازې یوه خړ غویی ولیده، چې په یوه مړه ونې باندې چپه وه۔
Lo scoiattolo si mimetizzava, rigido e immobile come una parte della foresta.
ګیلري په ځنګل کې ګډه شوه، سخته او بې حرکته وه لکه د ځنګل یوه برخه۔
Buck si muoveva come un'ombra, silenzioso e sicuro tra gli alberi.
باک د سیوري په څیر حرکت وکړ، خاموش او ډاډه د ونو له لارې۔
Il suo naso si mosse di lato come se fosse stato tirato da una mano invisibile.
دهغه پوزه داسې خوا ته وخوځېده لکه د یو ناڅرګند لاس لخوا راښکته شوې وي۔
Si voltò e seguì il nuovo odore nel profondo di un boschetto.
ٶغه مخ واړاوه او د نوي بوی تعقیب یې په یوه ځنګله کې ژور کړ۔
Lì trovò Nig, steso morto, trafitto da una freccia.
ٶلته یې نیګ وموند، مړ پروت و، چې د غشي په واسطه سوری شوی و۔
La freccia gli attraversò il corpo, lasciando ancora visibili le piume.
دهغه له بدن څخه د هغه د بدن له لارې تېر شو، بنکې یې لا هم ښکارېدې۔
Nig si era trascinato fin lì, ma era morto prima di riuscire a raggiungere i soccorsi.
نګ ځان هلته کش کړ، خو مرستې ته له رسیدو مخکې مړ شو۔
Cento metri più avanti, Buck trovò un altro cane da slitta.
سل ګزه لرې، بک یو بل سلیج سپی وموند۔
Era un cane che Thornton aveva comprato a Dawson City.
دا یو سپی و چې تورنتن په ډاوسن ښار کې بیرته اخیستی و۔
Il cane lottava con tutte le sue forze, dimenandosi violentemente sul sentiero.
سپی د مرګ په مبارزه کې و، په لاره کې یې سخت وهل۔
Buck gli passò accanto senza fermarsi, con gli occhi fissi davanti a sé.
باک د هغه شاوخوا تېر شو، نه ودرېد، سترګې یې مخې ته ولاړې وې۔
Dalla direzione dell'accampamento proveniva un canto lontano e ritmico.
دکمپ له لوري یو لرې، تال لرونکی سندره راغله۔

Le voci si alzavano e si abbassavano con un tono strano, inquietante, cantilenante.

غږونه په یوه عجیب، ویرونکي، سندرې غږ کې پورته او ښکته شول.

Buck strisciò in silenzio fino al limite della radura.

باک په خاموشۍ سره د پاکولو څنډې ته مخ په وړاندې روان شو.

Lì vide Hans disteso a faccia in giù, trafitto da numerose frecce.

هلته یې هانس ولید چې مخ یې ښکته پروت و، په ډېرو غشو سوری شوی و.

Il suo corpo sembrava quello di un porcospino, irto di penne.

دهغه بدن د یو شکې په څیر ښکاریده، چې د ښکو لرونکو څانګو څخه ډک و.

Nello stesso momento, Buck guardò verso la capanna in rovina.

په همدې شیبه کې، باک د ویجاړ شوي لاج په لور وکتل.

Quella vista gli fece rizzare i capelli sul collo e sulle spalle.

دې لید د هغه په غاړه او اوږو باندې ویښتان سخت کړل.

Un'ondata di rabbia selvaggia travolse tutto il corpo di Buck.

دباک په ټول بدن کې د وحشي غضب یو طوفان راښکاره شو.

Ringhiò forte, anche se non ne era consapevole.

هغه په لوړ غږ وخندل، که څه هم هغه نه پوهیده چې هغه یې کړی دی.

Il suono era crudo, pieno di una furia terrificante e selvaggia.

غږ خام و، له ویرونکي او وحشي قهر څخه ډک و.

Per l'ultima volta nella sua vita, Buck perse la ragione a causa delle emozioni.

په خپل ژوند کې د وروستي ځل لپاره، باک د احساساتو پر وړاندې دلیل له لاسه ورکړ.

Fu l'amore per John Thornton a spezzare il suo attento controllo.

دا د جان تورنټن سره مینه وه چې د هغه محتاط کنټرول یې مات کړ.

Gli Yeehats ballavano attorno alla baita in legno di abete rosso distrutta.

یهات د ویجاړ شوي سپروس لاج شاوخوا نڅا کوله.

Poi si udì un ruggito e una bestia sconosciuta si lanciò verso di loro.

بـیا یو شور راغی - او یو نامعلوم ځناور د دوی په لور برید وکړ.
Era Buck: una furia in movimento, una tempesta vivente di vendetta.
دا باک وو؛ یو غوسه چې په حرکت کې وه؛ د انتقام یو ژوندی طوفان.
Si gettò in mezzo a loro, folle di voglia di uccidere.
هغه ځان د هغوی په منځ کې وغورځاوه، د وژلو اړتیا څخه لیونی شو.
Si lanciò contro il primo uomo, il capo Yeehat, e colpì nel segno.
هغه په لومړي سړي، یهات مشر، توپ وواهه او ریښتیا یې وواهه.
La sua gola era squarciata e il sangue schizzava a fiotti.
دهغه ستونی څیری شوی و، او وینه په یوه ویاله کې بهیده.
Buck non si fermò, ma con un balzo squarciò la gola dell'uomo successivo.
باک ونه دربد، خو په یوه توپ سره یې د بل سړي ستونی څیری کړ.
Era inarrestabile: squarciava, tagliava, non si fermava mai a riposare.
هغه نه دربدلی و - څیري کول، پرې کول، هیڅکله یې د آرام کولو لپاره وقفه نه کوله.
Si lanciò e balzò così velocemente che le loro frecce non riuscirono a toccarlo.
هغه دومره تېز منده وکړه او منډې یې کړې چې د هغوی غشي یې هغه ته ونه رسیدل.
Gli Yeehats erano in preda al panico e alla confusione.
ییحیان په خپله ویره او ګډوډۍ کې ګیر وو.
Le loro frecce non colpirono Buck e si colpirono tra loro.
ددوی تیرونه د باک څخه ووتل او پرځای یې یو بل ولګېدل.
Un giovane scagliò una lancia contro Buck e colpì un altro uomo.
یوه ځوان په باک باندې نیزه وغورځوله او بل سړی یې وواهه.
La lancia gli trapassò il petto e la punta gli trafisse la schiena.
نیزه یې له سینه څخه تېره کړه، نوک یې شاته ګوزار وکړ.
Il terrore travolse gli Yeehats, che si diedero alla ritirata.
په یحیی ګانو باندې ویره خپره شوه، او دوی په بشپړ ډول په شاتګ ته اړ شول.
Urlarono allo Spirito Maligno e fuggirono nelle ombre della foresta.

هغوی د شیطان روح څخه چیغې وهلې او د ځنګل سیورې ته وتښتېدل.
Buck era davvero come un demone mentre inseguiva gli Yeehats.
په ریښتیا سره، باک د شیطان په څیر و کله چې هغه د ییهاتانو تعقیب کاوه.
Li inseguì attraverso la foresta, abbattendoli come cervi.
هغه د ځنګله له لارې هغوی پسې وویشتل، او د هوسۍ په څېر یې لاندې راوستل.
Divenne un giorno di destino e terrore per gli spaventati Yeehats.
دا د ویره لرونکو یحیاتو لپاره د برخلیک او وحشت ورځ شوه.
Si dispersero sul territorio, fuggendo in ogni direzione.
هغوی په ټوله ځمکه کې خپاره شول، او په هره خوا کې وتښتېدل.
Passò un'intera settimana prima che gli ultimi sopravvissuti si incontrassero in una valle.
یوه بشپړه اونۍ تېره شوه مخکې لدې چې وروستي ژوندي پاتې شوي کسان په یوه دره کې سره ولیدل.
Solo allora contarono le perdite e raccontarono quanto accaduto.
یوازې بیا یې خپل زیانونه وشمېرل او د هغه څه په اړه یې خبرې وکړې چې پیښ شوي وو.
Buck, stanco dell'inseguimento, ritornò all'accampamento in rovina.
باک، د تعقیب څخه ستړی کېدو وروسته، ویجاړ شوي کمپ ته راستون شو.
Trovò Pete, ancora avvolto nelle coperte, ucciso nel primo attacco.
هغه پیټ وموند، چې لا هم په خپلو کمپلو کې و، په لومړي برید کې ووژل شو.
I segni dell'ultima lotta di Thornton erano visibili nella terra lì vicino.
دتورنتن د وروستۍ مبارزې نښې نښانې په نږدې خاوره کې لیدل شوې وې.
Buck seguì ogni traccia, annusando ogni segno fino al punto finale.

باک هره نښه تعقیب کړه، هر نښه یې تر وروستی نقطې پورې بوی کړه.
Sul bordo di una profonda pozza trovò il fedele Skeet, immobile.
دیوې ژورې حوض په څنډه کې، هغه وفادار سکیټ وموند، چې ارام پروت و.
La testa e le zampe anteriori di Skeet erano nell'acqua, immobili nella morte.
دسکیټ سر او مخکینی پښې په اوبو کې وې، په مرگ کې بې حرکته وې.
La piscina era fangosa e contaminata dai liquidi di scarico delle chiuse.
حوض ختکی و او د سیندونو د بندونو څخه د اوبو په بهېدو ککړ و.
La sua superficie torbida nascondeva ciò che si trovava sotto, ma Buck conosceva la verità.
دهغې ورېځې سطحې هغه څه پټ کړل چې لاندې وو، مگر بک حقیقت پوهیده.
Seguì l'odore di Thornton nella piscina, ma non lo portò da nessun'altra parte.
هغه د تورنتون بوی په حوض کې تعقیب کړ - مگر بوی بل ځای ته ونه رسېد.
Non c'era alcun odore che provenisse, solo il silenzio dell'acqua profonda.
هیڅ بوی نه وو راوتلی - یوازې د ژورو اوبو چوپتیا.
Buck rimase tutto il giorno vicino alla piscina, camminando avanti e indietro per l'accampamento, addolorato.
ټوله ورځ باک د حوض سره نږدې پاتې شو، او په غم کې یې کمپ ته مخه کړه.
Vagava irrequieto o sedeva immobile, immerso nei suoi pensieri.
هغه په نارامه توگه گرځېده یا په خاموشۍ کې ناست و، په درنو فکرونو کې ورک و.
Conosceva la morte, la fine della vita, la scomparsa di ogni movimento.
هغه مرگ پوهیده؛ د ژوند پای؛ د ټولو حرکتونو ورکیدل.
Capì che John Thornton se n'era andato e non sarebbe mai più tornato.

ه‌غه پوه شو چې جان تورنتن تللی دی، هیڅکله به بیرته نه راځي.
La perdita lasciò in lui un vuoto che pulsava come la fame.
دې زیان په هغه کې یو تش ځای پرېښود چې د لوږې په څیر ټکان ورکاوه.
Ma questa era una fame che il cibo non riusciva a placare, non importava quanto ne mangiasse.
خو دا هغه لوږه وه چې خواړه یې نه شوای کمولی، مهمه نه ده چې هغه څومره وخوړل.
A volte, mentre guardava i cadaveri di Yeehats, il dolore si attenuava.
کله ناکله، کله چې هغه مړو یهاتانو ته کتل، درد به یې کم شو.
E poi dentro di lui nacque uno strano orgoglio, feroce e totale.
او بیا د هغه دننه یو عجیب غرور راپورته شو، سخت او بشپړ.
Aveva ucciso l'uomo, la preda più alta e pericolosa di tutte.
ه‌غه انسان وژلی و، چې تر ټولو لوړه او خطرناکه لوبه وه.
Aveva ucciso in violazione dell'antica legge del bastone e della zanna.
ه‌غه د کلپ او فینګ د لرغوني قانون په خلاف ورزي کې وژل شوی و.
Buck annusò i loro corpi senza vita, curioso e pensieroso.
باک د دوی بې جانه بدنونه بوی کړل، په لیوالتیا او فکر کې.
Erano morti così facilmente, molto più facilmente di un husky in combattimento.
دوی په ډیره اسانۍ سره مړه شوي وو - په جګړه کې د هسکي په پرتله ډیر اسانه.
Senza le armi non avrebbero avuto vera forza né avrebbero rappresentato una minaccia.
ددوی د وسلو پرته، دوی هیڅ ریښتینی ځواک یا ګواښ نه درلود.
Buck non avrebbe più avuto paura di loro, a meno che non fossero stati armati.
باک به بیا هیڅکله له دوی څخه ونه وېرېږي، پرته لدې چې دوی وسله وال وي.
Stava attento solo quando portavano clave, lance o frecce.
یوازې هغه وخت چې دوی به ډنډې، نېزې یا غشي وړل، هغه به یې خبر وو.

Calò la notte e la luna piena spuntò alta sopra le cime degli alberi.

ش‌په شوه، او یوه بشپړه سپوږمۍ د ونو له سرونو پورته راښکاره شوه.

La pallida luce della luna avvolgeva la terra in un tenue e spettrale chiarore, come se fosse giorno.

دسپوږمۍ سپکي رڼا ځمکه د ورځې په څېر په نرم، ارواحي رڼا کې غسل کړه.

Mentre la notte avanzava, Buck continuava a piangere presso la pozza silenziosa.

لکه څنګه چې شپه ژوره شوه، باک لا هم د خاموش حوض په غاړه غمجن و.

Poi si accorse di un diverso movimento nella foresta.

ب‌یا هغه په ځنګله کې د یو بل خوځښت څخه خبر شو.

L'agitazione non proveniva dagli Yeehats, ma da qualcosa di più antico e profondo.

دا خوځښت د یحیاتانو له خوا نه و، بلکې د یو څه زاړه او ژور څخه و.

Si alzò in piedi, drizzò le orecchie e tastò con attenzione la brezza con il naso.

هغه ولاړ شو، غوږونه یې پورته کړل، پوزه یې په احتیاط سره د باد ازموینه کوله.

Da lontano giunse un debole e acuto grido che squarciò il silenzio.

له لرې څخه یو سپک او تیز چیغه راغله چې چوپتیا یې ماته کړه.

Poi un coro di grida simili seguì subito dopo il primo.

ب‌یا د لومړي تر شا د ورته چیغو یوه ډله راغله.

Il suono si avvicinava sempre di più, diventando sempre più forte con il passare dei minuti.

غږ نږدې کېده، د هرې تېرېدونکي شیبې سره لوړېده.

Buck conosceva quel grido: proveniva da quell'altro mondo nella sua memoria.

ب‌اک دا ژړا پېژنده - دا د هغه په حافظه کې له بلې نړۍ څخه راغلې وه.

Si recò al centro dello spazio aperto e ascoltò attentamente.

هغه د خلاصې فضا مرکز ته لاړ او په دقت سره یې غوږ ونیو.

L'appello risuonò più forte che mai, più sentito e più potente che mai.

زنګ وواهه، ډېر د پام وړ او تر بل هر وخت ډېر قوي.

E ora, più che mai, Buck era pronto a rispondere alla sua chiamata.

او اوس، د پخوا په پرتله، باک د هغه غوښتنې ته د ځواب ویلو لپاره چمتو و.

John Thornton era morto e in lui non era rimasto alcun legame con l'uomo.

جان تورنتن مړ شو، او د انسان سره هیڅ اړیکه یې په ځان کې پاتې نه شوه.

L'uomo e tutte le pretese umane erano svaniti: era finalmente libero.

انسان او ټولې انساني ادعاوې له منځه لاړې - بالاخره هغه آزاد شو.

Il branco di lupi era a caccia di carne, proprio come un tempo avevano fatto gli Yeehats.

دلیوانو ډله د یهاتانو په څیر غوښې تعقیبوي.

Avevano seguito le alci mentre scendevano dalle terre boscose.

دوی د ځنګلي ځمکو څخه د موږک په تعقیب راوتلي وو.

Ora, selvaggi e affamati di prede, attraversarono la sua valle.

اوس، وحشي او د ښکار وږي، دوی د هغه دره ته ننوتل.

Giunsero nella radura illuminata dalla luna, scorrendo come acqua argentata.

دوی د سپوږمۍ روښانه ځاه ته راغلل، د سپینو زرو اوبو په څیر بهېدل.

Buck rimase immobile al centro, in attesa.

باک په مرکز کې ولاړ و، بې حرکته او د دوی په تمه و.

La sua presenza calma e imponente lasciò il branco senza parole, tanto da farlo restare per un breve periodo in silenzio.

دهغه ارام او لوی شتون ټولګیوال په یوه لنډه چوپتیا کې حیران کړل.

Allora il lupo più audace gli saltò addosso senza esitazione.

بیا تر ټولو زړور لیوه پرته له ځنډه په مستقیم ډول پر هغه ټوپ وواهه.

Buck colpì rapidamente e spezzò il collo del lupo con un solo colpo.

باک په چټکۍ سره وواهه او په یوه ګوزار کې یې د لیوه غاړه ماته کړه.

Rimase di nuovo immobile mentre il lupo morente si contorceva dietro di lui.

هغه بیا بې حرکته ولاړ و کله چې مړ لیوه یې شاته تاو شو.

Altri tre lupi attaccarono rapidamente, uno dopo l'altro.

دري نورو لیوانو په چټکۍ سره برید وکړ، یو په بل پسې۔

Ognuno di loro si ritrasse sanguinante, con la gola o le spalle tagliate.

هر یو په وینه بهیدو سره شاته شو، د دوی ستوني یا اوږې پرې شوي۔

Ciò fu sufficiente a scatenare una carica selvaggia da parte dell'intero branco.

دا کافي وه چې ټوله ډله په وحشي ډول برید ته وهڅوي۔

Si precipitarono tutti insieme, troppo impazienti e troppo ammassati per colpire bene.

دوی یوځای منډه کړه، ډېر لیواله او ګڼه ګوڼه وه چې ښه برید یې ونه کړ۔

La velocità e l'abilità di Buck gli permisero di anticipare l'attacco.

دباک سرعت او مهارت هغه ته اجازه ورکړه چې د برید څخه مخکې پاتې شي۔

Girò sulle zampe posteriori, schioccando i denti e colpendo in tutte le direzioni.

هغه په خپلو شاته پښو تاوېده، په ټولو خواوو کې یې ټوپونه وهل او وهل۔

Ai lupi sembrò che la sua difesa non si fosse mai aperta o avesse vacillato.

لیوانو ته، دا داسې ښکاریده چې د هغه دفاع هیڅکله خلاصه یا ناکامه نه شوه۔

Si voltò e colpì così velocemente che non riuscirono a raggiungerlo alle spalle.

هغه وګرځېد او دومره ژر یې وواهه چې دوی یې شاته نشوای راتلای۔

Ciononostante, il loro numero lo costrinse a cedere terreno e a ritirarsi.

سره له دې، د دوی شمېر هغه دې ته اړ کړ چې تسلیم شي او بیرته راشي۔

Superò la piscina e scese nel letto roccioso del torrente.

هغه د حوض څخه تېر شو او د ډبرین ویالې ته ښکته شو۔

Lì si imbatté in un ripido pendio di ghiaia e terra.

هلته هغه د جغل او خاورې یوې لوړې غاړې ته ورسېد۔

Si è infilato in un angolo scavato durante i vecchi scavi dei minatori.

هغه د کان کیندونکو د زاړه کیندلو په جریان کې په یوه کنده کې ورخوت۔

Ora, protetto su tre lati, Buck si trovava di fronte solo al lupo frontale.

اوس، چې له دریو خواوو خوندي و، بک یوازې د مخکینی لیوه سره مخ و.

Lì rimase in attesa, pronto per la successiva ondata di assalto.

ملته، هغه په خلیج کې ولاړ و، د برید بلې څپې ته چمتو و.

Buck mantenne la posizione con tanta ferocia che i lupi indietreggiarono.

باک دومره په کلکه خپله ځمکه ونیوله چې لیوان بیرته ووتل.

Dopo mezz'ora erano sfiniti e visibilmente sconfitti.

دنیم ساعت وروسته، دوی ستړي شول او په ښکاره ډول ماتې وخوړه.

Le loro lingue pendevano fuori e le loro zanne bianche brillavano alla luce della luna.

ژبې یې خپرې شوې وې، سپینې غاښونه یې د سپوږمۍ په رڼا کې ځلېدل.

Alcuni lupi si sdraiano, con la testa alzata e le orecchie dritte verso Buck.

ځینې لیوان پراته وو، سرونه یې پورته کړي وو، غوږونه یې د باک په لور نیولي وو.

Altri rimasero immobili, attenti e osservarono ogni suo movimento.

نور ولاړ وو، هوښیار وو او د هغه هر حرکت یې څارلو.

Qualcuno si avvicinò alla piscina e bevve l'acqua fredda.

څو تنه حوض ته لاړل او سړې اوبه یې وڅښلې.

Poi un lupo grigio, lungo e magro, si fece avanti furtivamente, con passo gentile.

بیا یو اوږد، نرۍ خړ لیوه په نرمۍ سره مخ په وړاندې روان شو.

Buck lo riconobbe: era il fratello selvaggio di prima.

باک هغه وپېژنده - دا د پخوا وحشي ورور و.

Il lupo grigio uggiolò dolcemente e Buck rispose con un guaito.

خړ لیوه په نرمۍ سره چیغې وهلې، او بک په چیغې سره ځواب ورکړ.

Si toccarono il naso, silenziosamente, senza timore o minaccia.

دوی په خاموشۍ او پرته له ګواښ یا ویرې پوزې ته لاس ورکړ.

Poi venne un lupo più anziano, scarno e segnato dalle numerose battaglie.

ورپسې یو زوړ لیوه راغی، کمزوری او د ډیرو جګړو له امله تپي شوی و.

Buck cominciò a ringhiare, ma si fermò e annusò il naso del vecchio lupo.
باک په ژړا پيل وکړ، خو ودرېد او د زاړه لېوه پوزه يې بوی کړه.
Il vecchio si sedette, alzò il naso e ululò alla luna.
بوډا کښېناست، پوزه يې پورته کړه، او سپوږمۍ ته يې چيغه کړه.
Il resto del branco si sedette e si unì al lungo ululato.
پاتې ډله کښېناسته او په اوږده چيغه کې يې ګډون وکړ.
E ora la chiamata giunse a Buck, inequivocabile e forte.
او اوس زنګ باک ته راغی، بې له شکه او قوي.
Si sedette, alzò la testa e ululò insieme agli altri.
هغه کښېناست، سر يې پورته کړ، او د نورو سره يې چيغې وهلې.
Quando l'ululato cessò, Buck uscì dal suo riparo roccioso.
کله چې چيغې پای ته ورسېدې، باک له خپل ډبرين سرپناه څخه راووت.
Il branco si strinse attorno a lui, annusando con gentilezza e cautela.
کڅوړه يې شاوخوا وتړله، په مهربانۍ او احتياط سره يې بوی کاوه.
Allora i capi lanciarono un grido e si precipitarono nella foresta.
بيا مشرانو چيغه وکړه او ځنګل ته وتښتېدل.
Gli altri lupi li seguirono, guaendo in coro, selvaggi e veloci nella notte.
نور لېوان هم ورپسې راغلل، په ګډه يې چيغې وهلې، په شپه کې وحشي او ګړندي وو.
Buck corse con loro, accanto al suo selvaggio fratello, ululando mentre correva.
باک د دوی سره منډه کړه، د خپل وحشي ورور تر څنګ، د منډې وهلو په وخت کې يې چيغې وهلې.

Qui la storia di Buck giunge al termine.
دلته، د باک کيسه پای ته رسيږي.
Negli anni a seguire, gli Yeehats notarono degli strani lupi.
په راتلونکو کلونو کې، ييهاتانو عجيب لېوان وليدل.
Alcuni avevano la testa e il muso marroni e il petto bianco.
ځينو په سرونو او مخونو نسواري رنګ وو، او په سينه يې سپين رنګ وو.
Ma ancora di più temevano la presenza di una figura spettrale tra i lupi.

خو تر دې هم زيات، دوی د ليوانو په منځ کې د يوې ارواحي ځېرې څخه وېرېدل.
Parlavano a bassa voce del Cane Fantasma, il capo del branco.
دوی د ډلې مشر، د غوسټ سپي په اړه په غوږونو کې خبرې کولې.
Questo Ghost Dog era più astuto del più audace cacciatore di Yeehat.
دا سپی د تر ټولو زړور ښکاری يهات څخه ډير چالاک وو.
Il cane fantasma rubava dagli accampamenti nel cuore dell'inverno e faceva a pezzi le loro trappole.
ارواحي سپی په ژور ژمي کې له کمپونو څخه غلا وکړه او د هغوی جالونه يې جلا کړل.
Il cane fantasma uccise i loro cani e sfuggì alle loro frecce senza lasciare traccia.
دارواحو سپي خپل سپي ووژل او خپل تيرونه يې پرته له کومې نښې څخه وتښتول.
Perfino i guerrieri più coraggiosi avevano paura di affrontare questo spirito selvaggio.
حتی د دوی زړور جنګيالي هم د دې وحشي روح سره د مخ کيدو څخه ويره درلوده.
No, la storia diventa ancora più oscura con il passare degli anni trascorsi nella natura selvaggia.
نه، کيسه نوره هم تياره کيږي، لکه څنګه چې کلونه په ځنګل کې تيريږي.
Alcuni cacciatori scompaiono e non fanno più ritorno ai loro accampamenti lontani.
ځينې ښکاريان ورک کيږي او هيڅکله خپلو لرې کمپونو ته نه راستنيږي.
Altri vengono trovati con la gola squarciata, uccisi nella neve.
نور يې په داسې حال کې موندل شوي چې ستوني يې پرې شوي او په واورو کې وژل شوي دي.
Intorno ai loro corpi ci sono delle impronte più grandi di quelle che un lupo potrebbe mai lasciare.
ددوی د بدن شاوخوا نښې دي - د هر ليوه څخه لوی.
Ogni autunno, gli Yeehats seguono le tracce dell'alce.
هر منې کې، ييهات د موږک لاره تعقيبوي.

Ma evitano una valle perché la paura è scolpita nel profondo del loro cuore.

خو دوی له یوې داسې درې څخه ډډه کوي چې ویره یې په زړونو کې ژوره نقش شوې ده.

Si dice che la valle sia stata scelta dallo Spirito Maligno come sua dimora.

دوی وايي چې دا دره د شیطان روح لخوا د خپل کور لپاره غوره شوې ده.

E quando la storia viene raccontata, alcune donne piangono accanto al fuoco.

او کله چې کیسه ویل کیږي، ځینې ښځې د اور تر څنګ ژاړي.

Ma d'estate, c'è un visitatore che giunge in quella valle sacra e silenziosa.

خو په دوبي کې، یو لیدونکی دې ارامه او مقدسې درې ته راځي.

Gli Yeehats non lo conoscono e non potrebbero capirlo.

ځیان د هغه په اړه نه پوهیږي، او نه هم دوی پوهیدلی شي.

Il lupo è un animale grandioso, ricoperto di gloria, come nessun altro della sua specie.

لیوه یو لوی لیوه دی، په جلال پوښل شوی، لکه د بل چا په څیر نه.

Lui solo attraversa il bosco verde ed entra nella radura della foresta.

هغه یوازې د شنه لرګیو څخه تیریږي او د ځنګله ګلید ته ننوځي.

Lì, la polvere dorata contenuta nei sacchi di pelle d'alce si infiltra nel terreno.

هلته، د موږکانو د پټو کڅوړو څخه طلایي دوړې په خاوره کې ننوځي.

L'erba e le foglie vecchie hanno nascosto il giallo del sole.

واښو او زړو پاڼو ژیړ رنګ د لمر څخه پټ کړی دی.

Qui il lupo resta in silenzio, pensando e ricordando.

دلته، لیوه په چوپتیا کې ولاړ دی، فکر کوي او یادونه کوي.

Urla una volta sola, a lungo e lugubremente, prima di girarsi e andarsene.

هغه یو ځل چیغې وهي - اوږده او غمجن - مخکې لدې چې بیرته لاړ شي.

Ma non è sempre solo nella terra del freddo e della neve.

خو هغه تل د سړې او واورې په ځمکه کې یوازې نه وي.

Quando le lunghe notti invernali scendono sulle valli più basse.

کله چي د ژمي اوږدې شپې په تيتو دره کې راښکته شي۔
Quando i lupi seguono la selvaggina attraverso il chiaro di luna e il gelo.
کله چې لیوان د سپوږمۍ رڼا او یخنۍ له لارې لوبه تعقیبوي۔
Poi corre in testa al gruppo, saltando in alto e in modo selvaggio.
بیا هغه د ډلې په سر منډه وهي، لوړ او وحشي توپ وهي۔
La sua figura svetta sulle altre, la sua gola risuona di canto.
دهغه بڼه د نورو په پرتله لوړه ده، د هغه ستونی د سندرو سره ژوندی دی۔
È il canto del mondo più giovane, la voce del branco.
دا د ځوانې نړۍ سندره ده، د ټولګي غږ۔
Canta mentre corre: forte, libero e per sempre selvaggio.
هغه د منډې وهلو په وخت کې سندرې وايي — قوي، آزاد، او د تل لپاره وحشي۔

www.ingramcontent.com/pod-product-compliance
Lightning Source LLC
Chambersburg PA
CBHW011733020426
42333CB00024B/2869